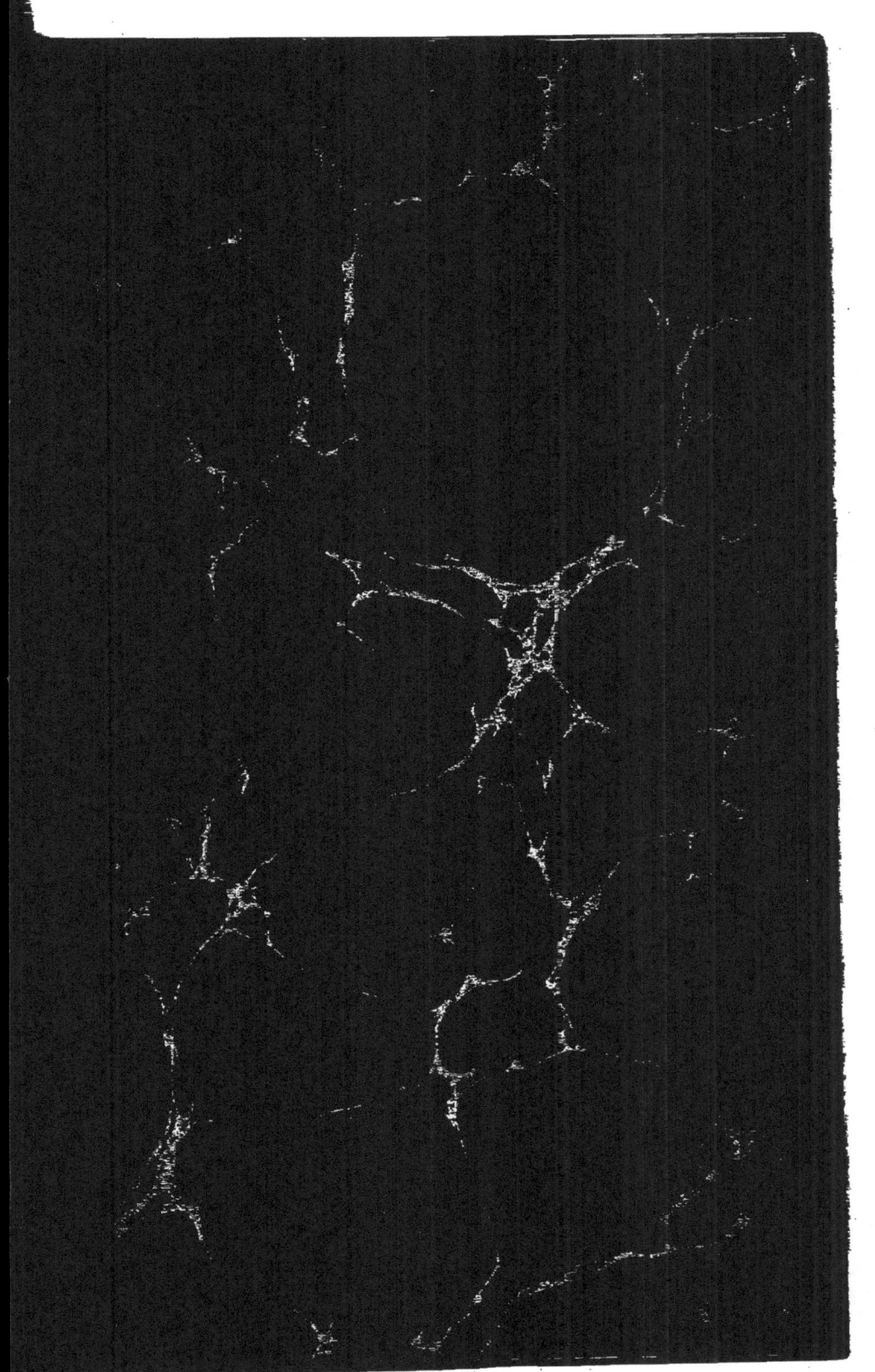

HISTOIRE
DE
LA GRAVURE
EN FRANCE

PARIS. — IMP. SIMON RAÇON ET COMP., RUE D'ERFURTH, 1.

HISTOIRE
DE LA
GRAVURE
EN FRANCE

PAR

GEORGES DUPLESSIS

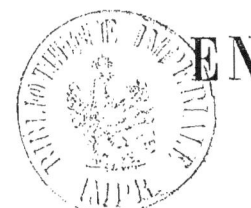

OUVRAGE COURONNÉ PAR L'INSTITUT DE FRANCE
(ACADÉMIE DES BEAUX-ARTS)

PARIS
RAPILLY, LIBRAIRE-ÉDITEUR
5, QUAI MALAQUAIS, 5

1861

Tous droits réservés.

AVANT-PROPOS

L'Académie des Beaux-Arts mettait au concours, le 2 octobre 1858, la question suivante :

Histoire de la gravure d'estampes en France depuis le milieu du quinzième siècle jusqu'à la fin du dix-huitième.

Faire connaître l'origine et les progrès de cet art, l'influence que les travaux des artistes étrangers ont exercée sur la gravure française, et celle que nos artistes ont ensuite exercée sur les graveurs étrangers.

Citer les principaux ouvrages, en nommer les auteurs, et, dans la mention qui sera faite de ces ouvrages, indiquer les numéros qui les désignent dans les catalogues les plus accrédités.

Depuis quelque temps déjà nous nous préparions à étudier cette question, complétement appropriée à nos goûts; aussi avons-nous cru ne pas devoir laisser passer une occasion aussi favorable de soumettre le résultat de nos recherches à l'illustre Compagnie qui tient la tête de l'art. Nous nous sommes mis à l'œuvre avec ardeur, et, le 6 octobre 1860, l'Académie exprimait ainsi son opinion sur notre travail :

« Deux Mémoires seulement ont été adressés à l'Académie, qui les a jugés tous deux dignes de récompense. Elle a divisé le prix entre les concurrents. Elle décerne à M. Henri d'Escamps, auteur du n° 2, déjà couronné deux fois par l'Académie, une médaille de deux mille francs, et à M. Georges Duplessis, attaché au département des estampes de la Bibliothèque impériale, une médaille de mille francs.

. . . .

« L'Académie a regretté que M. Georges Duplessis ait donné à son Mémoire une forme plutôt critique qu'historique, et en cela il a moins complétement répondu aux dispositions du programme donné. Il a groupé autour de chaque peintre célèbre les graveurs de différentes époques qui l'ont interprété, et ce parti apporte nécessairement quelque confusion dans l'ordre chronologique. Il semble parfois que l'auteur ait écrit l'histoire de la peinture plutôt que celle de la gravure; mais, ce reproche écarté, il reste un bon livre, des appréciations bien motivées et bien senties, et un travail qu'on lit avec beaucoup d'intérêt. »

Le jugement bienveillant et la haute récompense dont l'Académie avait honoré nos efforts, tout en nous donnant une certaine confiance, ne laissèrent pas que de nous inquiéter aussi quelque peu. En relisant notre travail, nous aperçûmes des imperfections et des omissions dont nous n'avions plus à nous seul toute la responsabilité, et il nous fallut les conseils d'hommes éclairés pour nous décider à mettre au jour notre Mémoire.

Le titre, *Histoire de la gravure en France*,

pourra paraître bien ambitieux au premier abord, et le mot *Essai* aurait peut-être dû l'accompagner; mais nous avons pensé que, le but de l'Académie étant de faire surgir une Histoire de la gravure en France, c'était en partie méconnaître ses intentions que de publier un Essai, alors qu'elle avait couronné une Histoire.

Nous ne terminerons pas sans remercier respectueusement l'Académie des Beaux-Arts de la haute faveur qu'elle a bien voulu nous accorder, et sans adresser nos témoignages de profonde gratitude aux quelques hommes savants, aux maîtres de l'art qui ont bien voulu nous éclairer de leurs conseils et nous aider de leurs encouragements.

G. D.

HISTOIRE

DE

LA GRAVURE

EN FRANCE

RÉSUMÉ SUCCINCT DE L'ORIGINE DE LA GRAVURE

Avant de résumer les phases diverses qu'a traversées l'école française de gravure, il nous semble indispensable de rappeler en quelques mots les origines de l'art lui-même et d'en rattacher les débuts aux développements qu'il a pris dans notre pays à partir du xve siècle. Si nous avions la mission d'écrire l'histoire de la gravure en général, nous trouverions chez les Grecs, chez les Égyptiens, chez les Étrusques et à Rome plusieurs exemples de gravures sur pierre et sur métal, qui témoignent de la haute antiquité de cet art ; mais c'est uniquement de la gravure d'estampes qu'il convient de nous occuper, aussi n'assignerons-nous pour point de départ à notre travail que l'époque relativement moderne où les procédés de l'impression furent découverts et pratiqués.

Il faudrait plusieurs volumes pour discuter toutes les opinions émises à propos de l'origine de la gravure[1]. Pendant longtemps le *Saint Christophe* de 1423 fut universellement reconnu pour être la première gravure sur bois avec date certaine ; depuis quelques années, le baron de Reiffenberg a combattu cette opinion reçue, en proposant une estampe datée de 1418[2]. La gravure sur métal a eu les mêmes péripéties : les Allemands ont tenté de s'attribuer l'honneur de l'avoir inventée ; les Italiens montrent avec une juste fierté le *Nielle* de Maso Finiguerra, exécuté en 1452 ; les Flamands revendiquent la priorité pour plusieurs estampes

---

[1] Avant d'être mobiles, les caractères d'imprimerie furent gravés sur des planches de bois avec les mêmes procédés que les estampes, et le *Speculum humanæ salvationis*, l'*Ars moriendi*, la *Bible des pauvres*, et autres livres xylographiques, donnent de nombreux exemples de l'alliance de la gravure et de la typographie. L'histoire de ces débuts simultanés exigerait de longs développements qui ne seraient pas ici à leur vraie place.

[2] *La plus ancienne gravure connue avec une date*, Mémoire publié par le baron de Reiffenberg ; 1845, in-4°. Il parut encore à l'occasion de cette découverte deux autres brochures :

Quelques mots sur la gravure au millésime de 1418, par C. D. B. (Charles de Brou); Bruxelles, 1846 ; n-4°, avec sept planches ;

Opinion d'un bibliophile sur l'estampe de 1418, conservée à la Bibliothèque royale de Bruxelles, par M. J. A. L.; Bruxelles, 1846; in-fol., avec *fac-simile*.

non datées, mais d'une ancienneté incontestable; enfin les Français, eux aussi, auraient voulu voir chez un certain Bernard Milnet, nom quelque peu problématique, le premier graveur. On en était là récemment, et on semblait avoir abandonné cette question d'origine, assez oiseuse en elle-même, lorsque M. Renouvier publia une brochure[1], dans laquelle était mentionnée une suite de sept estampes portant la date de 1446 ; ces pièces paraissaient d'origine flamande au savant qui s'en était fait l'historien, et arrivaient pour réfuter l'opinion de l'abbé Zani, qui regardait l'année 1452 comme la première date de la gravure sur métal. Cette découverte devait réveiller la question abandonnée momentanément, et M. Passavant[2] trouva bientôt une figure de la Vierge, datée de 1451, qui vint troubler encore les esprits inquiets. Émoi chez les iconographes[3], émoi chez les iconophiles. Mais cette agitation n'avait réellement pas une cause sérieuse, car tous les anciens monuments de l'art que l'on reproduit par la gravure, la photographie ou tout autre procédé, peuvent détruire matériellement l'opinion reçue ; jamais encore on n'a découvert une estampe supérieure, égale

---

[1] Une *Passion* de 1446, suite de gravures au burin, les premières avec date, par Jules Renouvier. Montpellier, 1857, in-4°.

[2] Voir *Archiv. für die zeichnenden Kunste*, herausgegeben von Dr Robert Naumann; 4° année, 1858, in-8°, p. 1. L'auteur de l'article a fait graver un *fac-simile* de la planche originale.

[3] *Découverte de deux gravures antérieures à la* Paix *de Finiguerra*, par Ch. de Brou, article de la *Revue universelle des Arts*, tome VIII, page 313.

même, comme goût de dessin, comme habileté de burin et comme élévation de sentiment, à la *Paix de Florence*, gravée par Maso Finiguerra en 1452. On nous permettra donc de considérer cette estampe comme le premier spécimen tout à fait significatif de l'art du graveur, et de reléguer dans le domaine de l'archéologie les pièces que l'on expose de tous côtés ; aujourd'hui que la question est soulevée de nouveau, il est probable d'ailleurs que le nombre s'en accroîtra tous les jours.

Si Maso Finiguerra est resté pendant un demi-siècle l'inventeur avéré de la gravure sur métal, avant la découverte par l'abbé Zani de la *Paix de Florence*, les Allemands n'étaient nullement d'humeur à reconnaître cette antériorité. Un peu trop dociles en ceci aux suggestions de l'amour-propre national, ils opposaient Martin Schongauer à Maso Finiguerra, et la date de 1460 — date que l'on trouve en effet sur plusieurs estampes de Martin Schongauer — fut regardée par les iconographes d'outre-Rhin comme la seule admissible ; rivalité imprudente, tombée d'elle-même aujourd'hui.

Pour nous qui avons élargi l'acception du mot *gravure* et qui entendons par là, pour notre cause, aussi bien l'action de graver que l'opération d'imprimer les gravures, nous distinguerons deux procédés absolument différents quant aux moyens, mais assez semblables par leurs résultats, la gravure sur bois et la gravure en taille-douce : la première consiste à évider sur le bois toutes les parties que l'on ne veut pas voir paraître à l'épreuve; la seconde exige un travail diamétralement opposé, c'est-à-dire que tout ce qui doit paraître sur le papier est dessiné en creux sur le métal.

CHAPITRE PREMIER

ORIGINE DE LA GRAVURE EN FRANCE. — LES GRAVEURS SUR BOIS DU XV⁰ ET DU XVI⁰ SIÈCLE

XVe SIÈCLE

L'archéologie a plus d'importance dans l'origine de la gravure française que l'art proprement dit; nous donnerons donc à cette partie de notre travail de moins grands développements qu'aux autres époques, notre dessein étant de rechercher dans les œuvres de l'art les témoignages du talent bien plutôt que les caractères de l'antiquité.

Quelques mots sur la naissance de la gravure en France, puis nous en esquisserons les progrès jusqu'à la fin du xve siècle, époque à laquelle l'art du graveur français commence réellement à prendre le dessus sur l'art des autres nations.

La France, en ce qui concerne l'invention de la gravure, n'a pas de titres à faire valoir; mais il ne s'ensuit pas de là que, l'art une fois découvert, notre école soit restée longtemps inactive. Les historiens de l'art, le plus souvent Allemands ou Anglais, n'ont pas cherché à augmenter l'importance du début de notre école, et, si nous ne pouvons leur reprocher très-vivement cet oubli, nous devons cependant faire observer qu'en omettant ainsi de parler de notre art national ils ont rendu leur travail incomplet, car nous avons eu, vers le milieu du xve siècle, quelques graveurs sur bois qui méritaient au moins d'être mentionnés, ne fût-ce qu'en considération de l'ancienneté de leurs travaux.

On a voulu voir dans les cartes à jouer les premiers monuments de l'art du graveur français; M. Renouvier a cru distinguer, dans les cabinets de Londres et de Paris, quelques planches xylographiques accompagnées de gravures contemporaines des meilleures estampes italiennes du xve siècle. Sans nous élever contre la justesse de ces conjectures, qui s'appuient uniquement, il est vrai, sur le goût de celui qui les fait, nous avouons que tant que nous ne verrons pas des pièces tout à fait hors ligne, dans notre pays ou dans tout autre, venir détruire les opinions reçues, nous ne saurions changer de conviction, et nous continuerons à faire commencer l'histoire de la gravure française à la fin du xve siècle, vers 1480, alors que les graveurs sur bois sont d'abord les auxiliaires et deviennent bientôt les successeurs des miniaturistes.

Jean Fouquet, Godefroi, Étienne Dumonstier. Beauneveu et Jean Poyet, doivent être regardés comme des peintres de premier ordre. Les précieuses miniatures dues à leurs mains confirment ce que nous avançons : preuves vivantes du goût et du savoir des maîtres du xve siècle, elles attestent la vie et la valeur de l'art français, à une époque où l'Italie était déjà dans tout son éclat, il est vrai, mais où l'Allemagne cachait encore sous une apparence gothique ses instincts érudits, mais dépourvus de charme.

Les premières gravures françaises que l'on puisse noter sont destinées à orner des livres; elles venaient suppléer aux miniatures, jusque-là uniques ornements des manuscrits, et souvent même des livres imprimés. Les graveurs ne furent même que des *tailleurs d'ymaiges* chargés de tracer les contours par un procédé qui permît de reproduire plusieurs fois le même sujet sans qu'une nouvelle composition fût nécessaire; ces planches ainsi gravées s'appelaient des patrons. On voit en effet très-souvent nos gravures primitives recouvertes de peintures à la gouache qui empêchent absolument de distinguer le travail du graveur; souvent le dessin gagne à cette transformation; quelquefois aussi il y perd, car le miniaturiste n'est pas toujours habile, tandis que le graveur de cette époque, à défaut d'originalité, ne manque du moins ni de naïveté ni de franchise.

Les noms de nos premiers graveurs sur bois n'ont pas été conservés; la position relativement secondaire qu'ils occupaient dans l'art, puisqu'ils étaient le plus souvent à la merci des enlumineurs, n'a pas paru suffisamment importante aux historiens du xve siècle pour qu'ils prissent le soin de mentionner quelque part les noms de ces artistes modestes; mais il est permis de croire que les imprimeurs gravaient eux-mêmes, ou, pour le moins, qu'ils dirigeaient les graveurs, et, à ce titre, ils doivent être considérés comme les plus anciens graveurs français.

Le livre que nous devons mentionner le premier, puisqu'on en fait remonter l'impression à 1480, porte cette suscription : *Cy finist Fierabras, imprimé à Lyon par maistre Guillaume le Roy, le* xvie *jour du moys de novembre*. Dans ce volume, dont quelques planches sont d'une assez grande dimension, la première, entre autres, représentant le seigneur Fierabras cuirassé et monté sur un cheval, la grossièreté de l'exécution et l'insuffisance du dessin sont telles, qu'il faut bien se ranger à l'opinion générale; si même on compare les planches qui accompagnent ce volume aux gravures sur bois qui ornent les livres un peu postérieurs, on est presque tenté de regarder celui-ci comme antérieur à la date qu'on lui assigne.

Tout à côté du Roman de Fierabras, il faut citer un autre livre aussi ancien, et que Heineken, dans son *Idée d'une collection complète d'estampes*, n'hésite pas à indiquer comme le premier livre orné de gravures sorti des presses françaises : *Belial. — Cy finist le liure nommé la Consolation des pouures pécheurs nouuellement translaté de latin en françoys par vénérable et discrète personne frère Pierre Ferget, docteur en théologie de l'ordre des Augustins de Lyon sur le Rosne par honorable maystre maistre Mathis Husz, l'an de grâce mil* cccc lxxxiiii *et le* xxiie *jour de mars a esté finy ce présent liure.* L'examen attentif de ces planches amène à reconnaître une faiblesse de dessin et une inexpérience de gravure que la date de l'exécution peut seule excuser; il donne, outre cela, une preuve évidente et irrécusable que la gravure sur bois fut d'abord regardée en France comme un moyen économique d'orner les livres, et non pas comme un art nouveau. On peut, en effet, difficilement s'expliquer comment les miniaturistes français auraient eu comme successeurs immédiats des graveurs absolument dénués de toute originalité, alors qu'ils avaient su se créer une manière propre dont ils ne s'éloignèrent jamais. Dans les ornements mêmes qui décorent la première page de *Belial*, et au-dessous desquels on voit le Christ et Belial : *Cy commence le procès de Belial à l'encontre de Jhésus*, on reconnaît une façon de comprendre l'ornement tout autre que chez les miniaturistes antérieurs; il faut donc conclure de là, croyons-nous, que la gravure française, à son origine, ne fut pas confiée à des artistes; mais que, regardée d'abord comme un moyen plus expéditif, plus commode surtout, elle fut employée généralement comme préparation des miniatures, et que, bon gré, mal gré, elle finit par attirer à elle les vrais artistes et par remplacer absolument la miniature, comme, quelque temps auparavant, l'imprimerie était venue succéder à la calligraphie. Les gravures qui ornent *Belial* sont grotesques à force d'être primitives, et elles ont, nous ne saurions dire un caractère, mais une tournure qui accuse leur origine française, par la seule raison qu'elles ne sont ni italiennes, ni flamandes, ni allemandes : à cette époque déjà ces trois écoles avaient une physionomie parfaitement distincte qu'il est impossible de retrouver dans les estampes qui nous occupent. Dans le livre de *Belial*, il faut encore faire remarquer que toutes les planches paraissent être de la même main et l'œuvre d'un seul et même graveur, particularité d'autant plus notable que dans la plupart des livres publiés en France au xve siècle on trouve la preuve presque certaine que les gravures d'un livre étaient exécutées non pas par un même artiste, mais par tout un atelier que régentait une seule volonté.

C'est encore à Lyon que fut imprimé, chez Jean Dupré, en 1491, la *Mer des histoires*, un des plus beaux livres sortis des presses françaises au xve siècle. Les estampes qui le décorent sont d'un dessin peu correct; les ornements rappellent en plus d'un point les sculptures grossières de nos églises gothiques; les tailles de la gravure sont coupées péniblement; le travail est peu symétrique et très-inégal, mais l'invention des ornements est facile et heureuse; et il faut surtout remarquer les lettres initiales, lesquelles, si elles sont trop surchargées et quelque peu compliquées, rachètent par un agencement facile cette exagération que l'art du moyen âge amena avec lui.

Il convient encore de mentionner une autre édition de la *Mer des histoires*, que Pierre Lerouge avait éditée à Paris dès 1488. Pierre Lerouge était imprimeur du roi et fut sans doute le premier qui se servit des ornements et des lettres ornées dont nous venons de parler; mais ici nous trouvons quelques grandes estampes sur bois tout à fait remarquables. On doit regarder le *Baptême de Clovis* et la *Bataille de Tolbiac*, gravés sur la même planche, comme une des plus précieuses productions de la gravure sur bois en France au xv° siècle. Cette estampe est presque au simple trait, et quelques tailles indiquent seulement la forme des objets représentés; elle a beaucoup d'analogie, ainsi que les autres estampes de ce livre, avec les miniatures dont nous vantions en commençant la délicate grandeur, et nous trouvons ici de la souplesse, presque de la grâce dans le dessin, une certaine liberté même dans la gravure; si la perspective est encore absente, le graveur compense ce défaut par la variété des ornements qu'il emploie. La Renaissance qui approche fera justice de l'exagération, et celle-ci sera remplacée bientôt par une élégance sobre et habilement calculée.

La *Danse des morts*, publiée en 1485 par Guyot Marchant, dont la bibliothèque de Grenoble possède le seul exemplaire connu, — nous n'entendons parler que de l'édition originale, — est, sans contredit, un des plus curieux échantillons de la gravure française à ses débuts. Il y a sur la physionomie des personnages que la mort attire à elle une expression individuelle digne de remarque, et la gravure en est aussi fine que précieuse; que ce soit le pape ou l'empereur, l'homme d'armes ou le chartreux, le chevalier ou le marchand, chacun a la tristesse peinte sur le visage, et les vers qui accompagnent ces dessins expriment toujours un regret. Laissons parler le connestable :

> J'auoye encor l'intention
> D'assaillir chateau, forteresse;
> Et mener à subjection
> En acquérant honneur, richesse.
> Mais je voy que toute proesse
> Mort met à bas : c'est grand despit,
> Tout luy est ung; doulceur, rudesse,
> Contre la mort n'a nul respit.

Si chacun semble voir arriver la mort avec déplaisir, chacun aussi la reçoit avec un sentiment différent : l'usurier ne la redoute pas comme l'amoureux, et l'amoureux a une autre façon que le marchand d'exprimer sa douleur; chez l'un c'est un regret cupide, chez l'autre c'est une douleur résignée. Ces physionomies, tristes et contractées, font un singulier contraste avec le sourire sardonique de la mort toujours victorieuse. Les planches du livre de Guyot Marchant sont, cette fois, tout à fait françaises, elles procèdent en droite ligne de miniaturistes antérieurs : même liberté dans l'exécution, même facilité dans la composition, et nous ajouterons que le même esprit souple et flexible guide la main de l'artiste. De ce volume aux livres publiés par Antoine Vérard, il n'y a presque pas de différence.

Antoine Vérard, dont le nom est resté justement célèbre dans les annales de l'imprimerie française de la fin du xve siècle, publia un grand nombre de livres ornés de gravures sur bois ; ces estampes, dont le dessin n'offre pas une originalité marquée, n'ont pas un caractère bien particulier : c'est l'art flamand qui semble les avoir inspirées. Quelquefois on surprend aussi une réminiscence de l'art italien, mais le génie de ces deux écoles est tellement amoindri, qu'il est à peine distinct ; l'art gaulois apparaît aussi avec sa naïveté spirituelle et son style de composition facile ; mais, si la gravure est encore au simple trait, le bois est cependant mieux taillé ; on sent que l'artiste commence à prendre goût à la gravure et que cet art empiète déjà sur le domaine de la miniature.

Le plus beau livre publié par Antoine Vérard, c'est, sans contredit, la *Chronique de Saint-Denis* (1493). Cet ouvrage se compose de trois forts volumes in-folio remplis de gravures sur bois exécutées par différents *tailleurs d'ymaiges ;* chez les unes, en effet, une excessive âpreté de burin rappelle l'art allemand interprété par un graveur malhabile ; chez les autres, au contraire, un trait assez fin et bien conduit dénote un artiste dont la main est sûre. En tête de tous les chapitres se trouvent des estampes d'une assez grande dimension qui retracent un fait historique ou un acte de clémence ou de bravoure du souverain ; celles-ci paraissent avoir toutes été exécutées par un seul et même graveur : un trait souvent un peu lourd indique la silhouette de l'objet représenté ; quelques tailles horizontales et parallèles déterminent le jeu de la lumière et donnent du relief aux personnages. Jamais encore, dans la gravure, on ne surprend une contretaille, tant la difficulté de faire rencontrer deux traits paraît insurmontable ; les ornements qui entourent les têtes de chapitre sont ici invariablement les mêmes : sur le côté, des oiseaux que supportent des branches de feuillages enlacées ; au milieu une figure de femme terminée en rinceaux d'ornements ; au bas de la planche, ce sont les mêmes oiseaux qui reparaissent, mais, au milieu, un écusson blanc supporté par deux anges remplace la femme que l'on voit sur les côtés ; comme travail, ces ornements ont une grande analogie avec ceux que nous signalions à propos de la *Mer des histoires*, publiée par Jean Dupré et par Pierre Lerouge.

L'*Art de bien mourir*, chez Ant. Vérard (vers 1492), contient encore un certain nombre de planches curieuses et naïves : c'est le mourant sur son lit de mort, entouré des démons qui le tentent, d'anges gardiens qui le veillent et de parents qui le soignent ; c'est ensuite la représentation des supplices auxquels sont condamnés le gourmand, l'envieux et le luxurieux, etc. Ici encore la perspective est peu ou point observée : dans une de ces planches entre autres, celle où les démons désespèrent de convertir à leurs doctrines le moribond, on voit au premier plan un cheval mené par son maître à une écurie qui pourrait à peine, tant les proportions en sont réduites, contenir le palefrenier. S'il nous fallait citer toutes les fautes de ce genre que l'on trouve dans les planches publiées en France à la fin du xve siècle, la tâche serait non-seulement très-longue, mais aussi fort ingrate; il suffira de dire que ces estampes, avec toutes leurs imperfections, ne sont pas seulement curieuses au point de vue du costume et de l'ameublement, mais qu'elles ont un cachet propre qui nous fait trouver en elles un type irrécusable de la manière française à cette époque.

Dans le *Romant de la Rose, codicille et testament de maistre Jehan de Meun, nouuellement imprimé à Paris* (par Ant. Vérard), nous trouvons des planches qui nous paraissent antérieures aux estampes qui ornent les autres livres sortis des presses du célèbre imprimeur; celles-ci ont un aspect encore plus archaïque que celles que nous avons citées plus haut; aussi croyons-nous bon de ne pas nous appesantir sur ces gravures, qui ont paru, sans aucun doute, dans quelque édition antérieure que nous n'avons pu nous procurer.

Outre les livres que nous venons d'examiner comme spécimens des publications de Vérard, celui-ci publia aussi plusieurs livres pieux; et les *Heures de Nostre-Dame en françoys et en latin, imprimées à Paris nouuellement chez Antoine Vérard*, peuvent, ce nous semble, donner une juste idée du talent déployé dans ce genre de publications par l'imprimeur parisien. En tête de chaque office se trouve une figure habilement gravée; une naïveté charmante domine dans ces compositions, où Ève est créée, où l'ange Gabriel annonce à la Vierge qu'elle sera mère de Dieu, où la Vierge est visitée par Sainte Élisabeth, où Jésus est adoré dans la crèche par les bergers, et dans les autres figures qui ornent ce livre. La gravure, toujours indiquée, plutôt qu'exécutée, montre la silhouette ombrée à l'aide de quelques tailles destinées à faire comprendre la forme et le mouvement; mais ces ombres sont tellement rares, qu'elles peuvent être comptées. Les contours des figures sont quelquefois grossiers, mais, malgré cette grossièreté, conséquence inévitable d'un art qui débute, le dessin en est agréable et séduisant. On retrouve dans ces estampes la même bonhomie que dans la traduction des versets qui les accompagnent, et la façon libre et dégagée de rendre la pensée plaît même dans ses formes les plus abruptes; les lettres ornées placées au commencement des chapitres sont formées, comme dans presque tous les livres sortis des presses de Vérard, de profils grotesques, et la *Danse des Morts*, que nous verrons plus tard apparaître dans les livres de Simon Vostre, en tête de l'Office des morts, n'est pas encore mise en usage dans les Heures de Vérard.

Comme les estampes qui servent à orner les livres publiés par Ant. Vérard n'offrent pas plus un caractère propre que les autres gravures de cette époque, nous ne croyons pas inutile de dire quelle était la marque employée par cet imprimeur : elle était formée de deux angés portant un écusson fleurdelisé, deux et une, surmonté de la couronne de France ; au-dessous, dans un cœur, les lettres A. V. R. enlacées et surmontées de signes impossibles à indiquer autrement que par une reproduction fidèle 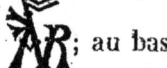 ; au bas trois pieds de lis, et le tout enfermé dans un carré long et en hauteur, sur la bordure duquel on lit une invocation à Dieu, terminée par le nom d'Anthoine Vérard.

Faute de connaître les graveurs des Heures du xve et du xvie siècle, nous sommes obligé de mettre sous le nom des imprimeurs la gravure de ces sortes de livres. Si ceux-ci n'ont pas eux-mêmes gravé les planches, ils en ont certainement dirigé l'exécution, ils les ont pour le moins commandées. Simon Vostre fut le premier qui publia en France des livres d'Heures, et c'est de ses presses que sortirent les plus précieuses et les plus intéressantes pour l'histoire de la gravure : à défaut d'un dessin bien correct et d'une taille savamment conduite, on remarque dans ces estampes une naïveté et une bonhomie qui doit être favorablement appréciée. De 1486 à 1520, Simon Vostre ne cessa de livrer au public dévot des livres qu'il faisait orner de vignettes, tirées tantôt de l'histoire sainte, tantôt de la vie privée ; quelquefois même des sujets assez païens, tels qu'un centaure tirant de l'arc, étaient là pour reposer l'esprit du lecteur et pour le distraire de la méditation. Si les compositions sont variées comme sujet et comme idée, le type des gravures est toujours le même ; c'est la représentation vraie d'un fait, et cette interprétation est rendue avec une naïveté charmante ; point de convention, point de parti pris dans ces petits sujets ; l'artiste qui les a exécutés sentait ce qu'il traçait, l'exposait simplement, sans efforts et sans recherche ; aussi arrive-t-il toujours à plaire et à intéresser. Si, au lieu de sujets rappelant un fait, indiquant une action, le graveur veut composer des ornements, les mêmes qualités de simplicité élégante apparaissent bien mieux encore : des enroulements de feuillages, laissant accès à des êtres plus ou moins fantastiques de formes ou de mouvements, en font tous les frais ; et dans cette partie de la décoration du livre l'artiste français fait peut-être preuve d'un goût meilleur que les ornemanistes des autres pays. Subissant l'inspiration directe des miniaturistes des XIIIe et XIVe siècles, il déploie autant d'élégance et un charme égal ; ce ne sont plus, comme ses prédécesseurs, les miniaturistes, des feuillages réels qu'il tourne de mille façons, ce sont des branches imaginaires qu'il enroule et qu'il développe selon sa fantaisie, et il sait en tirer un parti que la nature, sans le secours de l'art, ne saurait atteindre.

Dans les grandes planches des Heures publiées par Simon Vostre, la gravure est beaucoup plus avancée que dans les gravures sur bois qui précèdent ; l'art du graveur sur bois fait déjà de grands progrès, et Simon Vostre peut être regardé comme ayant le premier publié des gravures où la silhouette n'est plus seule tracée. Jusque-là, avons-nous dit, un simple trait indiquait la forme du corps, des draperies et des meubles ; dans les Heures de Simon Vostre, une taille croisée a remplacé ce contour sommaire ; on sent un art qui progresse et qui, à force d'étude, arrivera au point élevé où le milieu et la fin du xvie siècle l'ont amené. Nous pourrions, à propos des livres d'Heures de Simon Vostre, nous occuper de la *Danse des Morts*, qui encadre l'Office des morts, mais il ne nous est pas permis de nous livrer ici à un examen approfondi de cette épopée symbolique, si intéressante à tant de points de vue ; nous sortirions du sujet que nous avons entrepris de traiter.

Dans les estampes de Simon Vostre, l'influence étrangère n'est pas encore tout à fait absente, mais elle commence déjà à être moins visible ; l'influence italienne se découvre dans quelques ornements épars çà et là qui rappellent Mantègne et ses disciples ; le Tudesque Martin Schongauer pourrait bien réclamer aussi quelques contours brisés et quelques plis à angles aigus, mais la plus vraie origine de ces dessins doit être cherchée dans les Heures manuscrites que celles-ci venaient remplacer ; c'est avec ces ouvrages seulement que l'on trouvera une analogie réelle.

Simon Vostre publia des Perd'heures *à l'usaige* de

plusieurs villes : Paris, Toul, Chartres, Reims et Châlons eurent leur livre spécial. S'ils diffèrent par le titre et quelquefois par le texte, si quelques oraisons sont remplacées ou modifiées, les mêmes bois, à bien peu d'exceptions près, ont été employés partout ; c'est toujours la même mort qui enlève le marchand ou l'usurier, le riche ou le pauvre, le noble ou le vilain, et ce sont toujours aussi les mêmes paraboles et les mêmes enseignements ; tous les personnages sont habillés à la mode de la fin du xve siècle ou du commencement du xvie, et l'archéologue trouvera dans l'étude de ces précieuses vignettes plus d'un utile document pour reconstituer l'histoire du costume et de l'ameublement en France.

Simon Vostre ne fut pas le seul à exécuter ces sortes de livres d'Heures, et, parce qu'il fut le plus habile, il serait injuste de ne pas s'occuper de ses contemporains et de ses successeurs, bien dignes aussi d'être étudiés au double point de vue de notre art primitif et de notre histoire nationale.

Philippe Pigouchet s'associa quelquefois, s'il faut en croire l'examen de ses livres, à Simon Vostre; nous avons trouvé en effet les planches publiées par ce dernier dans un livre d'Heures *à l'usaige* de Rome, édité en 1488; ces planches étaient dans leur fraîcheur primitive et les épreuves que nous avons vues étaient tellement pures, qu'elles semblaient tirées sur le bois tout nouvellement taillé.

Les estampes que l'on voit dans les Heures de Thielman Kerver sont copiées des gravures publiées par Simon Vostre ; à la place d'une naïveté sincère on trouve une gêne inhérente à la copie ; forcé de reproduire exactement un dessin, l'artiste ne peut plus donner libre carrière à son talent ; il devient lourd et timide alors que le graveur qu'il copie est libre et presque audacieux ; toutes les formes sont alourdies, pesantes, et les physionomies n'ont plus cette simplicité qui sied si bien à un art naissant. Dans les *Hore intemerate Virginis Mariæ secundum usum romanum cum pluribus orationibus tam in gallico quam in latino*, 1497, les grandes vignettes que l'on trouve dans les Heures publiées par Simon Vostre ont disparu ; elles ont été réduites, et, quoique elles aient encore été gravées avec soin, elles ont perdu cependant leur caractère naïf. La *Danse des Morts* de Simon Vostre n'est pas reproduite par Kerver, et l'infériorité des Heures de celui-ci est plus évidente encore dans les ornements que partout ailleurs ; les artistes employés par Kerver ne savaient pas manier l'échoppe avec l'habileté des dessinateurs attachés à l'imprimerie de Simon Vostre ; ils sont d'ailleurs, eux aussi, continuellement retenus par un original dont ils ne sauraient s'affranchir.

Parmi les livres d'Heures publiés par Gilles Hardouin qui soient venus à notre connaissance, le plus heureusement exécuté est celui qui porte ce titre : *A la louange de Dieu et de la très-sainte et glorieuse Vierge Marie et à l'édification de tous bons catholiques ont esté commencées ces présentes Heures à l'u-*

saige de Rome tout au long sans rien requérir, avec ung commun, antiennes, suffrages et oraisons de plusieurs saincts et sainctes selon ledict usaige; plusieurs autres, comme on verra en la table, imprimés à Paris par Gillet Hardouyn, libraire, demeurant au bout du pont Nostre-Dame, devant Saint-Denis de la Chatre, à l'enseigne de la Rose. Si ce volume nous paraît d'une exécution soignée, nous devons cependant ne pas tout admirer sans réserve : les artistes allemands bien plutôt que les miniaturistes français, semblent avoir inspiré le dessinateur ; le goût gothique domine trop dans ces compositions ; le graveur ne semble pas d'ailleurs assez familier avec l'esprit français, qui rend élégant tout ce qu'il touche. Dans les petites vignettes gravées en manière criblée, qui servent de têtes de lettres, il est facile de remarquer l'influence étrangère ; ce *Saint Christophe* que les artistes primitifs de tous les pays se sont plu à représenter sous les formes les plus diverses n'a plus ici ni la même naïveté ni la même justesse de mouvement; le divin fardeau qu'il porte semble mal assis sur ses épaules, et la pose du saint est forcée et manque absolument de naturel. Dans la *Mort de la Vierge*, une des plus importantes estampes de ce livre d'Heures, Gilles Hardouin ou plutôt les artistes employés par Gilles Hardouin ont trop surchargé la composition, et ils lui ont ôté ainsi la solennité qu'elle devait avoir; la Vierge morte, couchée dans un lit de parade, est entourée de trop de monde, et surtout ce monde n'est pas suffisamment bien groupé : les têtes sont rangées sur une même ligne, et chaque physionomie n'a pas une expression d'adoration suffisamment distincte ; l'artiste a, par ce manque de sobriété, ôté à cette composition une grande partie de l'intérêt qu'elle devait présenter. On pourrait faire à l'exécution même de ces planches un reproche analogue : différent en cela de ses contemporains, l'artiste surcharge trop sa gravure ; il n'est pas suffisamment économe de tailles, et il alourdit ainsi le dessin sans profit pour l'estampe ; son travail, inquiet et timide, semble indiquer d'ailleurs que les procédés matériels de la gravure ne lui sont guère familiers.

Les livres d'Heures de Guillaume Eustache, de Guillaume Godart et de François Regnault doivent encore être inscrits à la suite des ouvrages que nous venons de mentionner ; chaque page est généralement entourée d'ornements ou de petites compositions à l'imitation des Heures de Simon Vostre, le maître, sans contredit, en ce genre. Il nous paraît difficile de donner une idée exacte du caractère particulier de ces livres, et nous pensons ne pouvoir mieux les faire connaître qu'en disant qu'imitateurs de la manière de Simon Vostre, G. Eustache, G. Godart et Fr. Regnault, tentent de perfectionner le genre adopté par ce dernier ; mais, loin d'améliorer la manière de leur prédécesseur, ces imprimeurs-artistes mettent simplement dans leurs petits bois plus de recherche, et ils diminuent ainsi la naïveté, principal mérite de ces estampes primitives.

Les imprimeurs que nous venons de citer s'attachèrent non-seulement à la gravure des livres d'Heures, mais ils ornèrent encore un certain nombre d'autres ouvrages, et nous avons vu, publié par Fr. Regnault, un curieux volume intitulé : *Le Grand voyage de Iherusalem diuisé en deux parties*, *imprimé à Paris, par Francois Regnault, libraire, demourant à la Grant'rue Saint-Jacques, à l'ymaige de Sainct Claude*, 1517. Les estampes que l'on trouve dans ce livre sont au simple trait et plus grossièrement exécutées que celles des livres d'Heures ; elles présentent cependant une certaine naïveté qui nous permet de les regarder comme antérieures à cette date de 1517.

XVI⁰ SIÈCLE

Si les premiers graveurs sur bois français ont emprunté quelque chose à l'art allemand, ils se tournent vers l'Italie aussitôt que s'ouvre le xvi⁰ siècle. Jusque-là, bien reconnaissables à leur défaut d'originalité pour ainsi dire, les graveurs français laissent apercevoir çà et là à quelles sources ils ont puisé, à quels maîtres ils ont demandé des inspirations ou des exemples. Dès le commencement du xvi⁰ siècle, nous remarquerons bien moins chez eux une réminiscence étrangère ; tout en demandant à l'Italie son goût de dessin, ils sauront être eux-mêmes, et donner à ce qu'ils feront un cachet distinctif et fort aisément reconnaissable. Cette transformation, qui semble brusque et presque instantanée, s'explique facilement si l'on jette un regard sur la sculpture et sur la peinture du commencement du xvie siècle, que l'Italie a formées et qu'elle continue à guider conjointement avec l'art antique.

Au lieu d'être destinée à suppléer la miniature, la gravure sur bois devient un art véritable, et un art qui est appelé à rendre les plus grands services. Pendant tout le xvie siècle il ne paraît guère de livres qui ne soient accompagnés de figures ou d'ornements, et la facilité d'imprimer ces planches en même temps que le texte donne à cette innovation une importance considérable. Malheureusement, les documents font presque autant défaut pour les graveurs sur bois de cette époque que pour ceux qui les précèdent, et nous serons contraint plus d'une fois de nous appuyer sur des attributions seulement probables, lorsque nous voudrons apprécier le talent de ces artistes. Nous aurons non-seulement à parler des estampes destinées à orner des livres, mais la plupart des estampes historiques publiées au xvie siècle furent exécutées sur bois, quelquefois même avec un vrai talent. Sans nous attacher aux œuvres inspirées par les maîtres de Fontainebleau, que nous étudierons isolément, nous devons nous occuper de cette branche de l'art mise au service de l'histoire, et dont l'usage fut si précieux, que, grâce à elle, nous avons conservé la représentation fidèle d'événements dont le souvenir eût pu disparaître.

Le graveur sur bois le plus fécond du seizième siècle, celui qui sut donner le plus de charme et le plus d'esprit à ses compositions, fut sans contredit Salomon Bernard, que l'on désigne quelquefois aussi sous le nom du petit Bernard. Cet artiste dessine et grave facilement; il taille le bois avec légèreté, et on reconnaît à première vue ses estampes à leur gentillesse et à la façon toute particulière dont elles sont gravées. Jamais il n'emploie une taille suivie et uniforme; son burin semble continuellement quitter le bois pour le reprendre de suite, et, si le trait que mène le graveur est saccadé et souvent interrompu, le dessin, tracé avec esprit, est fidèlement suivi. En tête de chaque livre de l'*Énéide de Virgile, prince des poëtes latins, translatée de latin en françois par Louis des Masures, Tournisien; à Lion, chez Jean de Tournes,* 1560, une petite estampe retrace l'idée importante exprimée par le poëte; dans ces cadres, toujours d'une dimension restreinte, le graveur rend avec esprit le charme du récit. L'influence italienne est toujours apparente, mais l'art est venu remplacer la pratique, et il y a, dans les œuvres du petit Bernard, une élégance de formes et une souplesse de travail que nous n'avons pu noter encore chez aucun de ses prédécesseurs. Le graveur sait prendre un caractère propre, et, s'éloignant peu à peu des artistes antérieurs, dégagé de toute l'âcreté de l'Allemagne primitive, il sait puiser en lui-même d'abord, ensuite dans l'école italienne, un goût en même temps simple et puissant. Dans une

Bible[1] dont les premières éditions sont justement recherchées, plus encore que dans l'*Énéide* de Virgile, le petit Bernard est spirituel et gracieux; il réussit à donner aux compositions qu'il multiplie à l'infini un caractère attachant; son travail délicat et facile offre un charme réel. En 1553, le petit Bernard avait déjà gravé un grand nombre de planches pour un livre dont voici le titre : *Epitome thesauri antiquitatum, hoc est Imp. p. Rom. orientalium et occidentalium iconum, ex antiquis numismatibus quam fidelissime delineatorum ex museo Jacobi de Strada Mantuani antiquarii. Lugduni, apud Jacobum de Strada et Thomam Querinum*, 1553. Ce sont les médailles de ces empereurs que le petit Bernard a tracées de sa pointe la plus délicate; les figures se détachent sur un fond noir qui, en rappelant le travail des nielles florentins, permet de donner un certain relief au personnage et accentue en même temps la physionomie; ce livre, doublement curieux au point de vue de la numismatique et de la gravure, eut, du reste, à son apparition, le succès qu'il méritait, car l'année même où il fut publié, 1553, Jean Louveau en donna à Orléans une traduction fran-

---

[1] C'est dans une édition de 1680 de cette Bible, édition sans aucun doute fort postérieure à la publication originale, que nous trouvons la seule mention authentique du nom du petit Bernard. Voici ce qui y est dit : « Les figures que nous te donnons icy sortent de la main d'un excellent ouvrier, connu en son temps sous le nom de Salomon Bernard, dit autrement le petit Bernard, et ont toujours été fort estimées de ceux qui se connoissent en cette sorte d'ouvrage. »

çaise dans laquelle les mêmes planches furent employées.

Ne serait-il pas juste d'attribuer au même petit Bernard un livre donné jusqu'à ce jour au petit Angevin qui le signe et dans lequel sont figurées les *figures de l'Apocalypse* (Paris, Estienne Groulleau, 1547) et *dix histoires du Nouveau Testament exposées tant en latin qu'en rithme françois* (même lieu, même éditeur et même date)[1]? Ces planches, dont l'analogie est flagrante, nous semblent dues à la même main que celles que nous citions tout à l'heure. Ce petit Angevin serait-il le même que le petit Bernard? Le petit Bernard ne pourrait-il pas être Angevin? Pour nous, explorateur du goût et de la manière des artistes, nous trouvons dans les planches de ces deux graveurs une telle similitude, que nous n'hésitons pas à les attribuer à un seul artiste; la même élégance dans le dessin, le même procédé de gravure, une taille saccadée et inquiète, tels sont les caractères auxquels on reconnaît le petit Angevin, et nous trouvons dans la manière de ces deux artistes, jusqu'à ce jour regardés comme faisant deux hommes, une telle ressemblance, que nous les réunirions volontiers pour augmenter

---

[1] Outre ce livre, attribué au petit Angevin, on en connaît encore un autre orné de planches analogues et exécutées avec la même perfection; en voici le titre : *L'Amour de Cupido et Psiché, mère de Volupté, prise des cinq et sixième livres de Lucius Apuléus et nouuellement historiée et exposée en vers italiens et françois* (par Jean Maugin, dit le petit Angevin). *Paris, Jeane de Marnef, veuve de Denis Janot.* 1546, in-16.

l'œuvre du petit Bernard Angevin au détriment de celui du petit Angevin. Le savant bibliographe, M. Brunet, vit dans le petit Angevin un écrivain nommé Jean Maugin, et non un artiste (*Manuel du Libraire*, édition de 1842-1844, t. III, page 324); nous croyons que cette opinion tombe d'elle-même si on lit en tête du livre que nous venons d'indiquer la dédicace faite par le petit Angevin *à tous pourtraiteurs, paintres et autres favorisant icelles divines sciences*.

On attribue à un graveur sur bois auquel on est convenu de donner le nom de Jean Moni un grand nombre de planches gravées avec une certaine délicatesse et composées dans le goût des pièces qu'a laissées le petit Bernard; Papillon, qui le premier a prononcé ce nom, attribue à Moni les estampes d'une Bible publiée vers 1568 chez Guil. Rouille et le titre d'un *Jus civile*, imprimé en 1561 à Lyon par le même Guill. Rouille; il dit aussi que J. Moni copia du temps du petit Bernard la Bible inventée par celui-ci. Nous avons vu les livres dont parle l'historien de la gravure sur bois, et nous n'avons pu découvrir nulle part le nom de Jean Moni; c'est donc en nous référant, quant à ce nom, aux attributions de Papillon que nous dirons quelle est la manière du graveur : son dessin est plus lourd que celui du petit Bernard; moins libre dans ses compositions, l'artiste l'est moins aussi dans sa gravure; ses personnages un peu épais sont moins sveltes et moins dégagés que dans les estampes du petit Bernard; son travail est trop surchargé de tailles et trop couvert d'ombres; en un mot, on ne retrouve plus dans les estampes attribuées à Moni cette grâce et cette élégance qui font le principal mérite des œuvres du petit Bernard; on doit cependant ranger cet artiste à côté de son maître, parce que sa manière, quoique en tout point inférieure, ne laisse pas de rappeler les exemples d'où il procède, et aussi parce que le but auquel tendaient ces deux artistes était évidemment le même; seulement Jean Moni est resté en route, tandis que le petit Bernard arrivait au but.

S'il est vrai que Jollat ait été graveur, et une telle supposition nous paraît raisonnable, il doit trouver place dans cette revue des graveurs français. Nous avons compulsé un assez grand nombre d'estampes gravées sur bois par cet artiste; ces éléments suffisent pour donner la mesure de son talent. Né à la fin du xve siècle, Jollat ne pouvait guère chercher autour de lui des modèles d'une originalité parfaite : ses compatriotes ne lui avaient pas transmis un exemple bien profitable; aussi comprit-il que c'était à l'art antique qu'il pouvait uniquement s'adresser. Il s'inspira donc des grands maîtres de l'antiquité et demanda à ceux-ci ce qu'il ne pouvait encore trouver dans sa patrie. Vers 1530, Jollat publia un livre intitulé : *Raison d'architecture antique, extraite de Vitruve et autres anciens architectes, nouuellement traduit d'espaignol en françoys à l'utilité de ceux qui se délectent en édifices.* — *Imprimé par Simon de Colines, demourant à Paris, rue Saint-Jehan-de-Beauvais, à l'enseigne du Soleil d'Or*. C'est un petit volume in-quarto qui contient nombre de planches gravées sur bois d'une main ferme et bien informée, mais les traits de la gravure sont quelquefois d'une excessive vigueur ; le dessin, si tant est que le dessin de ces planches puisse aussi lui être attribué, est savant et précis. Dans les ornements que les artistes de cette époque se plaisent volontiers à prodiguer, on reconnaît une intention évidente de rappeler l'art italien du xv° siècle, et Jollat n'omet pas de mettre à contribution cette source féconde ; les fleurons, les têtes de page et les culs-de-lampe sont toujours d'une élégance parfaite, et l'on ne peut en blâmer le dessin ; la gravure semble même plus soignée et d'un art plus avancé. Dans un autre livre que nous avons soigneusement examiné et dans lequel on voit tout au long le nom de Jollat précédé du signe zodiacal du Mercure ☿, nous avons trouvé l'occasion de faire les mêmes observations : *De dissectione partium corporis humani libri tres, a Carolo Stephano, doctore medico, edite, una cum figuris et incisionum declarationibus ; a Stephano Riuerio, chirurgo compositis ; Parisiis, apud Simonem Colinæum,* 1545. S'il n'y a dans ce volume ni fleurons ni lettres ornées, les grandes planches qui y sont contenues annoncent déjà plus d'habitude de la gravure sur bois ; le travail semble plus franc, le contour est quelquefois encore un peu pénible, mais ces planches ne sont plus au simple trait ; les ombres indiquent les formes, ce sont des tailles horizontales qui modèlent les contours et qui donnent à ces figures anatomiques un aspect plus vrai et plus réel; le dessin est correct, et les anatomistes peuvent trouver dans ce volume plus d'un enseignement utile.

Sur quelques planches de ce livre, sur cinq, nous dit M. Bernard [1], il existe une petite croix de Lorraine dont on veut faire aujourd'hui la signature d'un seul et même artiste, Geofroy Tory, ‡. Moins désireux que M. Bernard de donner cette marque à un seul graveur, nous sommes tenté de croire que cette croix de Lorraine servit de marque à tout un atelier de graveurs dont Geofroy Tory fut le chef, et dont Jollat dut évidemment faire partie; comment expliquer en effet la présence de ce signe sur des planches portant en même temps le nom de Jollat et les dates 1530, 1531 et 1532?

Mais arrivons à l'examen des œuvres de Geofroy Tory, qui viennent d'être étudiées avec un soin tout particulier par M. Aug. Bernard. En admettant, et la chose est irrécusable, que Geofroy Tory soit l'auteur des dessins qui ornent les *Heures de la Vierge*, publiées par Simon de Colines en 1524, nous devons regarder cet artiste comme un des maîtres les plus importants de l'école française au xvie siècle. L'*Entrée de Henri II à Paris en 1549*, l'*Ancienne et la Nouvelle Alliance*, pièce allégorique gravée d'une taille sobre et correcte, *François Ier écoutant la lecture que Machault lui fait*

[1] *Geofroy Tory, peintre et graveur, premier imprimeur royal*, par Auguste Bernard. Paris, Tross., 1857, in-8°.

de sa traduction de Diodore de Sicile, sont des œuvres accomplies et tout à fait dignes de l'école dont Jean Cousin est le chef; les physionomies sont traitées avec simplicité, et, malgré une excessive sobriété de moyens, elles sont toutes empreintes d'un cachet personnel qui leur donne une importance et une valeur réelles; mais là où Geofroy Tory est tout à fait à son aise, c'est lorsqu'il compose des ornements : il peut alors donner un libre cours à son imagination, il peut permettre à son crayon des écarts que les scènes composées de personnages n'autorisent pas toujours; et, alors que sa pointe est plus libre, son travail est aussi plus séduisant et plus facile; personne mieux que lui ne s'entend à entrelacer ces arabesques qu'unissent des médaillons ou des cartouches ornés quelquefois de sujets analogues au texte qu'ils encadrent.

Un paysage, attribué à Geofroy Tory, représentant un combat de Brésiliens dans une forêt vierge [1], rappelle un peu le travail des maîtres de Fontainebleau : c'est la même façon de comprendre la nature, c'est le même procédé d'exécution. Si l'on veut admettre que Geofroy Tory ne fut pas seulement un dessinateur habile, mais qu'il grava aussi lui-même un grand nombre de ses propres compositions, il est utile de dire de quelle façon il entaillait le bois, et à quels

---

[1] Cette planche, qui fait partie de « *l'Entrée de Henri II à Rouen* au mois d'octobre 1550. *Se vend à Rouen, chez Robert le Hoy Robert et Jehan dicts du Gord.* 1551, in-4°, » ne porte pas plus que les autres estampes la marque attribuée à G. Tory.

signes particuliers on peut reconnaître les œuvres sorties de son burin. Après avoir examiné de fort près les estampes attribuées à Geofroy Tory par l'historien de cet artiste, attribuées par la seule raison qu'elles portaient la double croix de Lorraine, et qu'elles avaient toutes été exécutées entre deux dates qui pouvaient parfaitement indiquer les limites extrêmes de la vie d'un homme, nous sommes forcé d'avouer que nous retirons volontiers de l'œuvre de cet artiste une bonne moitié des pièces décrites dans le catalogue qu'a publié M. Bernard; les planches dessinées ou gravées peut-être même par Geofroy Tory sont, ce nous semble, assez faciles à reconnaître : le dessin, d'abord, en est pur et correct; un goût tout français et d'une sobre élégance domine partout, l'architecture est soignée, et prouve que l'artiste était aussi bon architecte qu'habile dessinateur; les ornements, d'un goût délicat, ne sont jamais ni trop abondants ni trop rares. Si l'on veut voir en Geofroy Tory un graveur sur bois, son travail est encore plus reconnaissable : il taille le bois avec timidité et ne paraît pas avoir une grande pratique du burin; son trait est formé de mille petites tailles qui accusent le défaut d'expérience et qu'explique la facilité de dessin; ses ornements sont indiqués sommairement, et des tailles horizontales et parallèles servent à ombrer légèrement les contours. Dans un grand nombre d'autres pièces, au contraire, qui ont été attribuées arbitrairement, selon nous, à Geofroy Tory, un travail épais et pâteux, un dessin grossier et maladroit, quelquefois même fort incorrect, remplace la ligne savante de Geoffroy Tory, et la gravure précise à force de soin et d'étude apparaît aussitôt inexacte et maladroite.

Le *Songe de Poliphile*, publié à Paris en 1546, par Jacques Kerver, a une trop grande importance dans l'histoire de l'art français pour qu'il ne soit pas nécessaire de s'en occuper isolément. L'édition originale de ce livre bizarre parut, comme on sait, à Venise en 1499; elle fut imprimée par les Alde avec un soin tout particulier, et fut ornée de gravures sur bois dont le dessin, d'une pureté et d'un goût exquis, rappelle la manière de Jean Bellin. Il ne nous appartient pas ici de discuter les opinions diversement émises à propos de l'ouvrage italien; il nous suffit, après avoir indiqué l'édition originale, de juger l'édition française; le dessin de celle-ci est une imitation fidèle de l'édition primitive, mais cette imitation a été faite par un artiste d'un talent tel, que la transformation est complète; l'édition italienne est le produit d'un art plus élevé, mais l'édition française gagne en charme, en élégance et en distinction ce qu'elle perd en noblesse. Les noms de Jean Goujon et de Jean Cousin ont été prononcés à propos de ce fameux livre; nous n'osons pas décider la question; il nous semble cependant, s'il nous est permis d'émettre une opinion que nous ne pouvons d'ailleurs appuyer d'aucunes preuves, que le nom de Jean Goujon est plus rapproché de la vérité. Mais qu'importe après tout?

Nous avons l'œuvre, et nous devons en apprécier toute la valeur, sans trop nous préoccuper de l'auteur qui l'illustra de son génie. Le livre n'offre en lui-même qu'un assez mince intérêt; c'est une série de songes plus ou moins fantastiques mêlés de réflexions sur la beauté idéale et sur les théories de l'art que l'on peut, sans encourir le reproche d'ignorance, se dispenser de connaître; il faut donc regarder uniquement les figures qui décorent le *Songe de Poliphile*, et on trouvera là suffisamment à admirer. Non-seulement les compositions sont savamment disposées, exécutées avec finesse, mais le dessinateur érudit se fait jour jusque dans les moindres détails; il n'est pas un ornement qui ne soit du goût le plus irréprochable; les moindres lettres ornées sont exécutées avec autant de délicatesse que les sujets les plus importants, et le dessin est d'une telle pureté, qu'il se rapproche plus de l'art antique que d'aucun autre art. La plus grande estampe de ce précieux volume, la plus grandiose aussi, représente un sacrifice à Priape; nous laissons l'auteur du texte nous décrire lui-même cette composition, à laquelle rien ne manque, ni la science du dessin, ni l'élégance de la conception, ni enfin une expression juste et convenable : « Oultre l'excellence de l'art exprimé par l'ouvrier de cest autel, il auoit choisy le marbre à propos : car parmy la blancheur s'estoient trouvées aucunes veines un peu brunes, pour faire apparoir l'obscurité des nues, meslée de pluyes, neiges, graisles et tourbillons. Sur le plan de l'autel estoit posé le rude et rustique gardien des jardins, merqué de son enseigne, vmbragé d'vne treille de verdure, faicte à voulte, soustenue sur quatre perches reuestues de feuilles et de fleurs, le tout lourdement esbauché, voire (à bien dire) sans grand ouurage. A chacun espace entre deux perches pendoit vne lampe ardante, attachée au mylieu de l'arc de la voulture à petites chainettes de cuyure, fort subtiles, qui estant agitées du vent, rendoient en s'entreheurtant vn son comme de petites cymbales. Tout autour estoit ceste tourbe rurale, bouuiers, bergers et laboureurs, qui rompoient contre l'effigie de leur dieu, beaucoup de fioles de verre, pleines du sang d'un asne qu'ilz auoient sacrifié, meslé de vin et de laict : et y jettoient des bouquetz et rameaux à puissance. En cette procession estoit par eux mené le vieillard Janus, lié et garotté de rameaux, de fleurs et de feuilles. Ilz alloient brayant certaines chansons champestres et festiues, appelans Thalasse et Hyménée, dansans, saultans et rians par grand ioye. Ce triumphe me donna plus d'admiration que de plaisir et ne me sembla pas si divin que les précédens. » Nous pensons que plusieurs graveurs travaillèrent à l'illustration du *Songe de Poliphile*, et nous croyons qu'il est impossible de supposer que le dessinateur ait lui-même entaillé le bois. Ce que l'on peut observer cependant, c'est que l'inventeur dut en surveiller l'exécution ; mais nous croyons reconnaître le travail bien distinct de trois graveurs : l'un, et c'est le plus habile, grava tout le premier livre du *Songe de Poliphile*; le second grava un certain nombre d'ornements, et le troisième exécuta les figures de la fin de l'ouvrage, qui ont une infériorité marquée sur les premières. Chez ces trois artistes cependant, le dessin a été suivi scrupuleusement, et, si la taille est chez ce dernier plus grossière que chez les deux autres, elle est encore fidèle, et mérite par là une attention presque semblable.

On trouve dans un livre imprimé chez Jérôme et Denis de Marnef[1] un certain nombre de gravures sur bois qui nous paraissent devoir être regardées comme françaises. A leurs physionomies naïves et sincères, on reconnaît l'esprit du xvie siècle, à leur composition empruntée à la vie commune, les tendances de notre esprit gaulois. Des bergers tondent leurs moutons et des moissonneurs fauchent; des vignerons font le vin, tandis que des charcutiers tuent leur porc. Ces estampes, d'une fort petite dimension, représentent les douze mois de l'année; elles portent une marque que Brulliot n'a pu expliquer : elle est formée d'une sorte d'étoile fixée sur un trait horizontal soutenu par deux traits verticaux [2]. La gravure en est fine

[1] *Officium Romanorum, tribus temporibus una cum suis Psalmis et Antiphonis distinctum, ac nonnullis officiis*, etc. Paris, apud Hieronymum et Dionys. de Marnes fratres, sub Pelicano monte. D. Hylary. 1555.

[2] Si l'on fait attention à l'analogie évidente qui existe entre cette marque et celle de Marnef, reproduite par M. Silvestre (Marques typo-

et naïvement exacte; les ombres sont indiquées par une série de tailles parallèles; la silhouette de quelques-unes de ces figures est heureuse et fait souvenir de l'école italienne; mais le goût français domine tellement, qu'il est impossible de ne pas considérer comme nôtres ces planches d'ailleurs imprimées à Paris.

Si l'on ne peut le plus souvent fonder que sur des conjectures l'attribution au petit Bernard ou à Jean Moni d'une grande partie des gravures sur bois du xvi° siècle français, on peut au moins nommer sûrement un autre graveur de la même époque dont le nom est imprimé tout au long dans le privilége du *Bref et sommaire Recueil de ce qui a esté faict et de l'ordre tenu à la joyeuse et triumphante entrée de très-puissant, très-magnanime et très-chrestien prince Charles IX, de ce nom roy de France en sa bonne ville et cité de Paris, capitale de son royaume, le mardi sixième jour de mars. Paris, de l'imprimerie de Denis Dupré, pour Olivier Codoré,* 1572. Olivier Codoré exécuta dans l'ouvrage dont nous venons de donner le titre un certain nombre de planches qui méritent d'attirer l'attention par la façon toute française avec laquelle elles sont traitées. Bien moins savantes que celles de l'entrée de Henri II, livre dont on attribue avec raison la gravure à Geofroy Tory, elles présentent cependant un côté curieux et digne d'être noté;

graphiques, n° 538.), on est tenté de considérer cette marque comme étant le monogramme d'un membre de la famille de Marnef qui aurait été graveur.

le dessin, peut-être aussi correct, mais beaucoup moins élégant, a été exprimé avec une trop grande abondance de travaux ; le graveur, Olivier Codoré, a surchargé ces planches de tailles inutiles et a diminué ainsi leur élégance native. Le goût absolument français de ces estampes est bon à noter, car à cette époque l'influence italienne dominait despotiquement en France, et l'école de Fontainebleau, école où étaient venus se fondre l'art italien, l'art hollandais et l'art français, était à son apogée. O. Codoré semble s'être un peu éloigné de la voie généralement suivie ; et, s'il ne doit pas être loué de cet écart, il mérite au moins d'être étudié ; ses personnages sont moins sveltes et moins élancés que chez les maîtres de l'école ; dans ses figures on reconnaît bien plutôt le type de la reine régnante que le type de la célèbre Diane de Poitiers, et cette entrée de Charles IX, le seul ouvrage que nous puissions attribuer avec certitude à O. Codoré, doit être considéré comme la transition la plus frappante de l'art italien qui va se transformer dans notre pays, avec l'art purement français qui se fait jour. Après 1572 nous arrivons aux gravures de Perissin et de Tortorel. Chez ces artistes, la fidélité de l'histoire s'opposera aux emprunts étrangers, et nous verrons dans leurs œuvres, mieux que partout ailleurs, l'originalité nationale se dégager et prendre la place de l'art étranger, non sans en rappeler de loin en loin le souvenir.

Ce travail était déjà à l'impression lorsque nous fûmes à même de voir un curieux volume dont il serait impardonnable de ne pas faire mention. C'est un in-folio oblong contenant 270 gravures sur bois exécutées par des artistes français du xvie siècle d'un talent malheureusement assez inégal. Ces estampes, qui trop souvent se rapprochent plus de l'imagerie que de l'art proprement dit, rappellent par leurs compositions et par leur dessin quelque peu grossier les tapisseries si fort en vogue sous Charles IX. Parmi les monogrammes inscrits au bas de ces planches il en est quelques-uns que Papillon et que Brulliot ont tenté d'expliquer; mais on trouve à côté de ces monogrammes des adresses d'éditeurs qui sont peu ou point connues. Nous donnerons donc simplement une description sommaire de ce volume, n'osant pas, pour le moment du moins, hasarder des conjectures que le temps pourrait venir absolument détruire.

Six pièces de l'Ancien Testament avec cette adresse : *A Paris, par Germain Hoyau et Mathurin Nicolas, rue Montorgueil au Bon Pasteur.*

Six autres planches analogues avec la même adresse, mais avec la date 1574.

Six autres planches avec cette adresse : *A Paris par Jehan Graffart, rue de Montorgueil.*

L'histoire de Joseph. Le texte qui est au bas des compositions est en anglais, quoique les dessins soient d'un goût absolument français ; sans adresse ni monogramme.

Six pièces sur Moïse; une d'entre elles porte la marque (F) [1] et la dernière cette adresse : *A Paris, par Marin Bonnemer et Clément Boussy, rue Montorgueil, à l'Eschiquier avec privilége du roy.*

Six pièces relatives à l'histoire de Josué, très-grossièrement gravées, avec l'adresse de Germain Hoyau et de Mathurin Nicolas.

L'histoire de Samson, en six planches lourdes et d'un dessin vulgaire, avec cette adresse : *A Paris, par Denis Fontenoy, rue Montorgueil, à la Corne de daim, près l'Eschiquier.*

On retrouve l'adresse de G. Hoyau et de M. Nicolas au bas de six planches relatives aux *Rois*, gravées à tailles très-larges d'après des dessins dont il reste peu de bon. Les ornements sont fort simples.

Une autre série de six planches relatives aux *Rois*, sans adresse, mais avec ce monogramme [2] sur plusieurs planches, et avec celui-ci **FG** sur celle qui représente David se disposant à couper la tête de Goliath.

David et Bethsabée. Suite de six planches d'un dessin plus pur et moins compliqué que la plupart des planches précédentes, avec cette adresse : *A Paris, par Denys de Mathonière, rue Montorgueil, à la Corne de daim.*

---

[1] Brulliot, *Dictionnaire des Monogrammes*. Munich, 1832; 3 vol in-4°. I, n° 1820. — Papillon, *Traité historique et pratique de la gravure en bois*, par J. M. Papillon. Paris, 1766; 2 vol. in-8°. I, p. 269.

[2] Brulliot, I, n° 253. — Papillon, I, 269. Le monogramme n'est fidèlement reproduit dans aucun de ces deux ouvrages.

L'adresse *A Paris, par Germain Hoyau, rue Montorgueil, au Bon Pasteur*, se lit sur la dernière des six planches relatives à l'histoire de Samson. Sur la planche qui représente *Comment Salomon estant ia fort vieil, pour complaire à ses concubines devient ydolatre*, on voit Salomon agenouillé devant une Diane chasseresse qui rappelle singulièrement la Diane de Jean Goujon, quoiqu'elle n'ait ni la même élévation de style ni la même pureté de lignes.

On retrouve l'adresse de Germ. Hoyau et de M. Nicolas au bas de six planches sur le prophète Hélie.

Quatre estampes sur Job, avec cette adresse: *A Paris, par Marin Bonnemer, rue Montorgueil*.

Six planches sur Jéhu et Jezabel portent l'adresse suivante: *A Paris, par Jehan Boussy, rue Montorgueil, à l'Espinette*.

Six planches sur le prophète Jérémie avec cette adresse: *A Paris, par Charles le Vigoureux, rue Montorgueil, à l'Image S. Pierre*.

Six planches relatives à Esther et Assuérus. C'est une des suites exécutées avec le plus de soin; les personnages sont élégants et sveltes, l'architecture est composée avec un soin tout particulier, et le dessin est plus correct que dans aucune autre planche de ce volume. Aux angles de la bordure qui encadre ces compositions se trouvent quatre têtes d'un beau caractère. *A Paris, par Denys de Mathonière, rue Montorgueil, à la Corne de daim*.

Le même Denys de Mathonière publia encore une

histoire d'Holopherne, gravée d'une façon lâchée et peu conforme à la suite d'Esther et d'Assuérus. Ces planches rappellent les bois publiés par Germain Hoyau.

La chaste Suzanne (suite de six planches) porte l'adresse de G. Hoyau tout seul.

L'histoire de Tobie est publiée par un éditeur dont le nom ne nous était pas encore connu, et qui paraît être le parent et peut-être l'associé de Denys de Mathonière; ils ont la même enseigne : *A Paris, par Allain Demathonière, rue Montorgueil, à la Corne de daim.*

L'histoire de Jonas. Six planches avec ce monogramme [monogramme][1] et cette adresse : *A Paris, par François Desprez, rue Montorgueil, au Bon Pasteur, avec privilége du roy;* gravures grossièrement exécutées.

Au bas d'une planche avec texte italien quoique d'un goût bien français, représentant Samson vainqueur des Philistins et tenant à la main une mâchoire d'âne, on voit cette marque [marque].

Au bas de la Salutation angélique, pièce isolée, on retrouve l'adresse de G. Hoyau et de M. Nicolas.

Sur une planche au premier plan de laquelle on voit le Christ et la Vierge debout, et dans le lointain différentes scènes de la Passion, on lit l'adresse sui-

---

[1] Brulliot, I, n° 2028, se trompe, lorsqu'il dit que cette marque appartient à un graveur allemand. — Papillon, I, p. 270, donne ce monogramme renversé.

vante : *A Paris, par Nicolas Prévost, rue de Montorgueil, au Chef Sainct Denis.*

Nous retrouvons l'adresse : *Imprimé à Paris par Denys Fontenoy, rue Montorgueil, à la Corne de daim, près l'Échiquier,* au bas d'une planche représentant la Purification.

Estampe grossièrement exécutée représentant la sainte Famille avec sainte Élisabeth et la Présentation au Temple, publiée par Germain Hoyau.

Les Noces de Cana et la Passion, deux planches avec cette adresse : *A Paris, par Denys de Mathonière, rue Montorgueil, à la Corne de daim.*

La Prédication de Jésus-Christ pour apaiser les vents et la mer porte l'adresse de G. Hoyau et de M. Nicolas.

Jésus-Christ guérissant le Paralytique : *A Paris, par Nicolas Prévost, rue Montorgueil, au Chef St. Denis.*

La Prédication de Saint Jean-Baptiste : *A Paris, par Nicolas Prévost, demourant en la rue de Montorgueil, au Chef Sainct Denis.*

« Notre-Seigneur, étant sur la montagne, enseigne ses disciples à prier : » *A Paris, par Denis Fontenoy, rue Montorgueil.*

Notre-Seigneur tenté par le Démon. Cette estampe porte encore l'adresse de G. Hoyau et de M. Nicolas.

La Cène. *A Paris, chez Marin Boussy, en la rue de Montorgueil, à la Corne de cerf.* C'est la première pièce d'une suite de onze planches sur la Passion de Notre-Seigneur. Sur quelques-unes de ces estampes on lit le monogramme ⊕,[1]. Elles sont exécutées avec des tailles larges et rappellent les bois publiés par G. Hoyau. La Flagellation, qui fait partie de cette suite et qui a pour encadrement la même bordure, ne porte pas de monogramme, et a cette adresse : *A Paris, par Denis Fontenoy, rue Montorgueil.*

Les vingt planches sur la Passion que l'on trouve ensuite semblent avoir été gravées en Allemagne antérieurement au xvie siècle, et être seulement encadrées dans des bordures d'origine française. Quelques-unes portent ce monogramme IFM [2]; une autre une salamandre, marque de Lucas de Cranach; une autre, ainsi que la dernière, cette adresse : *A Paris, par Denis Fontenoy, rue Montorgueil, à la Corne, près l'Échiquier.*

Une suite de six planches, sur la vie de saint Pierre, d'un dessin médiocre et gravée lourdement, porte en plusieurs endroits le monogramme ⊕, , et sur la dernière estampe on lit : *A Paris, par Marin Boussy, en la rue de Montorgueil, à l'Image St. Pierre.*

La vie de saint Paul est avec un texte anglais; mais les gravures sont, malgré cela, parfaitement françaises. On n'y lit aucun monogramme; on y voit seulement

---

[1] Brulliot, I, n° 1035, dit avoir vu cette marque au bas de planches sur bois accompagnées d'un texte en espagnol et exécutées vers 1570 ou 1580. — Papillon, I, p. 270.

[2] Ni Brulliot ni Papillon ne mentionnent ce monogramme.

l'adresse suivante, qui nous paraît être une innocente supercherie : *Imprinted ad London by Gylles Godet, in the Blackfriers.*

Vient ensuite une série composée du Christ, de la Vierge, des Apôtres et des Évangélistes (seize planches), gravée grossièrement et portant au bas cette inscription : *A Paris, par Jean de Gourmont, demeurant rue S. Jean-de-Latran, à l'Arbre sec.* Chaque pièce de la suite porte cette adresse.

Dix planches sur les miracles des Apôtres et sur le martyre de saint Barthélemy, portant le monogramme ℞ et l'adresse : *A Paris, par Marin Boussy, rue Montorgueil, à l'Image Sainct Pierre.*

L'Enfant prodigue, avec texte anglais et la date de 1566 sur la première planche, le monogramme ₢[1] sur la cinquième, et sur la sixième l'adresse : *Imprinted ad London, by Gylles Godet, in the Blackfriers*, gravures d'un goût absolument français.

Figure de la vraye Église de Dieu et les quatre Évangélistes. Planches d'un dessin assez élégant : *A Paris, par Germain Hoyau et Mathurin Nicolas, rue Montorgueil, au Bon Pasteur.* 1572.

Saint Ambroise, Saint Hiérosme, Saint Augustin et saint Grégoire, dans de très-riches bordures (quatre planches) : *A Paris, par Marin Boussy, rue Montorgueil, à la Corne de cerf, deuant la rue Beau-Repaire.*

Six pièces sur l'Apocalypse composées avec talent

---

[1] Cette marque n'a été connue ni de Brulliot ni de Papillon.

et ingénieusement gravées, avec cette adresse : *A Paris, par Guillaume Saulce, à l'Espinette, et Jacques Lalouette, rue Montorgueil*.

Dix planches représentant la Création du monde, Notre-Seigneur dans une gloire, et quelques sujets de la vie de Jésus-Christ. On lit sur plusieurs de ces planches les monogrammes [IC] [1] I. L. C. (Jean le Clerc?) et [NP] [2] (Nicolas Prévost?); la première et la dernière planche portent l'adresse suivante en latin : *Parisiis, apud Ioannem le Clerc, in vico Frementello, sub Stella aurea*.

Les Sept Œuvres de Miséricorde en une estampe fort habilement composée, signée [NP] avec cette adresse : *A Paris, par Nicolas Prévost, rue Montorgueil, au Chef Sainct Denis*.

Le Déluge, estampe non signée, mais avec la même adresse de Nic. Prévost.

Martyre de saint Laurent; imitation singulière de la composition de Baccio Bandinelli, gravée par Marc-Antoine Raimondi : *A Paris, par Marin Boussy, en la rue de Montorgueil, à la Corne de cerf*.

Le Christ en croix entre les deux larrons, même adresse.

Les joies que reçeut la sacrée Vierge Marie, estant

---

[1] Ce monogramme est regardé par Brulliot, I, n° 1328 a, et par Papillon, I, 266, comme appartenant à Jean le Clerc.

[2] Papillon, I, p. 266, voit dans ce monogramme les initiales de Nicolas Poussin; attribution singulière et dénuée de tout fondement. — Brulliot, I, n° 2995, se contente de répéter l'opinion de Papillon.

en ce monde. La figure de la Vierge est dans un ovale autour duquel se trouvent six médaillons qui contiennent la représentation de six actes de la vie de la Vierge : *A Paris, par Denis Fontenoy, rue Montorgueil, près l'Échiquier.*

Le Pressoir de Nostre Sauveur Jesus-Christ. Grande planche allégorique, gravée assez lourdement : *A Paris, par Iacques Lalouette, rue de Montorgueil.*

L'histoire d'Adam et d'Ève, en quatre planches gravées sans habileté, mais encadrées de riches entourages formés d'enfants enlacés dans des ornements. On ne voit au bas ni marque, ni adresse, ni nom d'imprimeur.

L'Espérance, la Charité, la Connaissance de Dieu, la Foy, la Prudence, la Tempérance, la Justice et la Force. Ces huit estampes, avec la même bordure que la suite précédente, portent quelquefois cette adresse : *A Paris, par Marin Bonnemer, rue Montorgueil, à l'Eschiquier.* La Justice, quoique faisant évidemment partie de la même suite, est accompagnée d'un texte espagnol.

Les figures du Christ et de la Vierge, gravées d'une façon plus fine que les autres planches de ce volume, avec cette adresse au-dessous : *A Paris, par François de Gourmond, rue S. Jean de Latran, deuant le Gryffon d'argent.*

Saint François recevant les stigmates : *A Paris, par Marin Bonnemer, rue Montorgueil, à l'Eschiquier, auec priuilège du Roy.* La bordure composée d'enfants enlacés, qui se trouve encore ici, paraît appartenir en propre à l'éditeur Marin Bonnemer : elle encadre toujours en effet des planches portant cette adresse.

Saint Roch et Saint Sébastien sur la même planche : *A Paris, par Marin Bonnemer et Clément Boussy, rue de Montorgueil, à l'Eschiquier, auec priuilège du Roy.*

Le Jugement dernier, et, dans des médaillons, les Sept Péchés capitaux. En une seule planche, avec cette adresse : *A Paris, par Jean Boussy, rue de Montorgueil, à l'Espinette.*

La même adresse se trouve sur la Création du monde.

L'histoire de Saint Martin est sans adresse et sans monogramme.

Histoire de l'Image Nostre Dame de Liesse, qui fut aportée de Paradis par les anges. Avec cette adresse : *A Paris, par Nicolas Préuost, rue Montorgueil, au Chef Sainct Denis.*

Histoire de Saint Sébastien, avec cette adresse : *A Paris, par Jaques l'Allouete, demeurant en la rue de Montorgueil.*

Figure de la vie et passion de Monsieur Sainct Denis, avec cette adresse : *A Paris, par Nicolas Prévost, demeurant en la rue de Montorgueil, au Chef Sainct Denis.*

Les Douze travaux d'Hercule. Copies d'estampes de Valvassori? Ces planches, assez mal tirées, portent cette adresse : *Imprimé à Paris par Denys Fontenoy,* rue Montorgueil, à la Corne de daim, près l'Échiquier.

Histoire fort plaisante de la vie pastorale et la fin d'icelle. Huit planches très-joliment composées et gravées avec beaucoup d'habileté. Au bas de la dernière, on lit : *A Paris, par Jehan le Clerc, rue Frementel, à l'Estoille d'or. — Auec priuilège du Roy pour dix ans.*

Le Réveil de Paix endormie. Cette planche porte l'adresse de G. Hoyau et de M. Nicolas.

On trouve encore avec cette même adresse une très-bonne suite de sept planches représentant des Triomphes. Le dessin du Triomphe de la Volupté rappelle plus que toutes les autres planches de ce volume l'école de Fontainebleau. Le Triomphe du Christ porte cette adresse : *A Paris, par Charles le Vigoureux, rue Montorgueil, à l'Image S. Pierre.*

Histoire de Priam. Quatre pièces, avec cette adresse: *A Paris, rue Montorgueil, au Bon Pasteur, par François Desprez. — Auec priuilège du Roy.*

ORACLE DIVIN. — *Congnois toy toy mesme.* Pièce symbolique sur la mort. Estampe d'un grand caractère. Un amant et sa maîtresse causent entre eux d'assez près, à la gauche de l'estampe; à la droite, la Mort pousse au tombeau deux vieillards. On lit au bas, imprimés en caractères gothiques, les vers suivants :

> O quel bien c'est à l'homme de cognoistre
> Sa qualité, sa personne et son estre :
> Car quant il peut au clair cela entendre,

S'estime rien, non plus que poudre et cendre :
Soit qu'il se voye au printemps agréable,
Beau, riche, adroit, tout cela est muable ;
Par quelque temps, jeunesse on voit florir,
Et tost après dessecher et mourir.
Cesluy pourtrait en demonstre l'exemple ;
Et prudent est qui le note et contemple.

Farce nouvelle a six personnages. Estampe très-curieuse, représentant des tréteaux sur lesquels sont six acteurs jouant la comédie, et devant lesquels se trouvent un assez grand nombre de curieux qui regardent la scène. On lit au bas :

> *La farce des Grecs descendue,*
> *Hommes sur tous ingénieux :*
> *C'est par notre France rendue,*
> *Pour remonstrer jeunes et vieux ;*
>
> *Elle taxe les vicieux,*
> *Les déuoiex elle radresse,*
> *Et rend petis les glorieulx,*
> *Chantant du monde la finesse.*

A Paris, par Jean de Gourmont, demeurant rue S. Jean de Latran, à l'Arbre sec.

CHAPITRE II

LA GRAVURE SUR MÉTAL AUX XV° ET XVI° SIÈCLES;
L'ÉCOLE DE FONTAINEBLEAU EXCEPTÉE.

Si l'on en croyait quelques écrivains moins préoccupés d'exactitude que d'ambition patriotique, l'honneur d'avoir produit les premières gravures sur métal appartiendrait à la France, et Bernard Milnet (nom fort contesté et tout à fait contestable) serait l'auteur d'un certain nombre d'estampes criblées qui nous paraissent être l'œuvre de plusieurs graveurs. Parmi ces planches dont on attribue l'exécution à un seul et même *tailleur d'ymaiges*, nous croyons reconnaître trois manières absolument différentes : la première, et selon nous la moins dépourvue d'intérêt, consiste dans un travail sur fond noir, criblé diversement de petits points blancs, selon que le graveur veut faire sentir plus ou moins l'ombre ou la lumière. On ne voit dans ces planches aucun trait; tout, depuis les draperies jusqu'aux chairs, est modelé avec de petits points blancs se détachant sur un fond uniformément obscur; nous citerons, comme étant dus à l'artiste dont nous venons d'indiquer la manière, deux *Saint Christophe*, l'un assez grand, l'autre d'une moindre dimension, un *Saint Georges*, un *Saint Bernard* et une *Sainte Catherine*. L'autre graveur dans ce même genre criblé a une façon tout à fait personnelle et marque la transition entre le tailleur d'images que nous avons mentionné et celui dont nous parlerons tout à l'heure. Ici les points blancs ne couvrent que les parties de l'estampe figurant un fond d'or; les autres parties sont indiquées au moyen d'un trait souvent incorrect, mais mené cependant avec une certaine liberté. Dans le petit *Jésus portant la croix*, la croix et le fond seulement sont exécutés dans cette manière criblée, procédé qui semble perdu aujourd'hui; l'enfant, les fleurs placées au-dessous de lui, sont indiqués par un trait noir se détachant difficilement sur le fond, et, si l'on examine de près ces estampes, on reconnaît que l'exécution résulte tout entière de l'emploi du métal; les petites éraillures que nous remarquerons plus loin dans les planches que nous attribuerons à un troisième artiste sont déjà apparentes ici. Nous donnerions volontiers au graveur dont nous venons de parler l'*Enfant Jésus tenant sa croix*, *Jésus au Jardin des Oliviers*, *Jésus au pied de la croix*, *Jésus sur la croix*, *Jésus flagellé* et un *Moine en prières*. Le troisième artiste dans le genre criblé n'aurait gravé que trois pièces parmi les estampes que nous connaissons : le *Baiser de Judas*,

Jésus portant sa croix et le *Jugement dernier*. Cette dernière estampe, qui a, relativement aux autres gravures criblées, de fort grandes dimensions (elle porte 300 mill. de haut sur 218 de large), est exécutée par un procédé qui nous semble presque inexplicable ; une planche de métal tendre, de l'argent, par exemple, doit avoir été employée par le graveur ; avec un burin peu tranchant, éraillant plutôt que coupant le métal, l'artiste doit avoir tracé les figures et préparé le fond qu'une impression encore malhabile a pu détériorer ; en tout cas, cette façon de graver ne ressemble nullement aux procédés employés depuis par les plus habiles artistes. Cette planche sur laquelle est représenté le *Jugement dernier* n'était certainement pas destinée à fournir des épreuves ; les inscriptions qu'on y remarque apparaissent à l'envers, et un pareil fait indique suffisamment que cette plaque devait être employée, soit comme couverture de manuscrit, soit comme exemple mis à tous moments sous les yeux des moines pour leur rappeler qu'après la mort ils auraient à rendre compte à Dieu de leur passage sur la terre. La gravure criblée fut donc pratiquée par plusieurs artistes suivant des modes d'exécution assez différents pour qu'il soit possible, comme nous venons de le faire, de grouper à côté les unes des autres quelques pièces. Cette façon de graver nous paraît, à cause de son analogie avec la miniature, tout à fait française ; dans aucun pays d'ailleurs nous ne trouvons d'estampes gravées au moyen de ce procédé, et les gravures sur bois qui entourent les livres d'Heures pourraient seules être rapprochées de celles-ci ; encore est-ce le fond seul qui est criblé dans ces dernières planches.

Nous avons vu précédemment que c'était à Lyon que s'imprimaient les plus beaux livres ornés de gravures sur bois; c'est encore à la même ville que nous sommes redevables des premières estampes sur métal portant une date certaine. Dans un volume in-folio, intitulé : *Des sainctes pérégrinations de Jérusalem et des lieux prochains, du mont Synaï et la glorieuse Caterine* (tiré du latin de Bernard de Breydenbach par frère Nicole le Huen), Lyon, Michelet Topie de Pymont et Jacques Heremberck, 1488, on trouve sept planches gravées sur cuivre qui représentent les panoramas de Venise, de Parenzo, de Corfou, de Modon, de Candie, de Rhodes, et enfin une vue générale de la *Terre Sainte et des lieux circonvoisins*. Ces estampes ne sont point originales, elles reproduisent des gravures sur bois publiées deux ans auparavant à Mayence; mais elles offrent, ne serait-ce que par leur antiquité, assez d'intérêt pour être mentionnées ; exécutées sur plusieurs planches qui se réunissent entre elles, elles sont d'une dimension exceptionnelle, et sont gravées avec une netteté remarquable ; l'architecture en est surtout soignée, et, si la perspective n'est pas observée avec une exactitude fort scrupuleuse, la gravure de chaque monument considéré isolément doit être appréciée ; au-dessus de la plupart des édifices importants, l'auteur, craignant sans doute qu'on ne s'y méprît, a eu soin d'inscrire les noms en caractères gothiques et en français, ce qui prouve clairement la nationalité de ces estampes. Le graveur de 1488, c'est ainsi que les iconophiles désignent l'artiste dont il s'agit, doit donc être considéré comme un topographe curieux, et, s'il manque d'habileté comme praticien, il a au moins le mérite d'être un des premiers artistes qui se soient servis en France du métal comme agent de reproduction [1].

A ne considérer que le travail de Noël Garnier, on serait tenté de regarder cet artiste comme contemporain des plus anciens graveurs, et cependant Noël Garnier a copié des estampes d'Albert Durer, de Georges Pencz, de Hans Sebald Beham et d'un Italien anonyme, estampes exécutées de 1519 à 1540. On est forcé dès lors de se montrer plus sévère envers un homme auquel les bons exemples ne faisaient pas défaut, et qui travaillait à une époque où l'art étranger avait atteint son apogée, et où l'art français lui-même entrait dans une période de renaissance. Gothique jusque dans les moindres détails, Noël Garnier, qui signe la plupart de ses estampes, demeure comme étranger aux progrès accomplis. S'il fallait le rapprocher des artistes de son temps, on ne pourrait lui assigner une place qu'à côté des plus faibles graveurs sur bois du commencement du XVIe siècle. Les personnages qu'il met en scène sont trapus, leurs membres sont lourds et pesants, ils ont la tête grosse, tandis que

---

[1] M. Robert Dumênil a décrit les estampes de ce maître de 1488, dans le *Peintre-graveur français*, tome VI, page 1.

leurs yeux, leur nez et leur bouche sont petits; les ornements, qui exigent naturellement une moins grande connaissance du dessin, sont seuls supportables. Dans les différents alphabets que nous connaissons de Noël Garnier, les personnages et les ornements sont enlacés avec facilité, mais avec une facilité d'où la grâce est absente; l'arrangement en soi dénote une certaine habileté, mais les éléments de cette ordonnance même manquent absolument d'élégance et de finesse. M. Robert Duménil (tome VII, p. 1), pour justifier la place qu'il donne à Noël Garnier dans son *Peintre-graveur français*, dit que « la forme semi-gothique des lettres employées à écrire ses noms semble concourir, avec ses noms mêmes, à prouver qu'il était Français. » Nous ajouterons une autre raison : c'est que l'absence de caractère que nous avons notée chez les graveurs sur bois de la fin du xve siècle et du commencement du xvie siècle n'est pas moins répréhensible ici. Veut-on d'autres termes de comparaison? Les estampes de Noël Garnier ne sont pas sans analogie avec les sculptures sur bois de nos églises du moyen âge, qui accusent au moins, à défaut d'originalité très-haute, une certaine naïveté et une véritable entente de l'ornementation.

Jean Duvet, dont la date de naissance nous est révélée par une de ses estampes, est, à vrai dire, le premier graveur digne du nom de maître qui ait existé en France. Né à Langres en 1485, il emprunta à l'école italienne sa manière de dessiner, et, s'il sut s'inspirer de tous les grands artistes de cette école, il s'attacha particulièrement à Mantegna, dont il reproduisit plusieurs compositions et dont il chercha à imiter la manière. Dans son *Saint Sébastien* (R. D., 23), entre autres, Jean Duvet, guidé par le maître qu'il affectionne, fait preuve d'un rare talent. Son dessin est plus correct, son burin est aussi plus facile que dans les estampes exécutées d'après ses propres compositions. Nous croyons reconnaître l'interprétation d'originaux italiens dans *David vainqueur de Goliath* (R. D., 3), dans la *Vierge et l'Enfant Jésus* (R. D., 17), dans le *Poison et le contre-poison* (R. D., 61), et aussi dans le charmant portrait du pape *Adrien VI* (R. D., 62), l'un des meilleurs morceaux qu'ait laissés le maître français, et celui peut-être où il a le mieux mis en lumière ses qualités de dessinateur. Ces quatre estampes se recommandent par une pureté de lignes, une élégance de formes et de contours, une science du modelé, que l'on trouverait à un moindre degré, ou que parfois même on chercherait en vain dans la suite de l'*Apocalypse* (R. D., 27-49) et dans les autres planches inventées par J. Duvet. Dans celles-ci, en effet, le plus souvent le dessin est à la fois aride et tourmenté, la composition confuse, l'exécution tantôt trop maigre, tantôt trop lourde; en un mot, les estampes de J. Duvet n'offrent de l'intérêt que par le goût qu'elles empruntent à l'Italie : par elles-mêmes, elles manquent trop souvent de style. Le soin avec lequel J. Duvet traite les détails, sa trop grande péoccupation du pli ou de la draperie le distrait de l'étude des contours et de la traduction sincère des formes animées. Il termine avec la même conscience l'accessoire et l'objet important de sa composition ; et cette invariable minutie, en divisant l'intérêt, donne à toutes les parties de son estampe une signification égale, quelque chose d'inerte et de surchargé.

Deux artistes lyonnais dont le nom n'est pas bien connu et que l'on désigne habituellement ainsi, maîtres au monogramme ℭ et ![symbol], doivent prendre place immédiatement après Jean Duvet. Quelques auteurs les appellent Claude Corneille et Jean de Gourmont, et l'on peut regarder cette attribution comme admissible. Claude Corneille travaillait en effet à Lyon au commencement du seizième siècle ; Jean de Gourmont exécutait à la même époque le tableau que l'on voit au musée du Louvre aujourd'hui, et qui auparavant se trouvait dans le fameux château d'Écouen. Outre les monogrammes que nous venons de donner, et qui se trouvent sur toutes les estampes de ces artistes, la manière des deux maîtres est assez aisément reconnaissable. Orfévres probablement, ils gravent avec une délicatesse extrême sur des planches de forme ronde le plus souvent ; leur dessin, assez correct, rappelle l'école italienne, et l'abus qu'ils font de l'architecture est aussi fréquent chez l'un que chez l'autre. S'ils introduisent avec profusion dans leurs petites estampes des voûtes, des portiques et des ruines, c'est qu'ils excellent à représenter ces morceaux d'architecture et qu'ils en définissent les rapports linéaires avec une science singulière de la perspective. Claude Corneille 🅮 publia un *Recueil de portraits des rois de France* (R. D., 28-86), qu'il exécuta d'une pointe fine, mais inexpérimentée et pour ainsi dire inquiète ; et, tandis que les petites compositions de Claude Corneille sont traitées avec habileté, ses portraits, copies de gravures sur bois publiées antérieurement, intéressent l'archéologie plus directement que l'art proprement dit.

Les estampes de Jean de Gourmont 🅮 sont plus délicates et aussi plus minutieusement exécutées que celles de Claude Corneille; mais ici la finesse de l'exécution ne nuit pas à la souplesse du dessin, bien que a forme prenne parfois une apparence un peu contournée et le style une vigueur presque convulsive. Le dessin propre à Jean de Gourmont a du moins le mérite de paraître spontané.

Un des plus grands artistes de la Renaissance française, peut-être le plus complet, en ce sens du moins que tous les arts lui furent familiers, Jean Cousin, exécuta quelques gravures à l'eau-forte; pour un maître de cette trempe, le procédé employé n'est que secondaire; quand les inspirations viennent de si haut, jamais l'œuvre ne peut être médiocre, lors même que, au point de vue de l'exécution matérielle, il serait permis d'y relever quelques imperfections.

Nous n'avons à nous occuper ici que du graveur. L'eau-forte fut naturellement préférée par l'artiste Senonais aux autres procédés : moyen facile et expéditif pour fixer une idée, l'eau-forte fut traitée par Jean Cousin avec cette énergie discrète qui est le propre de son génie. Même lorsqu'il semble incliner vers l'exagération, Jean Cousin sait toujours s'arrêter à temps, il dit juste ce qu'il veut dire, jamais plus, jamais moins. Dans la *Mise au tombeau*, morceau plein de grandeur et de force pathétique, l'expression de douleur des saintes femmes qui entourent le Sauveur est rendue avec une science profonde ; elles pleurent l'homme en adorant le Dieu qui meurt pour elles ; une d'entre elles baise les pieds du divin cadavre, tandis que les autres sont plongées dans une contemplation fervente en face de ce Dieu fait homme pour souffrir et pour mourir accablé d'affronts ; Jean Cousin a placé la composition dans un pays aride borné à l'horizon par quelques fabriques et par quelques monuments en ruine au devant desquels sont semés çà et là plusieurs personnages que l'éloignement empêche de prendre part au mystère qui s'accomplit. Même majesté, même ampleur de sentiment et d'expression dans les deux autres planches de Jean Cousin, l'*Annonciation* et *Saint Paul frappé sur le chemin de Damas*. Lorsque la Vierge reçoit de l'Ange la nouvelle qu'elle sera mère de Dieu, l'inspiration céleste qui l'environne est rendue avec une simplicité admirable, et cette naïveté peinte sur la figure de la Vierge donne à toute la composition un aspect de grandeur inouïe qui inspire le recueillement ; dans le *Saint Paul frappé au milieu de ses soldats*, nulle confusion, nul tumulte : le saint reçoit l'ordre céleste qui l'accable avec la foi du chrétien, et le peintre a su donner à sa gravure une telle vraisemblance, qu'il semble qu'on assiste à cette grande scène et que l'on prend sa part de la terreur des soldats. Pour caractériser le talent de Jean Cousin, même en ne consultant que les estampes du maître, on pourrait dire que, nourri à l'école de l'art antique, Jean Cousin lui emprunte ses plus nobles inspirations, et que, unissant à cette largeur de style une élégance sobre, quoique quelquefois un peu pédantesque, il possède au plus haut degré le secret d'attacher et d'émouvoir.

Quoique contemporain des artistes de Fontainebleau, c'est-à-dire des maîtres italiens appelés en France par François Ier et des artistes français qui s'étaient faits les disciples un peu humbles de ceux-ci, Pierre Woeiriot n'emprunta rien aux exemples étrangers ; habitant toujours la province, Lyon en particulier, il ne put, comme les autres graveurs, se tenir absolument au courant de l'art en vogue ; c'est ce qui explique l'élégance mesurée et le goût particulier de ses ornements, et, d'autre part, c'est ce qui excuse la rudesse pittoresque de ses compositions, ou la monotonie de ses portraits. Dans une suite représentant des sujets de la Bible (R. D., 2-19), on s'aperçoit que Woeiriot a vu et connaît à fond les planches de Jean

Duvet; la façon de graver de ce maître a été imitée par lui, même dans les moindres accessoires, et il n'est pas jusqu'à la confusion de certaines compositions qu'il n'ait cherché à reproduire : dans l'estampe où la *Coupe de Pharaon est trouvée dans le sac de Benjamin* (R. D., 9), l'œil ne sait sur quel point s'arrêter; il y a une diffusion qui empêche de comprendre au premier abord le sujet, et le travail formé d'une infinité de tailles croisées et terminées par de petits points est tout à fait analogue aux planches de l'*Apocalypse* de J. Duvet. Dans la planche où Moïse et Aaron font des miracles devant le Pharaon, le dessin non-seulement est défectueux et faussement élégant, mais la gravure est en même temps pénible et souvent maladroite ; les personnages que P. Woeiriot introduit dans ses compositions sont tous trapus, leurs membres sont épais et leur physionomie est ou grotesque ou insignifiante; Aaron tente bien de ressembler au roi régnant, mais il lui ressemble par le côté fade et inintelligent. Dans une autre suite exécutée en petit et représentant différents genres de *Funérailles* (R. D., 193-205), le talent de Pierre Woeiriot se montre avec moins de désavantages. Ces estampes, d'une proportion analogue à celles d'Étienne Delaulne, sont, il est vrai, aussi faibles au point de vue du dessin, mais la composition en est ingénieuse, et, à défaut d'une correction bien réelle, elles dénotent chez l'artiste une véritable facilité d'invention. Dans ses portraits, Pierre Woeiriot ne sait pas encore dessiner avec une grande exactitude, mais il possède assez le don de la physionomie pour donner à chacun des personnages qu'il grave un caractère individuel; et, si la suite des rois de France qu'il exécuta est assez uniforme, son propre portrait (R. D., 1), et ceux d'Antoine le Pois (R. D., 292), de François de Serocourt (R. D., 308), et surtout celui de Louise Labbé (R. D., 289), le mettent au rang des plus habiles à rendre les crayons du xvie siècle. La pointe sèche vient alors seconder et soutenir les travaux du burin, et, quand la figure que Woeiriot transcrit est belle et d'un bon dessin, alors, grâce au modèle qu'il a sous les yeux, le graveur réussit à produire des œuvres vraiment remarquables. Lorsque P. Woeiriot voulut graver des pommeaux d'épées et d'autres objets de damasquinerie, il exploitait le domaine qui lui appartenait, il agissait dans une sphère d'où il n'aurait jamais dû sortir : un dessin d'une stricte exactitude n'est plus, en pareil cas, aussi nécessaire; le pittoresque admet quelquefois une certaine incorrection, à condition toutefois qu'elle soit réservée, à condition surtout que l'élégance du style rachète la fantaisie. Dans une suite de garnitures d'épées et de pièces d'orfèvrerie, Woeiriot a déployé un talent tout particulier de compositeur : il sait agencer personnages et arabesques avec une facilité charmante; la forme qu'il donne aux objets est séduisante et aisée; jamais de gêne dans les ornements, jamais de lourdeur dans les enlacements des lignes; son burin sait se prêter aux finesses les plus subtiles comme aux traits les plus accentués : aussi doit-on estimer et rechercher ces morceaux comme les plus curieux spécimens de l'orfévrerie française au xvi° siècle. Sans avoir la grâce des œuvres exécutées à Fontainebleau, les planches d'orfévrerie de Woeiriot en ont la fermeté et elles offrent un très-remarquable exemple de l'art national à cette époque.

Niccolo della Casa, qui, malgré son nom italien, naquit en Lorraine, exécuta un certain nombre de planches qui le placent au nombre des artistes de talent. Son nom et sa façon de tailler le cuivre l'ont fait longtemps regarder comme Italien, mais l'épithète de *Lotharingus*, qui suit son monogramme sur trois pièces que nous connaissons, nous donne le droit de le comprendre parmi les graveurs de notre patrie. Il procède par le talent de l'école d'Augustin Vénitien, et n'a aucun des signes caractéristiques du goût français; le portrait qu'il fit de Henri II (1547, *ætat.* xviii) donne les traits exacts du souverain; mais, si la gravure a été exécutée d'après un dessin français, certes elle n'a gardé aucune trace de son origine. Nous pouvons en dire autant du portrait de Charles-Quint, qui est savamment gravé, des portraits de Baccio Bandinelli et de Cosme de Médicis, duc de Florence, dont le mérite principal réside dans les ornements qui recouvrent les costumes de ces personnages. D'ailleurs, la physionomie de ces portraits est peu expressive, et le graveur semblé avoir exercé avec plus de succès la profession d'orfévre que l'art du graveur au burin.

Quant à Joseph Boillot, il semble que ce graveur ait eu au moins deux manières différentes. Dans le *livre des Termes* (R. D., 1-61), la gravure est sèche et surchargée de travaux au burin, alors qu'une eau-forte pure eût été bien plus propre à rendre ces estampes d'une façon expressive et réelle. Dans son livre sur l'*Art militaire* (1598) (R. D., 65-154), J. Boillot emploie au contraire une pointe dont le plus grand mérite consiste dans une liberté complète qui donne à ses estampes une allure dégagée. Nous croyons devoir retirer de l'œuvre de J. Boillot des planches sur bois que M. Robert Duménil lui attribue; nous reconnaissons plus d'ampleur dans le travail de ces gravures sur bois, et nous nous contenterions volontiers d'en attribuer uniquement le dessin à Joseph Boillot.

A bien considérer l'œuvre d'Étienne Dupérac, on voit que cet artiste passa toute sa vie en Italie; il nous a laissé de Rome et des environs de Rome un grand nombre de vues gravées d'une façon plus monotone que pittoresque. Les grandes planches exécutées par lui, telles que la *Chapelle Sixtine* (R. D., 82), un *Tournoi* (R. D., 84), et un *Combat de taureaux* (R. D., 80), furent aussi éditées à Rome. Nous ne sommes donc pas pleinement autorisé à réclamer Dupérac comme un des nôtres; cependant, à cause de son origine française, il convient de lui donner place dans ce résumé de l'histoire de l'art national. Ajoutons toutefois que les œuvres du graveur ont, au point de vue de l'exécution, quelque chose d'uniforme et de pénible. Malgré l'aspect tantôt imposant, tantôt accidenté des sites qu'il reproduit, Dupérac reste imperturbablement le même; son outil est toujours lourd, bien qu'il rende avec exactitude les modèles qu'il a sous les yeux. Dans les planches que Dupérac a gravées, la perspective est soigneusement observée, et l'apparence des monuments fidèlement transcrite. Dupérac, en sa qualité d'architecte, devait avoir au moins ce genre de mérite.

Une inscription placée sur une pièce de l'œuvre de Jean Chartier nous apprend que cet artiste était Orléanais. La gravure de J. Chartier pèche par l'âpreté du faire; ses estampes sont recherchées plutôt à cause de leur rareté qu'à cause de leur mérite; et, si l'on remarque dans l'*Abondance* (R. D., 11) une amphore et une coupe qui rappellent les œuvres contemporaines de Benvenuto Cellini; si on veut bien admettre que la *Force* (R. D., 3) ait quelque analogie avec les figures exécutées par Jean Goujon à la fontaine des Innocents, on aura fait une part à peu près suffisante au talent d'un homme qui, en supposant même qu'il ait reproduit l'œuvre d'autrui, l'aurait singulièrement alourdie et défigurée.

La façon de graver de Nicolas Beatrizet, graveur lorrain, n'est guère plus française que celle de son compatriote Niccolo della Casa. Italien par le goût, Beatrizet paraît bien plutôt procéder de l'école des

Ghisi que de l'école française, et encore est-ce uniquement si l'on tient compte des procédés de la gravure qu'on peut classer l'artiste à la suite des Ghisi, car le dessin du maître français est loin d'offrir la même correction. Nic. Beatrizet (*Nicolavs Beatricius Lotaringus incidit et formis svis exc. Romæ*) grava d'après Michel-Ange *Jésus et la Samaritaine* et le *Christ debout tenant sa croix;* il surchargea tellement ces deux estampes de travaux, que le style fier et robuste de Michel-Ange s'amoindrit presque jusqu'à l'effacement complet. Quelques graves imperfections de dessin dans les attaches des muscles prouvent aussi que la reproduction est fautive et inexacte.

A une époque où la plupart des artistes français, s'inspirant des exemples italiens, choisissaient l'école florentine pour modèle, un graveur de Bourges, Jean Bouchier, demandait à l'école de Parme le secret de sa grâce charmante. Il n'est venu jusqu'à nous que six planches de ce graveur, et elles sont tellement rares, que le savant M. Robert Duménil dit n'en avoir jamais vu d'autres épreuves que celles qui existent au Cabinet des estampes de Paris. La manière de Jean Bouchier est large, et, si elle est dénuée d'une véritable symétrie, elle est cependant suffisamment correcte pour bien exprimer ce qu'elle veut dépeindre. Dans la *Vierge debout tenant dans ses bras l'Enfant Jésus, qui veut l'embrasser* (R. D., 1), il y a un charme inexprimable obtenu avec une grande simplicité de travail; l'intention de l'enfant se soulevant pour atteindre la joue de sa mère est pleine de naturel, et le sentiment de bonheur qu'éprouve la Vierge est rendu avec une parfaite vérité. La gravure de Bouchier n'est pas d'une grande netteté, mais elle a quelque chose qui vaut mieux : c'est une précision dans le dessin et une sûreté de main qui dénotent un artiste ne confiant jamais au hasard le soin d'exprimer ce qu'il veut dire.

Nous trouvons dans l'œuvre de Pierre Biard un singulier exemple de la différence considérable qui existe entre une œuvre originale et la reproduction du dessin d'autrui. Lorsque P. Biard veut représenter une action, quelque simple qu'elle soit, il la rend avec une telle diffusion, que le plus souvent il est impossible d'y rien distinguer; son dessin est dénué de toute exactitude, et ses estampes n'ont réellement alors que le mérite d'être exécutées d'une pointe fine et spirituelle. Lorsque, au contraire, guidé par un maître tel que Michel-Ange ou Jules Romain, Biard se sent soutenu par quelqu'un dont il faut, bon gré, mal gré, suivre le dessin, s'il ne rend pas toujours exactement le caractère du modèle qu'il traduit, il s'observe cependant assez pour qu'il soit facile de reconnaître les formes du style original. Deux estampes dont les dessins sont connus de nous, l'*Esclave* (R. D., 24) d'après Michel-Ange, et *Vénus jalouse de Psyché excitant l'Amour à venger son injure* (R. D., 20), d'après Jules Romain, malgré l'interprétation un peu trop libre de Biard, n'en restent pas moins deux œuvres magistrales que les artistes consultent avec fruit ; la pointe de Biard sait se rompre aux diverses exigences du travail : elle est fougueuse avec Michel-Ange, énergique mais souple avec Jules Romain.

Pour apprécier le talent de Jacques Patin, il faut connaître le *Balet comique de la Royne faict aux nopces de Monsieur le duc de Joyeuse et Madamoyselle de Vaudemont sa sœur par Baltazar de Beaujoyeulx, valet de chambre du Roy et de la Royne sa mère. Paris*, 1582. Les gravures qui ornent ce volume sont exécutées à l'eau-forte d'une pointe pittoresque ; le cuivre est égratigné avec esprit, et, lorsqu'on examine la planche la plus importante de ce livre, la *Grande salle de Bourbon* (R. D., 2), on remarque un vrai talent de composition dans la façon personnelle avec laquelle chacun apprécie l'action d'un seul personnage dansant au milieu de la salle ; mais cette planche, où les figures sont d'une très-petite dimension, montre encore moins que les autres ce dont est capable J. Patin. Lorsque celui-ci veut tracer une partie du ballet, lorsqu'il nous montre, par exemple, ces huit satyres marchant deux à deux et sonnant de la trompe, les figures, un peu plus grandes, sont plus faciles à étudier ; et, si le dessin n'est pas d'une correction irréprochable, la gravure, finement touchée, mérite des éloges. Jacques Patin, en même temps que graveur, fut aussi *peintre du Roy et de la Royne son espouse*, et il exécuta sans doute quelques peintures sur lesquelles on ne sait plus mettre son nom ; le *Balet comique* est le seul monument qui nous soit connu aujourd'hui de l'œuvre de ce peintre-graveur.

Le Chartrain Pierre Sablon mania l'eau-forte avec une certaine légèreté, et parvint à esquisser spirituellement sa propre image (R. D., 1). Il s'est représenté de profil ; le nez épaté et rond, les lèvres épaisses, et l'œil préoccupé plutôt que pensif. P. Sablon nous explique naïvement ce qui l'a déterminé à graver son portrait :

> Me contemplant un jour en deux diuerses glaces,
> Je veis le mien profil despeinct naïuement ;
> Lors je déliberé en moy soudainement
> De grauer ce pourtraict dont vous voyez les traces.

M. Robert Duménil décrit quatre pièces de Pierre Sablon ; nous n'avons pu rencontrer que celle que nous venons d'indiquer, et c'est elle seule qui nous a guidé dans notre jugement. La date et le lieu de naissance de Pierre Sablon nous sont conservés par ce portrait, autour duquel on lit : *Pierre Sablon, Chartrain, XXIII ans,* 1607.

Un des meilleurs aquafortistes français du XVIe siècle fut Pierre Vallet, qui grava avec la même souplesse des portraits, des fleurs, des vignettes et le fameux plan de Paris qu'avait dressé François Quesnel (R. D., 125). Dans ces différents ouvrages, Vallet témoigne d'une habileté peu commune, et sa pointe est aussi flexible que variée. Si, comme dans le plan de Quesnel, une exactitude mathématique est indispensable,

P. Vallet sait s'astreindre à une extrême précision ; si, au contraire, comme dans les estampes qui ornent le roman de *Théagène et Chariclée* (R. D., 4-128), gravées d'après Toussaint Dubreuil, une certaine liberté dans l'interprétation semble de mise, sa pointe devient aussitôt pittoresque et hardie ; et partout, dans les fleurs, qu'il rend avec une scrupuleuse exactitude, comme dans son portrait (R. D., 152) et dans celui du botaniste Jean Robin (R. D., 153), on reconnaît l'œuvre d'un artiste ingénieux et alerte.

Outre les artistes que nous venons de nommer, la plupart dessinateurs aussi bien que graveurs, il en existe encore un certain nombre qui reproduisent uniquement les œuvres d'autrui. Indécis dans leur manière, ils demandent aux écoles voisines leurs procédés et leur goût. C'est à la Flandre qu'ils s'adressèrent de préférence, et à cette partie de la Flandre que les Wierix habitaient et qu'ils inondaient de leurs productions, souvent habiles, mais souvent aussi bien fades et simplement minutieuses. Jean Valdor puise à cette source sa façon étroite de comprendre un portrait et de rendre une composition : la collerette du personnage dont il retrace l'image est aussi soignée, exécutée avec autant de servitude que peut l'être l'œil ou la bouche ; le meuble sur lequel est assis le prélat, la crèche dans laquelle est couché l'Enfant Jésus, sont rendus avec le même travail que les traits du visage. Cette trop grande uniformité, en donnant à tous les objets une même importance, ôte à chaque plan sa valeur réelle et détruit ainsi l'effet général de la composition. Les gravures de Jean Valdor sont propres, soignées et terminées jusqu'à l'excès, mais elles n'ont aucun des caractères que l'on trouve dans les œuvres réellement françaises. Charles Mallery, Pierre Firens et Jean-Baptiste Barbé appartiennent à la même école que Jean Valdor; c'est toujours le petit côté de l'art qu'ils s'attachent à montrer; et, au lieu de rendre avec grand soin les parties importantes d'une composition ou d'un portrait, ils préféreront donner à leurs gravures un soin et une propreté uniformes; ils arrivent ainsi à retirer aux objets d'une importance réelle la valeur qu'ils devraient avoir. Au reste, ces artistes multipliaient des œuvres le plus souvent flamandes : c'était à Martin de Vos, aux Sadeler, aux Wierix, qu'ils empruntaient leurs compositions, et on ne peut trop les blâmer d'avoir approché de la manière des artistes qu'ils cherchaient à imiter. Nous devons donc nous contenter de dire que, mis à leur vraie place, c'est-à-dire classés dans l'école flamande, J. Valdor, Ch. Mallery, P. Firens et J. B. Barbé pourraient occuper un rang que nous autres, auxquels il est permis d'être plus difficiles et plus sévères, nous ne pourrions sans injustice leur assigner.

Si les burinistes précédents empruntèrent à l'école flamande leurs modèles, ceux dont nous allons parler s'adressèrent à l'Italie; et passèrent même la plus grande partie de leur vie dans ce pays. Philippe Thomassin, dont l'œuvre considérable atteste la fécondité et les habitudes laborieuses, eut le tort de reproduire trop souvent des compositions sans mérite : à part la *Sainte Cécile* d'après Raphaël, une *Vierge* d'après le Parmesan, ce fut le plus souvent à des artistes fort secondaires qu'il s'adressa. Imitateur de Villamène et de Corneille Cort, Ph. Thomassin pèche par le même côté que ces deux artistes : son travail est trop lâché ; il indique toujours de la même manière une draperie ; c'est invariablement avec le même procédé qu'il dessine une tête. Qu'il grave d'après Martin Fréminet, ou qu'il reproduise une grande composition de son compatriote Claude Deruet, ses planches ont toujours le même aspect. Un des principaux mérites du graveur qui consacre son talent à la multiplication des œuvres d'autrui ne consiste-t-il pas au contraire à savoir varier son travail de telle sorte que le caractère du modèle apparaisse tout d'abord ? Malgré les défauts inhérents à sa manière, le dessin de Phil. Thomassin n'est pas dénué d'une certaine souplesse, et, s'il n'est pas toujours bien fidèle, il n'est cependant pas dénué d'élégance.

Valerian Regnart, artiste dont le nom est aujourd'hui bien oublié, grava dans un goût analogue à celui de Phil. Thomassin. Si Regnart emploie les mêmes procédés de gravure que Phil. Thomassin, son dessin est encore beaucoup moins habile ; d'ailleurs, les compositions que traduit Val. Regnart sont choisies parmi les œuvres tout à fait faibles de la décadence italienne : il cherche toujours à imiter ces dessins vulgaires de l'école de Michel-Ange, école sublime à ne considérer que les œuvres de celui qui en fut le chef, mais exagérée déjà sous l'influence de Baccio Bandinelli, et tout à fait fausse et simplement emphatique dans les travaux de la seconde génération des disciples de ce maître. Si l'on ajoute que le burin de V. Regnart ne rend même pas toujours exactement ces compositions médiocres par elles-mêmes, on sera forcé de laisser cet artiste dans l'oubli où le temps l'a justement plongé.

Le même Robert Boissard qui publia en 1598 quatre volumes de portraits exécutés sous la direction de Théodore de Bry, grava lui-même et signa de son nom une suite de *Mascarades recueillies et mises en taille-douce par Robert Boissard, Valentianois,* 1597. Ces costumes, gravés au burin d'une main ferme, rappellent quelque peu la manière de Goltzius et de Sadeler ; mais on distingue suffisamment encore, à travers cette préoccupation de l'art flamand, le goût français pour que Boissard puisse être réclamé par la France. Ces costumes d'ailleurs offrent un assez grand intérêt au point de vue historique pour qu'il ne nous soit pas permis de répudier l'artiste qui les a gravés d'après les dessins d'un de ses ancêtres, sans doute Français aussi, Jean-Jacques Boissard.

Une autre pièce signée: *Robert Boissard fecit; Jean Leclerc excud.*, et représentant des *Nymphes*, est gravée d'un burin assez habile ; mais une élégance fausse et exagérée enlève une partie de sa valeur à cette estampe. Ce morceau, n'était la signature que nous venons de donner, pourrait être attribué sans invraisemblance à quelque artiste de l'école de Fontainebleau.

Nous avons passé en revue les différents graveurs qui travaillèrent en France pendant les xve et xvie siècles; nous avons omis à dessein de parler des maîtres de l'école de Fontainebleau, parce que ces maîtres nous ont paru mériter un chapitre à part. Inspirée tout entière par un même goût, originale jusque dans ses moindres détails, l'école de Fontainebleau détermine, d'une façon immédiate, l'élan de notre école; elle indique en outre à nos artistes français une voie qu'ils ne tarderont pas à suivre avec liberté et franchise.

CHAPITRE III

ÉCOLE DE FONTAINEBLEAU

L'école de Fontainebleau a dans l'art français un caractère absolument à part. L'époque où elle se constitua est dans l'histoire de la gravure un moment décisif qui marque et annonce les progrès prochains d'un art original. L'Italie et la Flandre ont été jusqu'à présent, avons-nous dit, les pays auxquels la France a emprunté des exemples. Aujourd'hui ce sont les artistes de ces deux pays qui viennent redemander à la France leurs inspirations, en important un goût de dessin qui ne laissera pas d'ailleurs de se modifier sous l'influence française et dans ce nouveau milieu. En effet, les maîtres de Fontainebleau, Italiens pour la plupart, sont appelés par François Ier pour décorer un palais que nos compatriotes, avec leur expérience incomplète des hautes conditions de l'art, n'étaient pas encore capables de rendre digne du souverain ; mais tout d'un coup les Italiens dépaysés deviennent plus français que les Français eux-mêmes et réussissent à formuler un type, à créer un art que les Français n'avaient su jusque-là ni pressentir ni deviner.

François Primatice et le Rosso sont, à vrai dire, les deux chefs de cette école; ce sont eux que leurs talents firent choisir par le roi pour exécuter les plus importants travaux de son palais. A côté d'eux, des artistes d'un mérite recommandable furent aussi attachés au service du souverain; mais ceux-ci n'avaient ni l'habileté de leurs maîtres, ni les mêmes bénéfices : ils doivent donc être mentionnés, mais ils ne peuvent avoir les mêmes droits à notre admiration que Primatice et le Rosso, les deux maîtres dont ils acceptent docilement l'empire et dont ils suivent strictement les préceptes.

Avant de passer en revue les graveurs qui traduisirent avec tant d'habileté et tant d'exactitude les peintures de Fontainebleau, nous devons dire quelques mots de ces deux chefs d'école; ce sera d'ailleurs le moyen de mieux apprécier le talent des graveurs.

La date de naissance du Rosso n'est pas connue : les auteurs sur la foi desquels on peut le plus justement s'appuyer le font naître en 1496, et Vasari, dont l'autorité est grande en pareilles matières, se tait absolument sur les débuts de l'artiste florentin; il nous dit seulement que Rosso dessina dans sa jeunesse d'après Michel-Ange, mais qu'il ne suivit, à vrai dire, l'école d'aucun maître. Son talent était complétement original, et son génie créateur se fit jour dès les premières années, lorsqu'il fut chargé de peindre, pour Pietro Bartoli, un *Christ mort*, hors la porte San-Pier-Gattolini de Florence, à Marignolle. Après avoir exécuté un assez grand nombre d'ouvrages remarquables à Florence, à Rome, puis enfin à Venise, le Rosso vint en France, où quelques-uns de ses compatriotes, Léonard de Vinci entre autres, l'avaient déjà précédé ; il fut présenté au roi, qui l'accueillit fort honorablement, loua ses tableaux et lui confia presque immédiatement la direction des travaux qu'il voulait faire entreprendre à Fontainebleau. Les nouvelles fonctions du Rosso lui fournissaient les moyens en même temps qu'elles lui imposaient le devoir de réaliser les projets les plus grandioses ; il s'acquitta de cette tâche difficile au grand contentement du Roi, qui, lors de la venue de Charles-Quint en France, chargea l'artiste florentin d'exécuter, conjointement avec Primatice, toutes les décorations nécessaires pour la réception du Souverain étranger. A la mort du Rosso, arrivée en 1541, Primatice, appelé à le remplacer dans sa charge de superintendant des bâtiments, détruisit une grande partie des travaux de son prédécesseur, pour pouvoir, disent quelques biographes, s'attribuer uniquement la gloire des embellissements magnifiques du château de François Ier.

Le talent du Rosso, que l'on peut fort difficilement, pour cette cause, apprécier aujourd'hui à sa juste valeur, ne nous est plus guère connu que par quelques dessins conservés précieusement dans les dépôts publics, et par les estampes, gardiennes fidèles des travaux que le temps ou l'envie détruisent journellement. Autant qu'il nous a été possible de nous former une opinion sur l'artiste florentin, nous dirons que ses œuvres sont empreintes d'une originalité singulière ; son génie semble affectionner les compositions bizarres et compliquées; la Mythologie, — et cette prédilection lui est commune avec presque tous les peintres de son école, — offre au Rosso mille sujets variés, dont il sait tirer un parti singulier et presque toujours heureux. Son dessin est aussi capricieux que son génie : tantôt ce dessin est châtié, et les contours des figures sont fins et délicats; tantôt, au contraire, de singulières incorrections viennent démentir l'élégance et la pureté des lignes : alors la fougue de la composition peut seule excuser la négligence des formes. Les personnages que peint le Rosso sont généralement minces; ils ont des formes que Primatice a encore exagérées. Par le style et par le caractère, le Rosso appartient tout à fait à l'école florentine, dont il est une des dernières gloires, et le long séjour qu'il fit en France influa moins sur son talent que sur celui des artistes placés dans la même atmosphère que lui : Italien de naissance, l'école française ne saurait le réclamer qu'en vertu de la signification pittoresque de ses compositions.

Le Rosso forma peu d'élèves; il n'en forma pas à vrai dire ; son talent si varié et son imagination essentiellement mobile ne pouvaient faire école. Primatice, au contraire, qui devait succéder au Rosso et dont la manière a plus d'une analogie avec celle du maître florentin, put seul grouper autour de lui un certain nombre d'artistes, auxquels il transmit sa façon de composer et ses procédés d'exécution.

Primatice, avons-nous dit, travailla conjointement avec le Rosso; il lui succéda même dans la charge qu'il occupait, et il obtint de plus le titre d'*abbé de Saint-Martin de Troyes, conseiller et aumônier ordinaire du Roy, surintendant des bâtiments et édifices de Sa Majesté*. Placé ainsi à la tête d'une école que le Rosso avait simplement indiquée, Primatice eut à conserver le rang que ses premiers travaux l'avaient mis en chemin de conquérir. Dépouillant dès son arrivée en France une partie de son originalité native, il unit à ses études premières le goût français : ce qu'il prit à la France, ce fut un type élégant et gracieux dont la cour lui offrait tous les jours un modèle accompli; ce qu'il garda de l'Italie, ce fut une parfaite harmonie dans le dessin et dans le coloris; ce qu'il puisa en lui-même, ce fut une prodigieuse facilité d'invention et une entente parfaite de l'effet. Si les œuvres du Rosso ont été, en grande partie, détruites, celles de Primatice n'ont guère été plus épargnées : le temps, la nécessité du changement, ont singulièrement maltraité ces fresques, qui devaient être d'une harmonie et d'une grâce accomplies, si l'on en juge par les estampes qui nous en restent et par les débris que nous sommes encore à même de voir aujourd'hui. Le type de Primatice est le même que celui du Rosso; c'est Diane de Poitiers qui le lui fournit, et, loin de blâmer les artistes du XVIe siècle d'avoir imité les traits de cette demi-reine, on doit leur en faire un mérite, car il faut autant de talent pour savoir se servir d'un beau modèle qu'il en faut pour pouvoir l'inventer.

Jamais peut-être aucun artiste ne montra plus de souplesse et plus de vivacité dans l'imagination que Primatice; M. Poirson, dans un article publié dans la *Revue de Paris* au mois d'avril 1838, apprécie cette mobilité de génie et cette facilité de conception avec une sympathie éloquente : « Dans ce long drame de l'Odyssée, dit-il, et dans les sujets mythologiques, il a traité toutes les passions, exprimé tous les sentiments, depuis la séduction produite par les chants des Sirènes, jusqu'aux fureurs de Clytemnestre assassinant son époux; depuis les émotions que provoquent l'amour de Calypso et les molles délices de son île, jusqu'à celles que font naître les dangers de la tempête, le sac des villes, les supplices des enfers; depuis le sommeil d'Ulysse jusqu'au transport du héros revoyant la terre de la patrie, recevant les embrassements de sa femme et de son fils; depuis la joie et l'abandon des dieux s'égayant dans un banquet, jusqu'à l'impétuosité divine d'Apollon poussant dans les cieux le char de la lumière, jusqu'à la majesté calme de Jupiter, présidant l'assemblée des dieux. »

L'influence de ce génie devenu presque français au contact des idées françaises fut immense ; Primatice forma un bon nombre d'élèves dont les principaux sont : Niccolo dell' Abbate, Ruggieri de Bologne et Prospero Fontana ; ceux-ci exécutèrent non-seulement les œuvres de l'artiste bolonais, mais ils surent encore faire d'assez heureux emprunts au talent de leur maître pour continuer l'œuvre de celui-ci et pour laisser des traces de leur séjour à Fontainebleau.

De tous les graveurs de l'école de Fontainebleau, le plus habile, sans contredit, celui qui sut allier avec le plus de bonheur le talent de graveur à l'élégance du dessin, fut Antonio Fantuzzi, que les Français désignent quelquefois sous le nom de maître Fantose. La pointe de cet artiste d'une sobriété remarquable semble faite pour reproduire les peintures de l'école de Fontainebleau. La grâce dont Primatice et ses élèves connaissent tous les secrets semble ne lui présenter aucune difficulté ; dans le *Parnasse* (Bartsch [1], 18), composition un peu pleine peut-être, il n'existe, grâce à la netteté et à la franchise de la gravure de Fantuzzi, aucune confusion ni aucun embarras : chaque groupe, chaque personnage même peut facilement être distingué, et, si l'on examine le maniement de l'outil et l'exécution matérielle de cette planche, on ne trouve encore que des éloges à donner au graveur. Dans une autre estampe, datée de 1543 et représentant *Jupiter*

[1] Le *Peintre-graveur*, par Adam Bartsch. Vienne, 1803-1821. 21 vol. in-8°.

renvoyant Junon, *Vénus et Minerve devant Pâris* (B. 21), Antoine Fantuzzi a encore fait preuve d'une habileté égale : le dessin de cette estampe ne lui appartient pas, mais la façon savante et expressive avec laquelle la composition du peintre est rendue est digne de louanges ; dans les ornements qui encadrent le sujet, ornements où des personnages sont enlacés, le graveur a disposé la lumière avec une savante facilité ; son eau-forte, d'une exécution habile, est rehaussée de quelques traits de burin qui donnent encore plus de fermeté à l'estampe et plus d'harmonie à l'ensemble de la composition. Quoique Fantuzzi gravât le plus souvent à l'eau-forte, il employa quelquefois aussi le burin, et les *Grottes de Fontainebleau* (B. 35), qu'il publia en 1545 et qu'il signa tout au long *Ant. Fantuz. J. D. Bologna fecit an. D. MD 45*, sont entièrement exécutées au moyen de ce procédé, mais aussi le travail de ces planches est plus pénible, moins harmonieux et plus sec ; on sent que le graveur est gêné dans son allure et que son outil, qui a besoin de liberté, rencontre à chaque instant des entraves qu'il ne peut surmonter.

Si Ant. Fantuzzi fut le plus habile graveur de l'école de Fontainebleau ; le plus fécond fut Léonard Tiry, que l'on a désigné à tort pendant longtemps sous le nom de Léon Daven ; cet artiste était Flamand de naissance, mais il passa presque toute sa jeunesse en Italie, et il conserva si peu le goût des Flamands, qu'il doit être rangé nécessairement parmi les maîtres de l'école de

Fontainebleau. On connaît de ce graveur un grand nombre de planches exécutées d'après Primatice et le Rosso, et, toutes, elles rendent le talent du peintre avec une fidélité d'autant plus louable, qu'elle n'exclut pas une interprétation intelligente. Le plus souvent les estampes de Léonard Tiry sont uniquement gravées à l'eau-forte ; l'exécution en est large et dénuée de toute symétrie ; ses gravures paraissent être bien plutôt l'œuvre d'un artiste créateur que l'interprétation d'un graveur, et, malgré cette liberté apparente d'exécution, le peintre est toujours traduit fidèlement. Léonard Tiry grava quelques planches au burin, mais sous sa main le burin acquiert la liberté de la pointe; si l'on reconnaît cependant une certaine gêne dans quelques-uns des cuivres gravés au burin par cet artiste, on y reconnaît aussi un caractère personnel qui n'exclut pas la fidélité de la traduction.

Léonard Tiry grava d'une pointe fine, facile et correcte, un assez grand nombre de paysages dans lesquels on voit un curieux mélange de l'art des trois pays qu'il habita successivement. Les monuments représentés rappellent le séjour prolongé qu'il fit en Italie; les costumes, d'un goût absolument français, sa présence en France; et l'aspect général de ces planches, exécutées à traits maigres, interrompus et saccadés, prouve que cet artiste a vu le même pays que François Hogenberg rend avec tant d'exactitude. Si l'on veut regarder le Léonard dont parle Vasari comme le même artiste que Léonard Tiry, — et on a lieu de s'arrêter à cette opinion, — cet artiste aurait joint à l'habileté du graveur le talent de peintre. Voici le passage de l'historien : « Le Rosso, dit-il, associa encore à ses travaux de peinture Leonardo, Flamand (nous avons dit que Léonard Tiry était d'origine flamande), homme de talent qui imita parfaitement son style et son coloris, et Lucca Penni, frère de Gio. Francesco, dit le Fattore, élève de Raphaël d'Urbin [1]. »

Les étrangers ne furent pas les seuls artistes qui contribuèrent à cette régénération de l'art ; quelques Français prirent part aussi à la grande renaissance, et Léonard Limousin occupe un rang honorable dans l'école. Émailleur avant tout et savant dessinateur, L. Limousin donna quelque preuve de talent comme graveur. Quoique ses œuvres en ce genre soient presque toutes perdues, et que quatre seulement soient venues à notre connaissance, il n'en faut pas moins compter L. Limousin parmi les plus habiles peintres-graveurs. Ces pièces représentent des sujets du Nouveau Testament et sont datées toutes quatre de 1544 ; elles sont exécutées à l'eau-forte, et avec cette hardiesse qui décèle le goût d'un peintre ; le trait est savant et spontané, sans hésitation dans le contour, sans timidité dans l'exécution ; on reconnaît que la

[1] Le *Vite de' più eccellenti pittori, scultori e architetti*, di Giorgio Vasari; pubblicate per cura di una società di amatori delle arti belle. Firenze, Felice Lemonnier, 1846-1857, tome IX, p. 80. Cette édition de Vasari est non-seulement la meilleure qui ait paru jusqu'à ce jour; mais elle est digne de servir de modèle à toutes les publications analogues.

main qui conduit l'outil est sûre, et qu'elle sait à fond ce qu'elle veut exprimer avant de le confier au métal; sous une apparence de travail peut-être un peu rude, une manière intelligente fait oublier le procédé employé. Les figures de Léonard Limousin sont toujours sveltes et élancées, son dessin est précis, ses compositions habilement disposées, et cette ampleur dans les agencements, qui lui fait négliger le détail pour ne s'occuper que de l'ensemble, révèle un artiste à conceptions élevées. Placées à côté des gravures de Fantuzzi, de Léonard Tiry ou des autres graveurs de l'école, ces estampes gardent un caractère qui leur est propre et qui leur assigne un rang à part dans la gravure.

Un savant graveur, René Boyvin, d'Angers, a sa place marquée à côté des artistes que nous venons de citer; il prit part au mouvement opéré dans l'art à cette époque en multipliant les peintures exécutées à Fontainebleau. On ignore la date de sa naissance, le nom de son maître et jusqu'aux moindres détails de son existence; mais ce que l'on sait et ce qu'il nous importe surtout de savoir, c'est qu'il fut un bon dessinateur et un excellent graveur : le burin, qu'il emploie presque exclusivement, acquiert sous sa main une rare souplesse; il le manie comme ses contemporains employaient la pointe, et toujours le dessin est respecté. René Boyvin a-t-il inventé quelques-unes des compositions qu'il grave avec tant de savoir, ou bien a-t-il toujours copié l'œuvre d'un autre? c'est ce qu'il ne nous est pas possible de dire d'une façon certaine.

Ce que nous pouvons affirmer seulement, c'est qu'il réussit aussi bien qu'aucun de ses contemporains à reproduire les peintures de Fontainebleau, et qu'il grava d'après le Rosso, Primatice et Lucca Penni.

Quelquefois la gravure de Boyvin n'est pas exempte de lourdeur : dans l'estampe représentant *Suzanne et les deux vieillards* (R. D., n° 3), il a surchargé sa planche de tailles qui donnent de la dureté à son travail. Dans d'autres pièces au contraire, et ce sont les plus nombreuses, il a un dessin élancé et fier, élégant et distingué ; son burin, alors souple, se plie à toutes les exigences du dessin qu'il traduit, et semble ne redouter aucun obstacle. René Boyvin est encore plus adroit, si c'est possible, dans la gravure des ornements que dans l'exécution des compositions à personnages ; il sait varier son travail avec un art infini pour rendre les différents objets que le peintre a enlacés d'une façon aussi bizarre que variée. Des personnages, des fragments d'architecture, des fruits, des fleurs, des draperies, tout, en un mot, est utilisé par les artistes de Fontainebleau dans les ornements qu'ils inventent, et ces cartouches, toujours mis facilement en rapport avec les sujets qu'ils encadrent, ont fourni à René Boyvin l'occasion de déployer toutes ses facultés ; mais là où l'artiste angevin montra peut-être encore le plus de talent, c'est dans une suite de masques destinés sans doute à paraître dans quelque fête royale. Deux séries, l'une d'hommes, l'autre de femmes, représentent mille objets plus fantastiques, plus arbitraires les uns que les autres, s'agençant ensemble de telle façon, qu'ils finissent par indiquer un profil; le Rosso fut l'inventeur des dessins, mais René Boyvin en fut le graveur, et il sut donner une grâce inexprimable à ces singulières productions de l'esprit humain, qui couraient grand risque de paraître purement ridicules si elles n'avaient été confiées à un graveur qui en sentît tout l'esprit et sût en rendre toute la singularité.

Geoffroy Dumonstier appartient encore, par sa manière de dessiner, à l'école de Fontainebleau; il sait donner à ses figures une tournure exceptionnelle, et la plupart du temps ses personnages, aux membres frêles et sveltes, sont élancés et bien découplés. Dans la *Déposition de la Croix*, pièce inconnue jusqu'à ce jour et non décrite, on doit noter le sentiment élevé de chaque physionomie; la composition manque peut-être un peu d'unité, mais la douleur de la Vierge est si réelle, le caractère de chaque personnage est consigné avec tant de justesse, qu'il faut admirer cette estampe comme celle qui fait connaître l'artiste le plus complétement. A côté de la *Déposition de la croix*, une autre planche de Dumonstier mérite aussi singulièrement d'attirer l'attention : nous voulons parler d'une *Nativité* (R. D., 6) (Geoffroy Dumonstier a traité cinq fois ce sujet) dans laquelle la Vierge agenouillée contemple l'Enfant Jésus adoré par les anges qui l'entourent, tandis qu'une femme tenant une lampe allumée éclaire toute la composition. La lumière est heureusement distribuée, quoiqu'une rigoureuse exactitude n'ait pas toujours été parfaitement observée; cette clarté, peut-être un peu exagérée, en donnant à l'estampe un aspect imprévu, contribue fort à rendre l'action solennelle. Comme chez presque tous les maîtres de l'école de Fontainebleau, la façon de graver de Geoffroy Dumonstier se compose des procédés les plus simples et les plus expéditifs : le travail de l'artiste est formé de tailles parallèles menées par une pointe habile; quelques contre-tailles fortement accentuées sont destinées à indiquer les ombres et à modeler les figures. La pointe de Dumonstier, généralement facile, est dirigée avec audace; et si, par hasard, une certaine rudesse dans l'exécution nuit à l'effet qu'il veut produire, le graveur sait, par un dessin élégant quoique souvent d'un goût un peu douteux, sait, dis-je, gagner par le sentiment qu'il met dans ses estampes ceux que la stricte exactitude peut seule contenter.

Comme imitateur des maîtres de Fontainebleau, nous devons citer l'Orléanais Étienne Delaulne, qui, par sa manière de dessiner, se rapproche tout à fait de l'école formée par Primatice. Ses personnages sont toujours élancés, leur tête longue et étroite rappelle bien le type traditionnel; son burin est facile, quelquefois même il est hardi, et alors il devient magistral. Dans *Saint Paul frappé sur le chemin de Damas*[1], Jean Cousin est heureusement traduit; son des-

---

[1] J. Cousin a gravé lui-même cette majestueuse composition; nous en avons parlé dans le chapitre précédent.

sin a été strictement suivi, et l'aspect grandiose qui est le cachet propre à toutes les compositions du maître Sénonais est rendu avec un rare bonheur. Épris du talent de Jean Cousin, Étienne Delaulne semble avoir donné à sa gravure, lorsqu'il travailla d'après ce maître, et plus d'ampleur et plus de verve; lorsqu'il est livré à lui-même au contraire, et qu'il traite les petits sujets qu'il affectionne, les *Douze Mois de l'année*, les *Saisons* ou des vignettes pour l'ornementation de livres, il fait usage de procédés qui se rapprochent tout à fait de la méthode employée par l'orfévre : un contour fortement accentué indique la forme générale de l'objet représenté ; une infinité de petits points presque imperceptibles, rehaussés de quelques tailles, modèlent les personnages; les fonds sont dessinés avec adresse et habilement disposés, et il est impossible de rendre avec plus de délicatesse les lointains, que l'œil doit deviner plutôt que distinguer clairement. L'orfévre, forcé de terminer avec un soin infini sa planche, puisqu'elle doit être soumise directement aux regards du public, est contraint de ne négliger aucune partie, et de parfaire avec une stricte uniformité son travail ; de là une plus grande netteté dans l'exécution, et un résultat plus satisfaisant aussi lorsque le graveur joint à la science du dessin une grande sûreté de main et une certaine élégance dans la forme. Étienne Delaulne était donc orfévre en même temps que graveur, et il a voulu nous laisser un monument de plus pour l'histoire des arts, en gravant, en 1576, l'*Intérieur de l'atelier d'un orfèvre émailleur*. Cette petite planche donne peut-être la représentation fidèle de l'atelier de Delaulne; elle montre en tout cas comment étaient logés les hommes de son métier, et quels étaient les meubles dont ils s'entouraient. Trois graveurs sont en train de travailler le long d'une table qui tient le milieu de l'atelier, tandis qu'un quatrième met au four les plaques émaillées; un cinquième à gauche est occupé à un tour. Gravée d'un burin très-fin, mais assez ferme, cette planche peut être comptée parmi les plus curieuses de l'œuvre d'Étienne Delaulne; elle donne non-seulement un spécimen de son talent, mais elle nous admet en même temps dans l'intimité de l'orfèvre, en nous montrant à découvert son intérieur et ses habitudes.

Étienne Delaulne a exécuté un certain nombre d'ornements qui se font remarquer par une vraie facilité de composition; ce sont pour la plupart des arabesques se détachant en blanc sur un fond noir, et dans lesquelles sont entrelacés des personnages tantôt réels, tantôt fantastiques; elles sont destinées à orner des manches de couteaux, des pommeaux d'épée, des garnitures de gaînes, et sont exécutées presque toujours à Strasbourg (*Argentina*) de 1575 à 1580. Le talent déployé par le graveur est réel et digne d'éloges, mais le travail forcément pénible du burin gêne la verve de l'artiste. On connaît encore de Delaulne quatre *Miroirs* datés de 1561, qui sont d'une invention charmante et d'une exécution fine et délicate ; dans ces estampes, l'orfèvre se laisse bien deviner, mais le graveur est assez habile pour exécuter fièrement ces quatre planches que recherchent avec raison les amateurs.

Il y eut bien d'autres graveurs que ceux que nous venons de citer, qui s'occupèrent de multiplier les œuvres nées à Fontainebleau, et, si tous n'ont pas conservé un nom également célèbre, il serait malgré cela injuste de les passer sous silence. Marc Duval, par exemple, dont la biographie reste à faire, faute de documents précis, grava quelques planches dignes de fixer l'attention : les portraits des trois Coligny (R. D., 5), gravés sur une même planche par cet artiste, peuvent être regardés comme une œuvre estimable et consciencieuse ; non-seulement leur physionomie est habilement exprimée, mais le dessin en est soigné et précieux ; la gravure est exécutée librement, quoique petitement conçue. Ce que l'on note avec le plus de raison dans les estampes de Marc Duval, c'est une recherche constante de l'expression. Dans la *Femme adultère* (R. D., 1), la composition est surchargée et même assez confuse ; cependant les physionomies, quoique sans grande noblesse, rendent exactement ce que le peintre-graveur a voulu exprimer. Les portraits de Catherine de Médicis (R. D., 3) et de Jeanne d'Albret (R. D., 4), gravés tous deux en 1579, pourraient bien être exécutés d'après des dessins d'Élisabeth Duval, la fille de Marc. Ce sont, en effet, des crayons qui ont servi de modèle au graveur, et on n'ignore pas qu'Élisabeth Duval eut un véritable talent en ce genre, témoin le portrait de femme conservé au cabinet des estampes de Paris, portant cette mention : *Élisabeth du Val, anno Domini* 15... Les arabesques gravées également par Marc Duval, l'*Été*, le *Printemps* et l'*Hiver*, sont facilement agencées et ont une grande analogie avec quelques *Grotesques* de Jacques Androuet Ducerceau.

Les estampes de Guido Ruggieri, quoique exécutées avec un burin un peu sec, ne manquent pas d'élégance ; elles rentrent parfaitement dans le cadre des autres gravures de l'école; Primatice et le Rosso furent les maîtres qui inspirèrent Ruggieri, et le graveur sut transmettre avec talent les qualités de ces artistes.

Jacques Prévost, de Gray, grava un superbe portrait du roi François 1er, plein de caractère et d'expression; la bouche vieillie du Monarque est rendue avec une vérité qui lui déplut peut-être, et si les courtisans purent faire un reproche au graveur de son exactitude, la postérité doit lui en faire un mérite.

Il faut encore indiquer une longue série d'artistes dont la biographie ne nous est pas connue, et qu'il est, par cette raison, bien difficile de désigner d'une façon profitable au lecteur. Dans une étude spéciale, faite avec soin par un homme consciencieux, savant, et désireux d'exhumer les noms d'artistes jusqu'à ce jour inconnus, il serait peut-être possible, après un travail assidu, d'éclairer d'un jour nouveau toute cette période de l'histoire de l'art français; il est impossible ici de discuter toutes les opinions de nos prédécesseurs, et de s'appesantir longtemps sur les graveurs anonymes de l'école de Fontainebleau.

Les artistes étrangers, en venant en France, sollicités par François Ier, avaient donné, avons-nous dit, une impulsion favorable à la peinture française encore endormie. Il faut dire maintenant la part que prirent dans cette renaissance générale les architectes et les sculpteurs ; nous verrons d'ailleurs, dans l'examen de ces deux parties de l'art, de quelle importance fut la gravure. C'est grâce à elle, en effet, qu'il nous est encore permis de formuler notre opinion sur les artistes de cette époque : la plupart des châteaux de France construits au XVIe siècle sont détruits, défigurés ou transformés aujourd'hui. Ducerceau et les graveurs de la Renaissance nous ont conservé le souvenir de ces œuvres d'un intérêt immense pour notre histoire nationale. On a prétendu que les plus grands dessinateurs de cette époque ont manié le burin et la pointe de même que le crayon ; qu'y aurait-il d'étonnant alors qu'à l'exemple d'Androuet Ducerceau [1], J. Bullant, Pierre Lescot, Phi-

---

[1] Jacques Androuet Ducerceau était un graveur dont la pointe spirituelle sacrifiait trop souvent au pittoresque. Dans son livre si précieux *Des plus excellens bastimens de France*, nous sommes porté à croire qu'il exécuta, sans les mesurer assez scrupuleusement, les monuments qu'il reproduisit ; ces planches, où quelques statues nous paraissent absolument manquer de proportion, sont tout à fait en désaccord avec l'exactitude mathématique des architectes, ses modèles. Dans les ornements qu'il invente, son dessin est gracieux et original ; l'élégance do-

libert Delorme, Jean Goujon et Seb. Serlio aient, au moins, guidé la main des graveurs qui multiplièrent leurs œuvres? Ils rentrent dès lors dans notre cadre, et doivent à ce titre être examinés par nous; nous trouvons d'ailleurs que tous les arts ont, à leur origine, de tels rapports entre eux, qu'il est impossible de parler de l'un sans le comparer aux autres, et ce sera notre excuse si nous entrons ici dans quelques développements où l'on pourrait, sans cela, ne voir qu'une digression inutile.

Nous avons nommé les architectes qui furent les chefs de la Renaissance française. Jean Bullant fut, peut-être, parmi ceux-ci, le plus habile, en ce sens que son dessin est plus correct, son architecture moins surchargée d'ornements, et l'harmonie de ses

mine dans ces milliers de *Grotesques* que sa pointe féconde semble inventer sans peine; dans ses estampes d'après l'antique, il retrouve son exactitude et sa précision ordinaires, et, dans ses traités sur l'architecture et sur la décoration intérieure, il est très-suffisamment scrupuleux. En somme, Jacques Androuet Ducerceau, architecte de second ordre, peut-être, puisqu'on ne connaît aucun monument positivement exécuté par lui, et que tous les travaux qui lui sont attribués sont contestés, et, croyons-nous, fort contestables, fut un dessinateur habile, un inventeur savant et expérimenté; mais, pour que ses travaux eussent été d'une utilité évidente, il eût fallu à ses côtés un architecte consciencieux qui vérifiât exactement ses proportions et qui leur donnât leur valeur réelle. Comme graveur, il doit être rangé dans la meilleure part de l'école de Fontainebleau; comme inventeur, sa place se trouve parmi les artistes les plus spirituels et les plus féconds; comme reproducteur, c'est un artiste dont l'œuvre est aujourd'hui d'une utilité immense pour étudier l'histoire de l'architecture au xvie siècle : il nous conserve la physionomie d'un art dont les spécimens deviennent tous les jours de plus en plus rares.

constructions plus parfaite que chez les autres. A la venue de ces artistes, l'art gothique était le seul que l'on admît en France ; il était tellement en faveur, que pour imposer un autre genre d'architecture il fallut une succession d'hommes de génie qui se vouassent exclusivement à l'art qu'ils voulaient introduire dans notre pays. C'était, cette fois, de l'antiquité grecque que devait nous venir ce renouvellement du goût. Jean Bullant passa à Rome une grande partie de sa jeunesse, et il ne revint en France qu'après avoir étudié avec une sérieuse attention les monuments antiques que cette ville lui offrait de tous côtés. Élevé ainsi à l'école du beau et unissant à cette étude un goût sûr et éclairé, il sut se former une manière qui, malgré de nombreux emprunts à l'art antique, pouvait encore passer pour originale, tant l'interprétation en était habile, et tant aussi l'artiste était initié aux secrets de l'art. Le château d'Écouen, que les gravures de Ducerceau nous permettent de voir intact, aujourd'hui que l'on n'a pas respecté ce splendide monument dans son ensemble, fut un des premiers édifices élevés dans ce nouveau style. Le château était carré, flanqué de quatre pavillons ; dans le pavillon de gauche, se trouvait la chapelle, qui a été entièrement reconstruite, et dont les sculptures ont été transportées au Musée du Louvre. Le portail principal était d'ordre dorique ; une porte, entourée de quatre colonnes qui soutenaient un cintre, donnait accès dans l'intérieur du château ; quatre autres colonnes aux côtés de ce cintre supportaient le fronton, au milieu duquel se trouvait la statue équestre du Connétable Anne de Montmorency. Dans l'intérieur de la cour, deux portiques conduisaient dans les différents corps de logis : ils étaient composés de deux petites portes surmontées d'une demi-fenêtre, surmontée elle-même d'une fenêtre entière ; on voyait au-dessus un balcon sur lequel avaient vue deux autres fenêtres réunies entre elles par une cloison couverte de croissants et de fleurs de lis d'un côté, et de l'autre des écussons en blanc attendaient les armoiries du Connétable. L'élégance des lignes de toute cette architecture intérieure, conservée aujourd'hui, offre aux yeux un ensemble d'une grâce parfaite. On pressent encore dans quelques parties de ce château que l'art gothique n'est pas loin ; Bullant, malgré son génie novateur, ne peut répudier complétement les traditions de ses prédécesseurs : des ornements trop nombreux recouvrent les corniches ; les toits fort élevés rappellent, par leurs formes, ceux de nos cathédrales du moyen âge, ils sont terminés par des crêtes dentelées, et les fenêtres de la chapelle d'Écouen, dont Ducerceau nous a conservé la représentation fidèle, ont encore gardé quelque chose de la forme ogivale. Malgré ces réminiscences, impossibles à éviter tout de suite, le château d'Écouen doit être regardé comme un des monuments les plus accomplis de la Renaissance française ; son aspect majestueux et en même temps plein de charmes l'a fait justement admirer jusqu'à ce jour; il contribua beaucoup pour sa part, nous en sommes convaincu, à faire adopter en France l'architecture grecque, dont la noble sévérité était quelque peu modifiée dans ses détails, et unie à l'élégance française.

En même temps que le Connétable de Montmorency confiait à Jean Bullant la construction de son château d'Écouen, le roi François Ier ne restait pas en arrière, et commençait de son côté aussi la restauration du Palais du Louvre. Jean Bullant, le premier, avait su étudier assez à fond l'architecture grecque pour en faire sortir une architecture nouvelle et originale; mais, en même temps que lui, d'autres artistes dirigèrent leurs efforts vers le même but, et remplirent avec un talent analogue le dessein qu'ils se proposaient. Pierre Lescot, né en 1510, fut chargé en 1541 de la direction des travaux que le Roi entreprenait au Louvre. Cet architecte avait reçu de la nature les plus heureux dons : conceptions faciles, projets grandioses, exécution sobre, telles étaient ses principales qualités. Jean Bullant n'était ni plus élégant, ni plus correct; il avait seulement le mérite de l'avoir précédé dans cette voie, et cette priorité doit être comptée. Les travaux que Pierre Lescot fut chargé de faire exécuter furent dirigés par lui-même, et portèrent sur la partie du Louvre occupée aujourd'hui par la salle des Cariatides. La cour, d'après son plan, devait être beaucoup moins vaste qu'elle ne l'est aujourd'hui : elle devait à peine avoir le quart de sa grandeur actuelle, et les proportions choisies par l'architecte étaient alors, quoique les agrandissements successifs aient été habilement conduits, d'une bien plus grande élégance, et surtout d'une unité bien plus parfaite. Le plan que Pierre Lescot adopta était sagement conçu, et fut savamment exécuté.

C'est encore à Jacques Androuet Ducerceau que nous devons la connaissance exacte des parties du Louvre exécutées sous la direction de Pierre Lescot : cet architecte avait divisé le côté de la cour du Louvre en trois pavillons soutenus chaque fois par quatre colonnes superposées, et il avait couronné le tout par un toit surélevé garni d'une corniche sculptée et ornée de brasiers enflammés. Si l'on en croit les relations publiées jusqu'à ce jour, les sculptures du rez-de-chaussée et du premier étage auraient été exécutées par Jean Goujon; celles du deuxième étage et de la corniche qui le surmonte seraient dues au ciseau de Paul Ponce. Il est permis de supposer que Jean Goujon, dont le talent est si justement célèbre, dirigea pour le moins les travaux exécutés par P. Ponce. Comment admettre, en effet, que deux artistes aient ainsi en tout point les mêmes inspirations, le même goût et la même pureté de dessin? N'est-il pas plus naturel de penser que J. Goujon guida la main de l'artiste florentin et assura ainsi à son œuvre l'unité parfaite que nous y remarquons?

Philibert Delorme, né à Lyon en 1518, passa presque

toute sa jeunesse en Italie, et acquit promptement une juste réputation. Aussitôt qu'il se fut fait un nom, il fut rappelé en France par le cardinal de Belley, qui le présenta à la cour de Henri II. Les premiers travaux que lui confia le Roi furent exécutés dans le palais de Fontainebleau, que l'architecte italien Serlio avait commencé en 1540. Ph. Delorme fut chargé de la construction de la cour dite du Fer-à-Cheval, qu'il termina avec talent, et dont nous pouvons encore admirer aujourd'hui l'élégance et les justes proportions. A la mort de Henri II, Catherine de Médicis, voulant loger dans un palais distinct, mais cependant assez rapproché de celui qu'habitait Charles IX, acheta l'emplacement occupé aujourd'hui par le palais des Tuileries, qu'occupaient alors une vaste plaine et quelques fabriques parmi lesquelles était une tuilerie. Pour se faire construire une habitation digne d'elle, Catherine de Médicis chercha un architecte qui eût déjà fait ses preuves; son choix tomba sur Philibert Delorme, et l'œuvre de cet artiste justifia pleinement la distinction dont il fut l'objet. Les plans qui nous sont conservés de ce monument à son état primitif (toujours par J. Androuet Ducerceau, le reproducteur fidèle *des plus Excellens bastimens* du xvie siècle) nous permettent d'admirer la conception grandiose de l'architecte, et une construction dont les proportions étaient d'une élégance simple et en même temps majestueuse. Une vaste ligne de bâtiments d'un seul étage, interrompue de distance en distance par des pavillons à deux étages, devait former la partie principale du palais; les communs, les écuries et les basses-cours auraient été réunis à ce corps principal; mais la reine ne fit exécuter que le pavillon central existant encore aujourd'hui et les deux ailes latérales, qui ont été exhaussées et rendues méconnaissables par suite des nombreux travaux que les différents Souverains, Louis XIV surtout, firent successivement exécuter. Comme ses contemporains, Philibert Delorme se distingue par l'excessive légèreté de ses constructions et par une élégance parfaite, unie à une connaissance approfondie de l'art antique. Il prodigue toujours les ornements; mais il sait indiquer avec tant de goût et tant de netteté les grandes lignes du monument qu'il construit, que l'abondance des détails ne nuit pas à l'ensemble, toujours facile à embrasser. Philibert Delorme occupe donc un rang très-élevé dans l'histoire de la Renaissance des arts, qu'il aida de ses travaux et de ses leçons [1].

A côté des grands architectes français que nous venons de citer, nous devons mentionner un artiste

---

[1] On sait en effet que Ph. Delorme publia deux traités d'architecture fort estimés encore aujourd'hui et remplis de précieuses gravures sur bois dont on lui attribue non-seulement le dessin, mais encore la gravure; en voici le titre : *L'Architecture de Philibert Delorme, conseiller et aumosnier ordinaire du Roi et abbé de Saint-Serge-les-Angiers*. Paris, Hierosme de Marnef, 1576. — *Nouvelles inventions pour bien bastir à petitz frais, trouvées naguères par Philibert Delorme, Lyonnois, architecte, conseiller et aumosnier ordinaire du Roi et abbé de Saint-Serge-les-Angiers*. Paris, Hierosme de Marnef, 1576, in-fol.

italien qui, par la part qu'il prit à la construction du château de Fontainebleau, a sa place marquée dans notre travail. Sébastien Serlio, appelé en France par François Ier, était élève de Balthazar Peruzzi, de Sienne; il avait déjà fait preuve de talent avant de venir à Fontainebleau, et l'école de Saint-Roch, qu'il avait construite à Venise, le palais Grimani et le palais Malvezzi, qu'il avait élevés à Bologne, l'avaient fait désigner au Roi comme pouvant lui rendre de grands services dans l'exécution de ses projets. François Ier, voulant faire agrandir son palais du Louvre, ordonna à Serlio de dresser un plan en même temps qu'il en commandait un autre à Pierre Lescot. Le plan de Serlio, mis sous les yeux du Roi, fut rejeté; celui de Pierre Lescot fut reconnu plus convenable, de l'aveu même de Serlio, et celui-ci, comme dédommagement, fut chargé de la direction des travaux entrepris à Fontainebleau. Serlio vécut longtemps et composa même dans cette ville deux importants ouvrages sur l'architecture [1]; mais les troubles survenus sous Charles IX le contraignirent à quitter la ville où il avait élu domicile, et il se retira à Lyon : des maladies de toute sorte vinrent l'y surprendre, et il fut obligé, pour vivre, de faire quelques dessins, dans lesquels son habileté se manifeste encore. Aussitôt que la tranquillité fut rétablie, Serlio

---

[1] *Libro primo d'Architettura di Sebastiano Serlio, Bolognese.* In Venetia, 1562; in-folio. — *Il settimo libro d'Architettura di Sebastiano Serlio, Bolognese.* Francofurti ad Mœnum, 1575; in-folio.

revint habiter Fontainebleau ; il mourut dans cette ville en 1578, à l'âge de soixante ans.

Si nous avons tenu à indiquer sommairement les différents travaux de sculpture et d'architecture exécutés en France au xvie siècle, c'est que l'art de la gravure, à cette époque, ne peut réellement être compris et apprécié à sa juste valeur, si l'on n'a une idée générale de l'art. La gravure est alors plus que jamais la fille docile des autres arts, et ne pas donner, en parlant des estampes de l'école de Fontainebleau, un aperçu succinct sur la peinture, la sculpture et l'architecture, c'est dépouiller la gravure d'une partie de sa gloire, et diminuer d'autant la part d'intérêt qui lui appartient.

Nous dirons, en finissant, que les peintres les plus fervents imitateurs de Primatice, du Rosso et de Niccolo dell' Abbate furent des Français, et des Français dont le talent ne peut être contesté. Simon et Claude de Paris, François d'Orléans, Laurent de Picardie et Louis Dubreuil descendent en droite ligne des Italiens que nous avons cités plus haut ; ils empruntèrent à ces artistes leur goût de dessin et leur manière de peindre, de même que ceux-ci avaient demandé à la France leurs types et leur gracieuse élégance. Les graveurs, interprètes des peintres de l'école, élevés d'ailleurs sous leurs yeux, nous en ont gardé la manière la plus caractéristique, et c'est grâce à leurs estampes que nous pouvons encore aujourd'hui formuler notre jugement sur cette école, dont les œuvres originales ont presque totalement disparu. Nous terminerons donc en disant que, si dans l'école de Fontainebleau l'influence italienne est sensible, et ce serait un acte ridicule de ne pas en convenir, le goût français apparaît cependant dans chaque œuvre avec sa souplesse, son esprit et son charme, et que, si les Italiens venus à Fontainebleau n'avaient pas quitté leur patrie, ils n'auraient jamais été ce que la France les fit, élégants quelquefois même outre mesure, mais spirituels toujours à propos.

Pour achever de définir cette époque si décisive pour l'art français, pour résumer toute l'importance de l'école de Fontainebleau, il faut encore passer en revue la série des portraitistes éminents du XVIe siècle. Comme les graveurs qui s'attachèrent à la reproduction de leurs œuvres appartiennent, pour la plupart du moins, au commencement du XVIIe siècle, nous en ferons l'objet d'un chapitre spécial au moyen duquel nous compléterons l'étude que nous avons entreprise sur cette école.

CHAPITRE IV

LES GRAVEURS DE CRAYONS. — LA GRAVURE HISTORIQUE
AU XVIᵉ SIÈCLE JUSQU'A LA MORT DE HENRI IV (1610).

LES GRAVEURS DE CRAYONS

En faisant immédiatement suivre les graveurs de crayons de l'école de Fontainebleau, nous avons nos raisons. L'influence des artistes venus en France au xvıᵉ siècle avait été telle, qu'elle avait absorbé une grande partie du talent des peintres français; et, si l'art italien avait jusque-là particulièrement guidé nos maîtres, l'art flamand n'avait pas non plus passé tout à fait inaperçu, car Léonard Tiry avait eu une influence réelle qu'il serait injuste de lui contester. Les crayons du xvıᵉ siècle se rattachent à l'école de Fontainebleau par leurs rapports immédiats et évidents avec l'art flamand du xvᵉ et du xvıᵉ siècle; ce sont, à n'en pas douter, les œuvres des frères Van Eyck, d'Hemling et de ses contemporains, qui servirent de modèles aux Clouet, aux Dumonstier et aux Quesnel.

Le type de Diane de Poitiers est perdu, il est vrai, et ne se retrouve plus désormais; mais il est remplacé par celui des femmes de la cour de Henri III et de Charles IX, et, si la physionomie est moins pure, moins élégante et moins élancée, elle est rendue avec la même exactitude, la même finesse et le même esprit.

Ce qui distingue particulièrement les crayons du XVIe siècle français, ce qui leur donne à nos yeux une valeur incontestable, c'est une naïveté intelligente et expressive, unie à une exquise simplicité d'exécution. Avec les moyens les plus sobres, la physionomie du modèle est indiquée; et, au lieu de cette exagération qui avait eu jusque-là presque force de loi, on vit se former une manière qui donna à l'art français un caractère nouveau et bien défini. Le personnage est représenté *au naturel* et sans fard : c'est le seigneur que l'on rencontrait; c'est l'ami que l'on abordait; c'est la dame avec sa repartie vive et mordante, avec un sarcasme ou avec une parole bienveillante sur les lèvres. De quelle utilité alors ne sont pas ces précieux portraits pour les historiens du XVIe siècle! Sans leur secours, ceux-ci n'auraient pu lire dans les yeux de leurs héros, ni leurs vertus, ni leurs défauts; sans eux, et surtout sans la gravure, qui les a popularisés, ils n'auraient jamais connu la spirituelle figure de Gabrielle d'Estrées ou les traits nobles et sévères du Connétable de Montmorency.

Jean Rabel est le premier graveur de crayons que

nous devions citer. Il était originaire de Beauvais, et, avant d'être graveur, il avait été peintre et dessinateur. Son talent réside bien plutôt dans le portrait que dans les compositions; en effet, les vignettes que l'on connaît de lui sont assez confuses et offrent peu d'intérêt. Il n'en est pas ainsi de ses portraits : si Jean Rabel ne manie pas le burin avec habileté, et si ses gravures dénotent une grande inexpérience, on remarque toujours dans les portraits de cet artiste une entente véritable de la physionomie, qui rachète largement l'indécision du burin. Dessinateur scrupuleux, curieux de la forme, Jean Rabel atteint toujours le but auquel il vise; il sait que, dans le portrait, c'est l'aspect général de la figure qu'il faut rendre, aussi est-ce vers cette exactitude intelligente que tendent tous ses efforts, et le succès couronne presque toujours son entreprise. On trouvera sur les physionomies de *Remi Belleau*, d'*Antoine Muret*, de *Nicolas de Montreux*, de *Pibrac*, du président *de Thou* ou du Chancelier *de l'Hospital*, un caractère qui est propre à chacun de ces hommes, et qui ne convient qu'à eux seuls. Le procédé que Rabel emploie pour sa gravure n'est pas d'ailleurs dénué de toute élégance; s'il est matériellement inexpérimenté, il est cependant savant, et, guidé par une main qui connaît à fond les secrets du dessin, il n'est jamais maladroit; le burin peut être timide, jamais il n'est dénué de charme, et, dans les vignettes même, qui dénotent la gêne et l'inexpérience, on reconnaît toujours que le graveur est en même temps, et surtout, un peintre de talent.

Nous attribuerions volontiers, non-seulement pour la gravure, mais encore pour le dessin, à Jean Rabel un petit portrait où l'esprit le dispute au savoir ; l'auteur du *Printemps d'hiver*, le poëte Jacques Yver, a été gravé à la fin du xviᵉ siècle avec une pointe si fine, si délicate et si spirituelle, que nous pensons ne pouvoir mieux attribuer cette planche qu'à l'élégant dessinateur Jean Rabel ; nous reconnaissons à cette estampe la grâce de cet artiste unie à une souplesse au moins égale dans l'exécution.

Après Jean Rabel, que nous devions placer le premier, non-seulement parce qu'il est le plus habile, mais encore parce qu'il est le plus ancien, — peut-être même le premier qui se soit appliqué à rendre en gravure toute la finesse des dessins, — nous devons citer deux autres graveurs, qui, par le nombre de leurs œuvres et par le mérite qu'elles dénotent, occupent une place importante dans l'histoire de la gravure en France. Thomas de Leu, que nous croyons Flamand d'origine, tant par la forme de son nom (il signe ses premières pièces de Leeuw) que par sa façon de procéder, était éditeur aussi bien que graveur, et l'on trouve son *excudit* sur quelques pièces signées en même temps du monogramme de Léonard Gaultier. Si l'on examine avec soin l'œuvre de Th. de Leu, on s'apercevra que cet artiste grava d'après des peintres, à peu d'exceptions près, dont les œuvres sont bien rares aujourd'hui : il suffira de citer les noms d'Isaïe Fournier, de James

Blamé, de Jacob Bunel, de Darlay, de Quesnel, de Daniel et de Pierre Dumonstier. Curieux avant tout de l'exactitude, Th. de Leu copie son modèle avec une rigoureuse précision; mais, ayant à sa disposition une habileté peu commune, il sait donner en même temps au personnage qu'il représente la physionomie qui lui convient en propre, et, lorsqu'il nous transmet l'effigie de *Henri IV*, de *Marie Stuart* ou d'*Antoine Caron*, son beau-père, il assigne à chacun une expression juste et un caractère propre. Henri IV est représenté avec sa bonhomie quelquefois un peu narquoise, mais simulée; les traits de Marie Stuart révèlent bien un grand et noble cœur; Antoine Caron n'annonce dans son portrait ni une imagination bien féconde ni une intelligence exceptionnelle[1]. Il existe encore aujourd'hui un assez grand nombre de dessins que Thomas de Leu multiplia pour qu'il soit possible de vérifier l'exactitude des portraits gravés par cet artiste. Pour ceux qui ont cherché à se rendre compte du mérite du graveur, ils se sont tous accordés à regarder Thomas de Leu comme un des plus habiles à reproduire l'image fidèle de son modèle.

L'œuvre de Th. de Leu est très-considérable et ne renferme pas uniquement des portraits; on connaît encore de lui un assez grand nombre de vignettes,

---

[1] Le crayon qui a servi à Thomas de Leu pour graver cette planche existe encore au Cabinet des estampes de Paris. M. Niel, du reste, l'a fait reproduire en *fac-simile* par A. Riffaut, dans son important ouvrage des *Portraits des personnages français les plus illustres du* xvie *siècle.*

quelques-unes d'après Antoine Caron, des pièces sur l'art militaire dont l'invention est de Jacques Perret, gentilhomme savoisien, et des pièces historiques; parmi ces dernières on remarque particulièrement une estampe d'après François Quesnel représentant le *Sacre de Louis XIII*. Ici la vérité historique ajoute un grand intérêt à l'exécution matérielle de la planche, et, si la gravure est un peu sèche et dénuée d'élégance, on doit en accuser plutôt le dessinateur que le graveur, car Thomas de Leu est le miroir fidèle du peintre qu'il traduit et ne se permet jamais de faire le moindre changement au dessin qu'il a sous les yeux.

De même que Thomas de Leu, Léonard Gaultier ne s'attache pas uniquement à la gravure des portraits; l'œuvre de cet artiste contient au moins un nombre égal de pièces historiques et de vignettes; celles-ci, composées avec une certaine élégance, exécutées avec finesse, manquent cependant de vie et de mouvement; le burin, par la difficulté de son emploi, ne se prête pas comme l'eau-forte aux mille exigences de la vignette; il entrave et refroidit l'exécution; malgré l'habileté de l'artiste qui en fait usage, il arrête la verve sans avantage pour le dessin. Les gravures historiques exécutées par Léonard Gaultier offrent un véritable intérêt : la *Procession de la Ligue*, le *Sacre de Marie de Médicis* et le *Baptême de Louis XIII* sont autant de documents précieux pour notre histoire nationale, d'autant plus que l'artiste, secouru par une main habile, a rendu avec l'exactitude du témoin oculaire ces événements publics dont la vérité fait toute la valeur. Dans ses portraits, Léonard Gaultier sait donner à chacun de ses personnages un caractère bien personnel, et il se rapproche en cela de Thomas de Leu, dont nous signalions plus haut le talent particulier à rendre l'esprit de son modèle. Que Léonard Gaultier nous mette sous les yeux l'image de *Jeanne d'Albret*, de *Ronsard*, de *Marie de Médicis*, d'*Henri III* à cheval, de *Serralier* ou de *Henri IV tenant le sceptre de milice*, on note une expression particulière dans le regard et un cachet de vie personnel sur chaque physionomie. Aussi habile que Thomas de Leu à comprendre un portrait, Léonard Gaultier diffère quelque peu de son émule par le procédé : l'un emploie un burin fin et poli, l'autre, au contraire, taille le cuivre plus largement, plus facilement aussi. Se souciant peu de l'excessive propreté de sa planche, Léonard Gaultier sacrifie aux exigences pittoresques plus que Thomas de Leu, mais il sait cependant s'arrêter à temps; d'ailleurs, fidèle observateur du crayon qu'il traduit, il joint à la science du dessin une interprétation habile, mais vraie [1].

[1] On ne sait trop si c'est à Th. de Leu ou à Léonard Gaultier qu'il faut attribuer une série de cent quarante-quatre portraits imprimés sur une même feuille, et donnant l'image de personnages célèbres dont les traits seraient restés inconnus pour la plupart sans cette estampe. Gravée d'un burin savant et nerveux, cette planche nous semble, par le goût, appartenir plutôt à L. Gaultier qu'à Th. de Leu ; nous croyons, en effet, discerner dans cette série, connue sous le nom de *Chronologie*

Quel est donc le rimeur qui, au bas de chacun des portraits de Thomas de Leu ou de Léonard Gaultier, chante les vertus ou les exploits du personnage représenté? C'est une question que nous aurons bien souvent à nous faire quand nous avancerons dans l'histoire de la gravure française. Ici nous avons découvert au-dessous de ces vers un seul nom, et ce nom est celui de François de Belleforest; devons-nous conclure de là que le poëte commingeois soit l'auteur de tous les vers qui accompagnent ces portraits? Nous ne le croyons pas, aussi laissons-nous à quelque fureteur le soin de nous révéler le nom de ces nombreux versificateurs qui auraient chanté sur le même ton, pour peu qu'on le désirât, le vainqueur et le vaincu, le lâche indompté ou le brave des braves.

Jean Briot grava peu, mais l'aspect de quelques-unes de ses planches a un caractère assez particulier de naïveté et de simple élégance pour qu'il doive trouver place parmi les graveurs de crayons. Le travail de cet artiste n'est ni agréable, ni séduisant, mais il a un cachet de vérité qui compense bien l'habileté de l'outil. Les portraits du poëte *J. B. Marini* (1621), du pape *Urbain VIII*, de l'évêque de Poitiers *Larochepozay*, et de *M. Picard*, attestent par leur façon à part un talent sincère que l'on doit estimer d'autant plus, qu'il est

---

collée, la largeur d'exécution de Léon. Gaultier, unie à la science de son dessin. Les portraits de François Clouet, d'Ant. Caron, de Germain Pilon, et du graveur Aubin Olivier, terminent cette planche, dont les exemplaires intacts sont d'une insigne rareté.

tout à fait dans le caractère des dessinateurs de l'époque; chaque physionomie est tracée avec vérité et sans affectation, chaque regard est naturel et tel qu'il devait être. *Le portraict de très-hault, très-puissant, très-excellent prince Henry-le-Grand,* fut publié *à Paris, chez Nicolas de Mathonière, rue de Montorgueil, à la Corne de Dain,* 1610. Le roi est couché sur un lit de parade, au milieu d'une vaste chapelle ardente; deux autels couverts de cierges allumés se voient aux côtés du cercueil; la chambre est entièrement tendue de noir et l'aspect de la scène ne manque pas d'une imposante tristesse. Jean Briot a gravé cette planche d'après François Quesnel, et il a su lui donner, au moyen de certains petits détails caractéristiques, un cachet de vérité incontestable qui contribue à la faire estimer davantage. Jean Briot grave d'une façon un peu mesquine, mais toujours fidèle; ses contours sont roides, ses plis un peu aigus. Le procédé qu'il emploie a plus d'un rapport avec la manière adoptée par Jean Picart et Jaspar Isac.

Jean Picart observe scrupuleusement son modèle dans les différentes compositions qu'il traite; sujets d'histoire, vignettes de piété ou portraits. Graveur exact plutôt que dessinateur savant, il accorde un peu trop peut-être au travail matériel de sa planche, qu'il surcharge de tailles inutiles; le modelé est quelquefois un peu sacrifié, et les contours sont trop brusquement brisés. Dans les tombeaux de la famille de Montmorency, dans quelques statues antiques qu'il multiplia, comme dans ses portraits, Jean Picart apporte le même soin à rendre le caractère de l'objet qu'il a sous les yeux, mais en revanche il emploie la même uniformité de tailles. Jean Picart ne permet jamais à son burin un élan pittoresque, il le mène toujours avec la même froideur, alors même que le sujet ou le portrait comporterait une certaine fougue. *Jacques d'Auzoles, sieur de la Peyre, Baron*, ou la Mareschalle de *Schomberg*, sont représentés dans une attitude vraie et naturelle; la physionomie de ces personnages est bien annoncée, mais le travail monotone de la planche détruit une partie de la valeur qu'elle devrait avoir.

Les estampes de Jaspar Isac ont une analogie frappante avec celles de Jean Picart. Lorsque Jaspar Isac nous fait voir l'image de *Charlotte-Catherine de la Trémouille*; de *Henri de Bourbon*, évêque de Metz, de *Loiseau*, de *Christophe*, prince de Portugal, ou de quelques autres personnages de son temps, si la physionomie est sagement indiquée et caractérisée d'une façon convenable, le travail du graveur est encore trop accusé. Le dessin a été soigné d'une façon toute particulière dans le portrait du *duc de Montmorency*, que Jaspar Isac semble avoir gravé un jour où il était mieux inspiré que d'habitude; la tête du personnage est heureusement étudiée et comprise, le nez, les yeux et la bouche sont dessinés avec précision, et le caractère général de la physionomie est rendu avec conscience. Jaspar Isac grava également un assez grand nombre de pièces facétieuses; quelques-unes sont même assez libres. Le graveur employa alors indistinctement la pointe ou le burin; mais ces estampes, qui représentent généralement des sujets vulgaires, ne méritent, ni par leur exécution, ni par leur dessin, de fixer l'attention. C'est un *Ivrogne*, un *Joueur de violon*, le *Duel à l'andouille*, le *Cadet et la giniole*, *Nous sommes sept*, et autres plaisanteries grivoises, lesquelles, si elles eurent à leur apparition un certain succès, n'ont plus conservé aujourd'hui aucun autre intérêt que celui de la rareté; le dessin de ces facéties est dû, croyons-nous, à Isac lui-même, et il est aussi brutal que les sujets qu'il représente.

Jacques de Fornazeris grava d'un burin plus moelleux, mais aussi moins savant que celui de Thomas de Leu et de Léonard Gaultier, les portraits de *Claude Lebrun*, de *Henri IV*, de *Marie de Médicis*, d'après quelques dessinateurs inconnus, et le portrait de *Sully* d'après Ambroise Dubois. Chez cet artiste, comme chez les autres graveurs qui s'attachent à la reproduction des crayons, on remarque une grande rigueur d'imitation jointe à une connaissance approfondie du dessin. Nous pensons que c'est avec raison que l'on attribue à J. de Fornazeris le portrait de *Henri IV* placé au milieu d'un riche portique orné de figures, et au bas duquel on lit : *Isaïe Fournier inuen.* — *Thomas de Leu sculpsit* 1596. Le graveur des portraits que nous venons d'étudier nous paraît parfaitement capable de dessiner lui-même une figure avec talent, et nous

nous rangeons volontiers à l'opinion de ceux qui voient dans Jacques de Fornazeris non-seulement un graveur habile, mais encore un savant dessinateur.

Nous n'en pourrions dire autant de tous les autres graveurs de crayons : Jacques Granthomme nous semble, en effet, donner plus de soin à l'exécution matérielle de sa gravure qu'au dessin lui-même; originaire de la Flandre, cet artiste emprunte à son pays natal non-seulement son goût, mais encore sa façon de graver. Le portrait de *Frédéric IV*, comte palatin du Rhin, duc de Bavière, et celui de *Henri Smetius*, exécutés alors qu'il était encore jeune, révèlent son origine étrangère et une éducation particulière qui n'a aucun rapport avec les procédés employés par les Français. Jacques Granthomme ne prend rang, à vrai dire, dans l'école nationale, que lorsqu'il abandonne son maniement d'outil primitif; il devient alors plus souple et plus libre, et mérite de vrais éloges pour le portrait du *Prince de Parme* ou pour celui du *Duc de Lorraine*. Quittant cette propreté d'outil qui entrave toute verve et toute inspiration, ne se préoccupant plus de la netteté de son trait, il peut consacrer à l'étude du dessin plus de temps, et rendre ainsi avec plus d'exactitude ses modèles.

Charles Mallery, que nous avons déjà compris parmi les graveurs sur métal du XVIe siècle, grava un certain nombre de portraits qui lui assignent une place parmi les graveurs de crayons. Comme Jacques Granthomme, il est, à n'en pas douter, Flamand d'origine.

Paul de la Houve édite son portrait d'*Elizabeth-Claire-Eugénie d'Autriche, comtesse de Flandres et duchesse de Brabant;* d'ailleurs, sans cette preuve évidente, à la gravure serrée, modelée jusqu'à l'excès, de ses premières planches, on reconnaît que le graveur a plutôt tenté d'imiter Wierix et l'école de ce graveur qu'il n'a cherché à se laisser uniquement guider par le dessin qu'il avait sous les yeux. Comme les autres artistes qui s'attachent à reproduire les crayons, sitôt que Charles Mallery met le pied sur le sol français, il comprend qu'il n'a d'autre voie de salut que dans l'imitation simple et naïve de ses modèles, et alors sa gravure prend un charme qui lui était inconnu jusqu'alors. Dans le *portrait après le naturel de Monseigneur le Dauphin, aagé de 7 mois en avril* 1602, *dédié au Roy*, que Granthomme exécuta d'après Quesnel, dans la figure du gazettier *Allard*, d'après D. Dumonstier, ou dans l'image du poëte *Garnier*, d'après J. Rabel, on retrouve non-seulement la physionomie tout entière du personnage représenté, mais encore toute la naïve interprétation du portraitiste. On en pourrait dire autant du portrait de *Gérard de Maynard*, qui semble gravé par le dessinateur lui-même, tant l'expression en est vraie, et tant l'aspect en est naturel en même temps que séduisant.

On lit au bas de certaines pièces, entre autres au-dessous de *Trois enfants* complétement nus, les mots *Jenet inventor;* la gravure de ces estampes ressemble assez au travail de P. Perret, et peut, ce nous semble, lui être attribuée. Si l'on admet avec quelques écrivains que ce *Jenet*, qui signe ici comme *inventeur*, n'est autre que Fr. Clouet, dit Janet, on doit regarder ces planches comme dignes d'un véritable intérêt; si, au contraire, et nous nous arrêtons plus volontiers à cette seconde supposition, on regarde ce *Jenet* comme un dessinateur inconnu, ces estampes perdent une grande partie de leur importance. En effet, en les examinant avec grand soin, et surtout sans parti pris, on reconnaît la main d'un homme habile et d'un dessinateur de talent, mais on ne peut y trouver cette précision de style et cette noblesse de sentiment que les portraits du peintre Clouet nous révèlent; nulle part, dans les deux estampes que nous connaissons d'après *Jenet*, cette science profonde de l'expression, ni cette souplesse de dessin qu'attestent les portraits peints par Clouet, ne se montre ni même se laisse pressentir.

Avant d'arriver aux graveurs français qui tentèrent au xviie siècle de reproduire les crayons, nous devons en finir avec le xvie siècle, et mentionner encore quelques fidèles successeurs de Rabel, de T. de Leu et de Léonard Gaultier; parmi ceux-ci Alexandre Vallée, Sébastien Vouillemont et Jehan Leblond, trouvent naturellement leur place. Al. Vallée grava un petit nombre de pièces rentrant ici dans notre cadre; mais le portrait de *Robert Boissard*, qu'il exécuta d'une pointe fine et agréable, mérite cependant d'être indiqué. Les portraits de *de Thou*, d'après Demonstier, et de *Jean Leblanc* (*Aetat*. 62), d'après G. Pantau, placent Séb. Vouillemont au nombre des graveurs habiles à rendre la physionomie du personnage et à en indiquer clairement le caractère. Quant à Jéhan Leblond, il semble s'être attaché volontiers à la reproduction des portraits des femmes illustres du règne de Louis XIII, et il nous apprend, dans une dédicace à madame de Chevreuse, que c'est d'après un crayon qu'il a gravé cette image; la taille qu'il emploie est large et en même temps fidèle; ses portraits ont un caractère de vérité et de ressemblance qu'un dessinateur habile peut seul donner, et qu'un savant graveur peut seul aussi conserver.

En même temps que P. Daret appartient au xvie siècle par la naissance, il peut être regardé comme le premier graveur de crayons au xviie; son travail n'a plus rien de primitif ni rien qui trahisse l'influence de l'art étranger. Guidé par le goût de Simon Vouet, P. Daret grave d'après ce peintre un grand nombre de compositions qui nous occuperont plus loin; dans ses portraits, il transporte un peu cette insouciance systématique pour la couleur, et s'il ne sait pas donner assez de relief aux personnages qu'il représente, il transmet au moins très-fidèlement leur physionomie et leur caractère propre. Le portrait de l'*abbé de Saint-Ciran*, exécuté d'après D. Dumonstier, est peut-être le plus vrai et le plus expressif de l'œuvre de P. Daret; le trait du burin est, il est vrai, monotone, mais l'œil est si vif et indique si bien cette vie que donne l'esprit, la bouche est d'une vérité si intelligente, que le procédé s'oublie tout de suite lorsque l'on songe aux qualités réelles de ce portrait.

Claude Mellan introduisit en France une manière de graver singulière qui ne fut pas suivie après lui; l'emploi d'une seule taille donne à ses portraits une monotonie bizarre et désagréable ; il exécuta même en ce genre un tour de force auquel l'art n'a qu'une faible part : la tête du Christ, gravée avec un seul trait qui commence au milieu du nez et qui se termine aux angles de la planche, passa longtemps pour son chef-d'œuvre, tandis que c'est uniquement un enfantillage impardonnable chez un artiste qui peut, lorsqu'il le veut, manier le burin avec habileté : dans un grand nombre de ses portraits, en effet, à part cette monotonie de tailles parallèles qui nuit à l'ensemble, on remarque une véritable science de dessin et une étude sérieuse de la physionomie humaine. A ses débuts, fidèle observateur du travail de ses devanciers, Claude Mellan est un peu dur et serré dans sa manière; mais, lorsqu'il peut s'affranchir de la routine générale et donner à son talent un libre essor, il grave les portraits de *Peiresc* et de bien d'autres personnages de son temps avec la liberté que donne un savoir profond et une grande facilité. Si Claude Mellan n'avait pas autant abusé de ce travail, fastidieux à la longue, et s'il avait admis plus souvent dans ses portraits la contre-taille, il eût très-probablement occupé une des premières places parmi les graveurs de crayons. Tel qu'il est, et tel que ses plus belles planches le font connaître, il mérite dans l'histoire de l'art un rang honorable; ne serait-ce que comme miroir de son temps et que comme historien du siècle qu'il traverse, il serait encore digne d'attention et d'estime. Dessinateur lui-même de la plupart de ses estampes, il montre une entente de la physionomie peu commune, et par les dessins de lui que l'on voit au Musée du Louvre, on doit, sous peine d'être taxé d'injustice, le regarder comme un descendant direct de l'école à la tête de laquelle se trouvaient les Clouet, les Dumonstier et les Quesnel. Nous lui reconnaissons autant de verve, plus de facilité; et si son dessin est déjà moins pur et d'une simplicité moins exquise, on doit en attribuer la cause, croyons-nous, au grand siècle de la Renaissance qui s'en va, entraînant avec lui son éloquente naïveté.

Michel Lasne a peut-être un travail plus régulier que son contemporain Claude Mellan, mais ce travail est aussi moins agréable et plus rude. Michel Lasne emprunte plus souvent ses modèles à autrui, et, ne se fiant pas en sa propre habileté, il a recours aux dessinateurs de profession. Le genre de gravure dont use Michel Lasne consiste dans un croisement de hachures à angles droits, moins brillant, moins prétentieux que celui de Mellan, tendant à rendre d'une manière naïve, mais non pas dénuée d'une énergie simple et correcte, le caractère et la physionomie de son modèle. La première estampe que nous connaissions de Michel Lasne est datée de 1617, et elle est gravée dans un goût qui pourrait faire croire que le graveur puisa sa manière dans les pays étrangers. Il semble que Francesco Villamena, Corneille Bloemaert et les Sadeler aient été ses premiers modèles, et qu'il ne soit devenu tel que nous le révèlent ses estampes gravées dans l'âge mûr, que lorsqu'il fut pleinement libéré de cette façon étrangère. Michel Lasne ne commença réellement à avoir un talent à lui que vers 1630; on le retrouve alors avec cette simple élégance et cette vérité naïve qui caractérise tout à fait sa manière dans les portraits de *Pierre Seguier*, de *Pierre de Marcassus*, d'après D. Dumonstier; de *Strozzi* d'après Simon Vouet; de *Bruryer* d'après Ant. Van Dyck; de *Sanchez* et de *Nicolas Renouard*, peut-être d'après son propre dessin. A la fin de sa vie comme à ses débuts, Michel Lasne semble vouloir emprunter encore à autrui sa manière et ses procédés; cette fois il s'adresse à la France, et c'est vers Claude Mellan qu'il tourne ses regards; mais alors ses tailles sont tellement rares et tellement écartées, qu'elles suffisent à peine pour donner une forme sensible aux objets, et l'effet y est tout à fait sacrifié. C'est dans ces quelques pièces dues au burin de Michel Lasne vieilli que l'on voit apparaître au grand jour tous les défauts de Claude Mellan, à un tel point même, que les dernières planches de Michel Lasne peuvent être regardées comme la caricature exacte des estampes de Claude Mellan.

A la suite de Daret, de Claude Mellan et de Michel Lasne se trouve toute une série de graveurs qui tentent de perpétuer la manière de leurs devanciers : Picquet, Anna Van Bouckel, Ragot, Paul Roussel, Jolain, Ganière, Th. Van Merlen, Charpignon, et quelques autres que nous omettons à dessein, cherchent à copier les œuvres de leurs prédécesseurs. Graveurs médiocres et dessinateurs peu expérimentés, ils gardent cependant encore assez la tradition de leurs maîtres pour donner aux portraits qu'ils multiplient d'après un bon dessin un caractère assez tranché et une certaine allure de simplicité; mais si, par malheur, ils ont devant les yeux un modèle médiocre, ils ne savent alors en tirer aucun parti, et ils exécutent une œuvre absolument sans valeur.

LA GRAVURE HISTORIQUE AU XVIe SIÈCLE JUSQU'A LA MORT DE HENRI IV (1610)

Nous nous étendrons peu sur la gravure historique au XVIe siècle; presque tous les artistes que nous venons de passer en revue furent les vrais interprètes de l'histoire de leur temps, et, sans s'attacher uniquement à retracer les faits qui se produisaient devant eux, ils en donnaient cependant le reflet le plus juste et le plus exact.

La gravure historique, — nous entendons par là la gravure mise au service de l'histoire, retraçant une bataille, une victoire, une action quelconque d'un peuple ou d'un souverain, — n'est pas encore bien répandue en France au commencement du XVI⁰ siècle; il faut arriver au règne de Charles IX pour trouver une véritable série de gravures historiques composées en face des événements eux-mêmes. Pendant le règne de François I⁰ʳ, à part quelques *Entrées*, on ne trouve qu'une seule estampe du genre qui nous occupe : c'est une chasse au cerf dans la forêt de Fontainebleau, signée d'un double L et publiée par J. Cock. Encore cette estampe est-elle l'œuvre d'un artiste étranger fort peu préoccupé du style français. Flamand, à n'en pas douter, ce graveur est venu à Fontainebleau, entraîné par le mouvement de Renaissance qui s'y opérait, mais il a encore peu profité des progrès de l'art. Les personnages qui animent la composition sont trapus et lourds; la gravure, exécutée d'une eau-forte maigre et pénible, n'offre rien de la liberté un peu exagérée des maîtres de l'école; et, si l'on ne reconnaissait les costumes de la cour du roi François I⁰ʳ, on serait fort tenté de rendre à l'école flamande cette estampe dépaysée parmi les nôtres.

Sous Henri II, François II, Charles IX et Henri III, deux artistes semblent avoir accaparé le monopole de la gravure historique. Perrissin et Tortorel publièrent en 1570 une série de planches qui retracent les principaux événements arrivés en France de 1559 à 1570. Quoique datées uniformément de 1570, ces estampes ont dû être composées par des témoins des événements eux-mêmes : elles donnent une trop juste idée du *Tournoi où Henri II fut blessé* (R. D., 3), du *Massacre fait à Cahors* (R. D., 9), et des différentes exécutions arrivées sous le règne de Charles IX, pour ne pas avoir été inspirées par l'impression du moment et composées le lendemain de l'action. Nous devons mentionner ici, vu son importance pour l'histoire de la gravure française, la grande quantité d'éditions de cette suite d'estampes, composée selon les uns de quarante planches, selon les autres de quarante et une. M. Robert Duménil, dont le travail sur les peintres-graveurs français fait avec raison autorité, attribue à Perrissin et à Tortorel les gravures exécutées à l'eau-forte, et regarde comme des copies les estampes gravées sur bois, ainsi que celles où le burin entre pour quelque chose. Nous ne sommes pas en tout point du même avis que le savant iconographe, et nous proposons une autre explication : ces estampes, toutes absolument semblables quant à la composition, mais que l'on trouve tantôt gravées sur bois, tantôt exécutées d'une eau-forte franche, tantôt au contraire lourdement retouchées au burin, quelquefois accompagnées d'un texte allemand, le plus souvent entourées d'un texte français modifié sur certaines épreuves, ces estampes, disons-nous, seraient l'œuvre de deux dessinateurs, Perrissin et Tortorel, mais de plusieurs graveurs dont les noms sont, comme tant d'autres, restés inconnus. Ces dessins auraient eu un tel succès, que de nombreuses gravures en auraient été faites immédiatement et auraient été publiées concurremment. Comment expliquer, en effet, si l'on admet avec M. Robert Duménil que les estampes à l'eau-forte accompagnées du texte français sont les planches originales, que le *Massacre fait à Cahors en Querci le* 19 *novembre* 1561, gravé à l'eau-forte, ne porte que le monogramme de Perrissin, tandis que les épreuves de la planche sur bois, outre ce même monogramme, portent aussi tout au long le nom de J. Tortorel? Nous reconnaissons d'ailleurs, dans les différentes épreuves des gravures sur bois que nous avons été à même de voir, une trop grande liberté de travail pour qu'il nous soit possible d'admettre qu'elles soient la copie d'une autre gravure. Exécutées d'après un dessin unique, deux estampes peuvent avoir une liberté égale en sens opposé; copiées l'une d'après l'autre, elles sont nécessairement différentes.

Avec le règne de Henri IV, les estampes historiques commencent à se produire plus fréquemment, et l'éditeur Jean Leclerc, qui grava peut-être aussi, publie un certain nombre de planches qui resteront comme les monuments les plus précieux de l'histoire de cette époque. L'*Entrée de Henri IV à Paris*, l'*Allée de ce souverain à l'église Notre-Dame*, gravées d'après Nic. Bollery, oncle de Jacques Blanchard, mais peintre bien peu connu, peut-être par Jean Leclerc lui-même, nous donnent l'aspect réel de Paris à cette époque et le costume authentique du soldat et des gens du peuple. Témoin de l'événement, Nicolas Bollery nous en a conservé une image exacte, à laquelle le graveur s'est scrupuleusement conformé. Pierre Firens, dont nous avons parlé ailleurs, grava, à notre connaissance, une seule planche relative au temps qu'il traverse : il nous montre le *Roi guérissant des écrouelles* les malheureux atteints de cette infirmité; malgré une exécution froide et monotone, cette planche, confirmant un fait connu, il est vrai, mais révélé jusque-là uniquement par l'histoire, mérite l'attention.

Léonard Gaultier, qui pourrait à juste titre être nommé le graveur de Henri IV, composa et grava quelques estampes historiques; ce sont même, à vrai dire, les planches qui donnent la physionomie la plus vraie et la plus fidèle du règne de ce monarque. *Henri IV entouré de sa famille*, le *Baptême du Dauphin* né à Fontainebleau le 14 septembre 1606, le *Sacre de Marie de Médicis* devenue veuve en 1610, et quelques autres pièces, ont fourni à Léonard Gaultier l'occasion de mettre son burin au service de l'histoire; et ce graveur, dont nous avons loué la facilité à saisir la physionomie des personnages, savait avec le même talent conserver l'aspect d'un événement.

Nous citerons encore une estampe historique publiée vers 1598 et gravée sur bois par un artiste français : c'est une allégorie sur la paix que Henri IV rendait à la France après les troubles de la Ligue. La France est personnifiée sous les traits d'Andromède, qu'un monstre (la Ligue) est sur le point de dévorer; Persée, sous les traits de Henri IV, vient délivrer la victime et lui rendre la tranquillité. Cette estampe, gravée par un artiste anonyme, est bien composée ; elle est exécutée d'une taille large et dans un goût tout à fait français ; sans avoir la pureté des gravures sur bois de notre Renaissance, elle en garde cependant quelque chose, et se distingue par une allure franche et dégagée.

Nous devons faire remarquer une lacune assez singulière dans l'histoire de notre gravure : la mort de Henri IV ne trouva pas en France un seul artiste qui voulût en consacrer le souvenir ; si, à côté des récits contemporains, on tenait à placer une reproduction gravée de cet événement, il faudrait en demander à l'Allemagne et à la Flandre un témoignage authentique.

Nous avons terminé l'examen des œuvres écloses en France au XVIe siècle ; nous allons maintenant aborder une époque où l'art français, dégagé de toute influence étrangère, va dominer les écoles qui l'environnent. Le règne de Louis XIII nous montrera la gravure française progressant sans cesse et servant à son tour d'exemple aux pays qui l'avaient suscitée. Elle sera désormais supérieure à l'art italien qui s'éteint, à l'art allemand déchu ; égale au moins à l'art flamand qu'elle inspire, et modèle de l'art anglais qu'elle fait naître.

CHAPITRE V

LES GRAVEURS DE NICOLAS POUSSIN. — JEAN PESNE, PIERRE DEL PO, CLAUDINE STELLA, GÉRARD AUDRAN, ETC. LE XVIII° SIÈCLE VOULANT REPRODUIRE LES ŒUVRES DE POUSSIN. M. BOUCHER DESNOYERS DEVANT *ÉLIÉZER ET RÉBECCA*

Dans l'histoire de la gravure, l'œuvre du peintre doit toujours occuper une place importante. Quand ce peintre réunit à lui seul les qualités les plus éminentes et résume une école aussi considérable que l'école française, il peut, il doit même, ce nous semble, être l'objet d'une distinction toute particulière et donner lieu à une étude spéciale.

Nous avons tenu à envisager Poussin isolément, parce que, en le séparant des autres grands artistes français, nous avons pensé faire mieux apprécier le rôle et le mérite du maître qui les domine tous. Lorsqu'on examine l'œuvre des graveurs qui consacrèrent leur talent à interpréter et à multiplier les œuvres de Poussin, on est contraint de sortir quelque peu de sa patrie, pour demander aux artistes étrangers, aux graveurs italiens surtout, la façon dont ils comprirent les œuvres de notre grand peintre. En poussant cette étude jusqu'au commencement de notre siècle, nous avons tenté de grouper le plus grand nombre d'artistes autour de Nicolas Poussin.

I

Il y a pour le graveur deux manières de se rendre digne de passer à la postérité : la première, en faisant des œuvres originales, et alors il se rapproche beaucoup du peintre ; la seconde, en traduisant avec intelligence et fidélité les œuvres des peintres. Jean Pesne, né vers 1623, mort en 1700, s'attacha à la seconde manière que nous venons d'indiquer, et y réussit avec un talent bien rare. Quelques biographes se plaisent à reprocher à ce peintre-graveur cette allure libre et franche qui fait sa force, cette louable largeur d'exécution et jusqu'à cette étonnante facilité de pointe. Nous croyons inutile de réfuter cette opinion émise à la légère, et nous renvoyons le lecteur aux œuvres elles-mêmes. C'est, en effet, devant les *Sept Sacrements* (R. D., 20-26) ou devant le *Ravissement de Saint Paul* (R. D., 12) que l'on aura aisément raison des détracteurs de Jean Pesne. Un travail uniforme, symétrique et monotone, peut-il rendre avec la même justesse ces œuvres admirables qui gardent la vive empreinte du génie du maître, et dans lesquelles un dessin précis et fidèle arrête les contours et modèle les formes?

Si l'on considère attentivement les estampes de Jean Pesne, on retrouve peu à peu le tableau original; on voit tous les personnages s'animer les uns après les autres, et chaque physionomie apparaît pleine de pensée et de vie. Combien peu de graveurs ont atteint ce résultat, lorsqu'ils ont tenté de reproduire les œuvres de Poussin, et combien peu de peintres aussi ont eu le bonheur de trouver un interprète semblable! Pourquoi donc demander à J. Pesne une netteté de burin et une puissance de pointe qu'il eût été inopportun de rechercher, quand on trouve en lui un talent merveilleux pour comprendre les plus sublimes inspirations du peintre des Andelys?

L'examen de quelques-unes des estampes de J. Pesne en dira plus que de longues dissertations sur son talent; prenons pour exemple le *Ravissement de Saint Paul*, et constatons tout d'abord cette harmonieuse couleur répandue partout avec tant de justesse, cette multitude de travaux particuliers employés par le graveur pour faire sentir la différence entre les chairs et les étoffes, entre les murs et les nuages, enfin cette stricte exactitude du dessin qui rend cette planche inestimable. M. Denon, dans la notice qu'il a consacrée à Gérard Audran, dit, à propos d'une estampe de ce maître, « qu'il semble que la pointe et le burin soient venus, à chaque instant, au secours l'un de l'autre, comme les différentes teintes sous le pinceau du peintre. » Il nous semble que cette phrase, appliquée à G. Audran, pourrait s'adresser presque avec autant de vérité au *Ravissement de Saint Paul*, gravé par J. Pesne. Il est impossible, en effet, de rendre avec plus de noblesse la tête de ce Saint allant recevoir la récompense divine que lui ont méritée ses actions sur la terre ; la confiance est mêlée à l'extase, et les anges, tout en songeant au précieux fardeau qu'ils supportent, agissent réellement ; les personnages pensent et respirent dans cette composition, et Pesne a donné à chaque physionomie l'expression propre que Poussin avait su y imprimer. Considérons maintenant une estampe d'un autre genre, le *Triomphe de Galathée* (R. D., 30), par exemple, et nous verrons que Pesne a fait preuve dans cet autre travail d'une aussi haute habileté. Lorsque Poussin traite des sujets pieux, toute sa composition a un caractère austère de piété et de recueillement ; lorsque, au contraire, il met en scène des divinités païennes, il donne à ses tableaux un aspect flatteur et enjoué ; dans des sujets traités avant lui, il sait composer un tableau avec une originalité et une verve toutes nouvelles. Forcé par les ordres d'un pape de construire le Vatican comme architecte et de l'orner de fresques comme peintre, Raphaël termina en quelques années ce que la vie d'un homme eût à peine suffi à concevoir. Personne n'ignore quelle étude approfondie Nicolas Poussin fit des *Loges*. La Bible, interprétée par Raphaël, lui avait inspiré l'admiration la plus fervente ; c'était devant ces peintures grandioses qu'il aimait à passer des heures, c'était là aussi qu'il aimait à se reposer.

Raphaël avait peint à fresque un *Triomphe de Galathée*, œuvre sur laquelle il avait épuisé tout son génie; Poussin sut traiter, bien après lui, le même sujet d'une façon tout à fait différente, mais également juste. Raphaël rassembla toute la composition autour de Galathée, il peignit la figure principale sur une conque entourée de quelques Amours et fêtée par des tritons et des néréides. Poussin nous montra Galathée accompagnée de deux nymphes; Neptune est debout à côté du char; l'onde est en fête; de petits génies voltigent au-dessus de la tête de Galathée : les uns répandent des fleurs, d'autres lancent des flèches; tout dans ce tableau respire la gaieté et la fraîcheur. Marc-Antoine Raimondi a gravé avec la science qu'on lui connaît le dessin de son maître Raphaël; Jean Pesne traduisit également l'œuvre de Nicolas Poussin, et ici, comme toujours, le graveur français n'est pas inférieur à l'artiste italien : l'estampe de Pesne est pleine de limpidité, de joie, d'air et de soleil; les tons clairs et doux ont fait place aux tailles sages et sévères des *Sept Sacrements*; on sent, sous le cuivre, respirer l'âme du penseur, et la seule différence que l'on puisse noter entre ces deux compositions que nous avons comparées, c'est que le *Triomphe de Galathée* de Raphaël semble composé du premier jet, tandis que l'œuvre de Poussin paraît étudiée avec plus de soin et plus profondément raisonnée.

Ne suffit-il pas d'avoir choisi deux sujets d'un genre absolument différent dans l'œuvre de J. Pesne pour reconnaître chez cet artiste les qualités les plus essentielles du savant dessinateur et du graveur habile ? Le *Testament d'Eudamidas* (R. D., 29), plusieurs *Sainte Famille*, pourraient encore être examinées en détail ; mais ces œuvres d'une beauté sublime ne sauraient, croyons-nous, donner une plus juste idée du talent de Pesne que les deux estampes que nous venons de citer. Ce peintre-graveur sut profiter des conseils que lui donna évidemment Poussin ; il arriva, avec la puissante aide de ce grand artiste, à une réputation justement méritée, et d'autant plus difficile à obtenir, qu'il n'était pas le seul à s'attacher presque exclusivement à reproduire les œuvres de Poussin.

Un artiste italien, Pierre del Pò, né en 1610 et mort en 1692, voulut aussi multiplier les œuvres de Nicolas Poussin ; il grava un grand nombre des tableaux de ce maître, et péchait un peu par le procédé matériel. S'inquiétant médiocrement de la netteté de la taille ou de la rondeur du trait, il ne se préoccupait que de la pensée du peintre, et cette pensée guidait continuellement sa pointe ou son burin. Le grand nombre des estampes que P. del Pò grava d'après Poussin contribua beaucoup à la gloire et à la réputation du peintre français ; elles propagèrent en Italie, de même que les gravures de J. Pesne en France, les œuvres les plus importantes du peintre des Andelys. Une sérieuse réflexion, une connaissance approfondie du cœur humain et un calme éloquent règnent dans les œuvres de N. Poussin; c'est toujours une idée plutôt qu'une action qu'expriment ses tableaux; souvent même l'idée est tellement apparente, qu'elle préoccupe uniquement le spectateur. Or, les estampes de del Pò ont précisément les mêmes qualités : la pensée seule transpire, et c'est à peine si l'on fait attention à la façon négligée avec laquelle la gravure est traitée. Il est difficile, en effet, d'être moins habile dans le travail de l'outil, plus sec dans l'exécution matérielle, que ne le fut P. del Pò dans le *Saint Paul enlevé au troisième ciel par les anges* (Bartsch., 18); mais est-il aussi possible de rendre avec plus de science ce groupe d'anges enlevant Saint Paul vers les cieux, et le transport de ce Saint, plein de la joie la plus pure et la plus vraie? Ce qui, dans ce tableau, est surtout sublime, là où est tout le génie et toute la pensée du peintre, c'est dans cette épée et dans ce livre, seuls vestiges et résumé du passage du Saint sur la terre. Quoi de plus beau et de plus profond? Saint Paul semble s'être dépouillé de tout ce qui l'attachait à la terre pour paraître devant Dieu; il a quitté ses insignes, renoncé à la gloire terrestre pour reporter tout à Dieu; jamais la béatitude n'a été plus complétement exprimée. Pierre del Pò a gravé cette composition avec un certain ton de rudesse qui, loin de nuire à l'effet, rend cette situation encore plus pathétique, si c'est possible; il a si bien compris l'idée de Poussin, qu'il a porté tout l'intérêt sur la tête du Saint, sur l'épée et sur le livre, et, s'il a négligé à dessein la gravure des détails accessoires, c'est simplement pour attirer davantage l'attention sur les objets principaux.

Là où on peut le mieux apprécier la supériorité de Pierre del Pò sur les autres graveurs de Poussin, c'est lorsqu'un artiste de grand talent se trouve avoir gravé la même pièce que lui : on voit alors que le maniement de l'outil tient une telle place dans le travail, qu'il ne reste plus la liberté suffisante pour imiter fidèlement le modèle.

La *Sainte Françoise*, de Poussin, a été gravée par Gérard Audran et par Pierre del Pò ; ces deux artistes ont exécuté leurs planches à peu près dans les mêmes dimensions, et personne, certes, n'est tenté de refuser le plus grand talent de graveur à Gérard Audran. Selon nous, Pierre del Pò lui est ici aussi supérieur pour l'expression qu'il lui est inférieur pour l'exécution ; le Vice, terrifié par l'apparition subite de la Vierge à Sainte Françoise, est rendu, dans les deux estampes, d'une manière tout à fait différente. Gérard Audran a, pour ainsi dire, ennobli la tête de cette Furie emportant sa victime sur ses épaules ; il n'a pas donné à sa figure toute l'horreur qu'elle devait personnifier ; tandis que del Pò, comprenant mieux la pensée du maître, lui a conservé tout le caractère d'ignominie dont le peintre l'avait empreinte. C'était l'opposition du noble et du hideux qu'il s'agissait de tracer ; le graveur français ne paraît pas avoir suffisamment compris cela. Gérard Audran sut, au reste, prendre une revanche éclatante lorsqu'il grava le *Temps faisant enfin rendre justice à la Vérité*, tableau sublime et si vrai, sur une toile de Nicolas Poussin, image de cette vie pleine de désillusions et d'infortunes : c'est alors que le graveur emploie tout son génie à reproduire cette œuvre splendide, c'est alors aussi qu'il prouve combien il sait assouplir son burin pour le mettre au service de la pensée. Voyez encore dans *Narcisse endormi* quelle largeur d'exécution, quelle fermeté d'expression ! Voyez cet Amour tenant une torche et regardant une flèche tombée à ses pieds ; voyez Narcisse endormi sur le bord de l'eau dans laquelle il vient de se mirer et qui va l'engloutir : est-il possible de pousser plus loin l'art du graveur ? peut-on retracer avec des tailles plus simples une composition aussi grandiose ? Mais voyez aussi la couleur que Gérard Audran a donnée à toute cette estampe ; reproduit-elle bien l'aspect des tableaux de Poussin ? n'y a-t-il pas plutôt quelque analogie avec la couleur flamande ? peut-on, quand on a vu quelques tableaux de Poussin, se figurer une coloration si transparente et si limpide ? n'a-t-il pas bien plutôt coutume de sacrifier à la pensée toute sa composition, et de se soucier quelquefois même trop peu de la couleur ? Ne poussons pas plus loin nos critiques, et admirons franchement une toute petite estampe, faite sans bruit, sans éclat : le *Mariage de la Vierge et de Saint Joseph*, que Gérard Audran grava d'après un dessin de Nicolas Poussin, est une œuvre exquise ; laissant de côté sa manière personnelle, Gérard Audran a su complétement s'identifier avec son modèle, et cette fois aussi il a merveilleusement réussi à rendre Poussin ; avec quelques traits d'une pointe fine, mais accentuée, il a donné à cette vaste composition, circonscrite dans un cadre restreint, toute la verve et la grandeur magistrale que renfermait le dessin du maître.

Si nous avons paru un peu sévère pour Gérard Audran, nous serons moins rigoureux envers une femme que le talent place au même rang que les artistes que nous venons de nommer. Cette femme se nommait Claudine Baussonet-Stella ; elle était nièce du peintre Jacques Stella, chez lequel elle apprit les premiers éléments du dessin ; née à Lyon en 1634, elle mourut à Paris en 1697. On se figure difficilement qu'une femme puisse habilement interpréter un génie aussi mâle que le génie de Poussin ; le plus grand nombre de celles qui ont étudié et pratiqué les beaux-arts ont presque toujours adopté un genre facile et gracieux qui convient mieux à leur sexe. Il faut, en effet, une certaine éducation première, il faut même une étude approfondie de l'esprit humain pour comprendre pleinement la haute signification des œuvres de Poussin : or est-on bien habitué à rencontrer chez les femmes cette maturité d'esprit et une semblable faculté d'assimilation? Nous avons sous les yeux une *Sainte Famille* dans laquelle des anges apportent des fleurs à l'Enfant Jésus assis sur les genoux de la Vierge ; on voit dans cette estampe tous les personnages respirer de l'esprit le plus pur et le plus vrai; et, quoique ne partageant pas en tout point l'opinion de Wattelet, qui dit « qu'aucun homme n'a saisi comme Claudine Stella le véritable caractère du Poussin », nous sommes cependant tenté d'ajouter avec lui « qu'aucun graveur n'est parvenu comme elle à indiquer la couleur de ce maître. »

Je ne sais pas, en effet, s'il a jamais été fait une estampe plus complétement satisfaisante que le *Frappement du rocher*, gravé par Claudine Stella d'après un tableau de Poussin *ex Musæo Anth. Stella Parisiis*. Cette soif dévorante qui met à la torture tout un peuple, Moïse d'un coup de baguette sait la calmer; toutes les têtes expriment une douleur qui a la même cause, mais qui a une façon différente de se produire. Une seule femme est parvenue à se désaltérer, elle se dispose à recevoir d'une de ses compagnes un vase qui, une fois plein, soulagera un vieillard qui se meurt; elle a bu, cette femme, mais elle est encore tellement surprise du miracle qui vient de la rendre à la vie, qu'elle hume l'eau avec un certain air de triomphe mêlé d'anxiété; elle ne sait pas si c'est un rêve ou une réalité, tant elle sent en elle un changement subit. Au premier plan, les deux femmes anéanties par la soif, l'enfant qui veut en vain atteindre le sein desséché de sa mère, sont du pathétique le plus élevé; le côté inférieur de cette estampe est véritablement digne d'être signé du nom de Nicolas Poussin. En résumé, cette estampe, dont les terrains sont peut-être d'un ton un peu métallique et trop uniforme, doit être considérée comme un des plus beaux spécimens de la gravure française, et comme une des meilleures estampes gravées d'après Nicolas Poussin.

Claudine Stella, opposée à un autre artiste, ne peut que gagner à la comparaison. N. Poilly, artiste d'un talent fort réel, a gravé, d'après Poussin, de même que Claudine Stella, une *Sainte Famille*, qui fut publiée *typis N. Langlois, via Jacobaea sub signo Victoriæ*. Ici donc ces deux graveurs sont en présence, et Poilly a sur Claudine Stella le privilége d'une plus grande réputation. Cependant, après un examen attentif, il est impossible de ne pas reconnaître que Claudine Stella l'emporte sur lui à tous égards. Poilly a donné à la Vierge une tête ronde et pleine, des yeux vifs et brillants ; il lui a fait les lèvres grosses, en un mot il a modelé une Vierge mondaine, fort peu dans le goût des Vierges calmes et sévères de Poussin ; Claudine Stella, au contraire, a imprimé sur le visage de la Vierge une expression tranquille et sereine bien plus conforme au génie de Poussin ; elle a même donné à sa gravure un aspect frais et calme qui sied parfaitement à l'œuvre du peintre. En un mot, la qualité essentielle du talent de Claudine Stella consiste dans la simplicité du travail aussi bien que dans la science de l'expression et du sentiment. Qu'on examine l'œuvre entier de Cl. Stella, on y trouvera toujours une préoccupation manifeste de s'identifier avec le maître qu'elle imite, et une habileté remarquable pour triompher des difficultés que présentent à chaque pas les œuvres de Nicolas Poussin.

Un parent de Poussin, son beau-frère, Giovanni Dughet, grava un très-petit nombre de pièces, mais il grava toujours d'après Nic. Poussin. L'œuvre de ce graveur n'est pas nombreux, mais il est encore moins connu, et on y fait entrer, à tort selon nous, quelques pièces dont il signe uniquement les dédicaces. Comment, en effet, attribuer au même artiste des pièces n'ayant aucun rapport de gravure, telles que les *Sept Sacrements* et le *Jugement de Salomon?* Les premières sont gravées d'une pointe fine et spirituelle, tandis que l'autre est traitée fort maladroitement au burin; mais, comme nous ne voulons pas discuter ici les autorités de ceux qui ont donné ces pièces à Jean Dughet, nous formulerons notre jugement d'après les estampes que les historiens sérieux de la gravure lui ont généralement attribuées. Jean Dughet a prouvé un véritable talent dans l'*Assomption de la Vierge*, qu'il dédie *All'illustr^ma mia Signora et Padrona coll^ma la signora Theodora del Pozzo, devotissimo serre Giovanni Duquey*. On remarque dans cette estampe une justesse d'expression qui prouve que cet artiste, vivant continuellement à côté de Poussin, avait bien compris son maître et avait su emprunter quelque chose au génie de son beau-frère; la tête de la Vierge est pleine d'une candeur intelligente, et si les plis de sa robe sont traités d'une manière un peu lourde et assez uniforme, on ne peut cependant en faire un reproche fort sérieux au graveur, puisque l'aspect général du tableau est habilement rendu. Une autre composition, dont on attribue généralement la gravure à Jean Dughet, offre cela de curieux que c'est la seule fois qu'elle ait été reproduite; nous voulons parler du *Temps arrachant la vérité à l'envie et à la calomnie*. Cette composition, tout à fait différente du tableau reproduit par Gérard Audran, est gravée avec une véritable science; la gravure de J. Dughet rend avec une certaine rudesse la couleur des tableaux de Poussin, et c'est peut-être, avec les gravures de Cl. Stella, une des estampes gravées d'après cet artiste qui donnent la physionomie la plus juste des tableaux du maître.

Au XVIIe siècle, un grand nombre d'artistes reproduisent les œuvres de Poussin : les uns avec un vrai talent, d'autres avec habileté ou avec adresse, d'autres enfin semblent les défigurer à plaisir. Nous commencerons par un artiste qui nous intéresse d'une façon toute spéciale; nous voulons parler du graveur Avice, qui n'a gravé, à notre connaissance, que trois estampes, parmi lesquelles deux sont d'après Nicolas Poussin : l'*Adoration des Mages*, dont le tableau existe au Musée du Louvre, et un *Groupe d'amours jouant au bord d'une forêt*, dont on a inconsidérément attribué la gravure à Poussin lui-même. Qu'on nous permette ici une remarque : tous les biographes disent que, jeune et sans ressource, Poussin fit connaissance, à Paris, avec un gentilhomme poitevin qui l'emmena dans le château de sa mère; que cette femme le reçut tellement mal, qu'il fut forcé de revenir à Paris, « et que, n'ayant pas de quoi faire les frais de son voyage, nous dit Félibien (*Entretiens*, édit. de Trévoux, 1725, tome IV, p. 7), il fut contraint de travailler pour la province pour s'entretenir, tâchant peu à peu à s'approcher de Paris. » Avice était Poitevin et d'une famille noble, comme l'indiquent plusieurs actes retrouvés récemment dans les archives du Poitou. On nous permettra donc de supposer que ce jeune homme qui se lie à Paris avec Poussin et l'emmène en Poitou est précisément le chevalier Avice. Si cette opinion pouvait être appuyée de faits moins problématiques, on découvrirait peut-être, dans quelque vieux château du Poitou, des œuvres de Poussin inconnues jusqu'à ce jour. Nous livrons notre hypothèse à quelque Poitevin curieux de l'histoire des arts dans son pays. Dans tous les cas, que le chevalier Avice soit ou ne soit pas le gentilhomme poitevin qui emmena Poussin dans sa province, il n'en est pas moins un excellent graveur et un dessinateur expérimenté. Le petit *Groupe d'amours* est une œuvre charmante et tout à fait distinguée, aussi n'a-t-on pas craint d'en attribuer la gravure à Nicolas Poussin lui-même.

L'*Adoration des Mages* du Musée du Louvre a eu du bonheur : un autre graveur, sur lequel on connaît fort peu de détails biographiques, Benoît Thiboust[1];

---

[1] Benoît Thiboust, né à Chartres en 1660, était élève de Claude Mellan.

n'a gravé que cette seule pièce d'après Poussin, et il s'est acquitté de cette tâche avec talent. Une partie du tableau seulement a été reproduite, et elle est bien dans le caractère de l'original. Malgré une certaine inhabileté de gravure, on reconnaît un artiste consciencieux et plein d'admiration pour le maître dont il multiplie les œuvres. Un autre artiste, Séb. Vouillemont, grava une *Sainte Famille* qui mérite de grands éloges; elle est exécutée simplement, et quoique le dessin laisse à désirer en quelques endroits, il faut cependant estimer cette pièce, dans laquelle le caractère original a bien été conservé. Un artiste provincial remplit dans la *Peste d'Azoth* les deux conditions de reproducteur habile et de savant graveur; il se nommait Jean Baron et était de Toulouse. Nous ne connaissons de cet artiste qu'un fort petit nombre de pièces, et la *Peste d'Azoth* est de beaucoup la meilleure. Cette gravure a un aspect triste et calme parfaitement conforme à l'esprit du sujet; tous les personnages ont la physionomie qui leur convient, chaque plan est indiqué avec précision, chaque groupe se trouve bien à sa place; en un mot, tout concourt pour faire de cette estampe une des meilleures qui aient été gravées d'après Nicolas Poussin.

Jean Couvay grava, d'après Poussin, le *Martyre de Saint Barthélemy*. La manière large du graveur de croiser les tailles ne s'accorde pas absolument avec les tableaux du maître; cependant il a su si bien exprimer les sensations diverses qu'éprouvent les spectateurs d'un supplice, et il dédie le *Martyre de Saint Barthélemy* d'une façon si humble et si respectueuse à Poussin, qu'on est tenté de lui pardonner; il s'exprime ainsi : *Hujusce bracteæ sclapturam clarissimo celeberrimo viro D. D. Poussin dat, dicat, donatque, vel potius qd. pœnicillo expressit, scalpro rependit, et priuati juris opus jubet esse publici, omnesque ad stupendæ artis spectaculum admittit ejus cultici dedissimus J. Couuay.* Tout à côté de J. Couvay doit trouver place Claude Mellan, l'artiste qui a le plus abusé de la gravure à une seule taille. Mellan a gravé trois pièces d'après Poussin; et ce sont trois frontispices pour des ouvrages imprimés au Louvre, une Bible, les œuvres d'Horace et l'*Énéide* de Virgile. Poussin a représenté Virgile, vieux et fatigué de ses longs travaux, recevant d'Apollon la récompense que lui ont méritée ses œuvres poétiques; ces deux personnages sont rendus avec un rare talent, et, dans la gravure de même que dans le dessin, leurs physionomies semblent réellement inspirées. Si l'on veut se figurer le vrai poëte, rien, ce nous semble, n'est plus capable d'en donner une juste idée que cette composition; et, en laissant de côté cette uniformité de tailles qui nuit absolument au mérite de l'œuvre, il faut avouer que les trois estampes gravées par Claude Mellan reproduisent très-habilement les dessins du maître.

Phaéton demandant à Apollon la conduite de son char, composition gravée par deux artistes différents, Nicolas Perelle et Cesare Fantetti, a été rendue chaque fois heureusement. Nicolas Perelle, fils du célèbre graveur de paysages Gabriel Perelle [1], a quelque peu subi l'influence de son temps : ses contemporains, élèves ou amis de Simon Vouet, cherchaient tous à reproduire de leur mieux les tableaux de cet artiste ; ils aimaient, comme Simon Vouet, ces oppositions brusques entre l'ombre et la lumière, ces jours éclatants à côté d'une nuit obscure, et Poussin, à qui cette manière quelque peu pittoresque ne convenait nullement, ne s'accommodait guère de ce genre de gravure. Cependant, N. Perelle et Fantetti surent suffisamment comprendre les intentions de Poussin pour graver ce tableau avec esprit, et quoiqu'ils aient laissé en plus d'un endroit transpirer cette manière brusque, ils ont su cependant donner à chaque physionomie une expression intelligente et vraie qui contribue fort à faire admirer Poussin. A la même époque, un habile graveur à l'eau-forte, Remy Vuibert, reproduisit, d'après Poussin, l'*Ensevelissement du Christ;* il employa une pointe fine et légère, et parvint, au moyen de quelques traits, à reproduire très-exactement la physionomie générale du tableau.

Se trouve-t-il encore, après les artistes que nous venons de citer, des graveurs que l'on puisse mettre au nombre des habiles reproducteurs des œuvres de Ni-

---

[1] On peut voir, sur Nicolas Perelle et sur toute la famille de cet artiste, les renseignements précis que Mariette a extraits des Mémoires manuscrits de Félibien. Que sont-ils devenus, ces Mémoires?

colas Poussin? Louis de Chastillon, Gérard Édelinck et Guill. Chateau ont-ils gravé avec une véritable habileté les œuvres de Poussin? Le *Baptême du Christ*, gravé au burin d'une façon trop rude par L. de Chastillon, est-il parfaitement dans le ton sombre du tableau? Le même L. de Chastillon a donné une physionomie assez riante à une certaine *Léda* se disposant à recevoir Jupiter qui s'avance vers elle sous la forme d'un cygne; cette estampe est habilement exécutée, mais le graveur a un peu trop négligé le dessin, et Léda ressemble trop aux femmes bien charnelles que Jordaens aimait à peindre dans ses tableaux.

On n'est généralement pas disposé à trouver médiocres les œuvres de Gérard Édelinck [1], on est, au contraire, bien plutôt disposé à les louer, et cependant, cette fois, nous allons blâmer une de ses estampes, l'*Annonciation* (R. D., 3). Si on ne lisait pas au-dessous de cette gravure : *N. Poussin pinxit*, on serait tenté d'en attribuer le dessin à tout autre artiste, à quelque élève de l'école de Mignard, par exemple. Or, il est bien difficile, ce nous semble, de trouver un peintre moins maniéré et plus savamment précis que N. Poussin. Édelinck a donné une physionomie éveillée et trop

---

[1] Nous parlerons en son lieu et place de l'immense talent de Gérard Édelinck : la *Vierge de François I*ᵉʳ et les nombreux portraits qu'il grava le placent au premier rang parmi les graveurs de notre école; mais ici, où nous avons à juger en lui l'interprète d'un autre artiste, nous devions être plus sévère, par cela même que l'homme était plus illustre.

vive à la Vierge, que Poussin représentait d'ordinaire rêveuse et pensive; il a rendu toute cette composition avec un burin trop brillant et trop métallique, qui traduit fort mal les tons sévères des tableaux de Poussin. Nommons encore un artiste, et notre première liste sera close. Si nous finissons par celui-ci, ce n'est pas qu'il soit inférieur aux autres, mais bien parce que la chronologie le veut ainsi. Il se nommait Guillaume Chateau, signait souvent ses estampes : *G. Castellus del. et fecit*, et grava un certain nombre de pièces d'après Nicolas Poussin. Il y a dans toutes ces estampes une couleur sombre qui rend assez bien la couleur des tableaux du maître; le type des figures est, en général, exactement transcrit, et, parmi les planches de cet artiste, il en est une surtout qui mérite de fixer notre attention : c'est *Moïse exposé sur les eaux*. Guillaume Chateau semble, dans cette estampe, avoir fait abnégation complète de son talent personnel pour s'identifier avec le maître qu'il reproduisait, et, cette fois aussi, il a été bien près de faire un chef-d'œuvre; il a su donner, comme Poussin l'avait su avant lui, à cette femme agenouillée qui abandonne son enfant au cours du Nil une physionomie pleine d'inquiétude et de désespoir; c'est à peine si cette mère éplorée ose jeter un regard sur son jeune enfant qu'elle voit pour la dernière fois, et cet enfant lui-même, par un doux sourire, semble comprendre le malheur qui l'accable et partager la douleur de sa mère.

Avant d'en finir avec le xviie sièle, il faut encore

parler des artistes qui ont tenté de graver quelques tableaux de Poussin et qui n'ont réussi que fort rarement à les reproduire habilement. Ceux-ci ne sont, hélas ! que trop nombreux, et parmi eux nous devons ranger Étienne Gantrel, Jean Lenfant, Étienne Baudet, Antoine Garnier, Michel Natalis, Jean Nolin, Pierre Van Somer et un certain nombre d'autres qu'il n'est pas même utile de nommer. Ce qui manque à la plupart de ces artistes, c'est une connaissance approfondie du dessin, et, s'il leur arrive de reproduire avec habileté les œuvres des autres maîtres ou les leurs, ils échouent complétement lorsqu'ils veulent s'adresser aux compositions de Poussin. Jean Lenfant, par exemple, qui a gravé avec talent un grand nombre de portraits d'après Philippe de Champagne et d'après lui-même, n'a su tirer aucun parti du *Saint Paul* de Nicolas Poussin. Étienne Gantrel a gravé quelques pièces qui sont infiniment supérieures au *Saint François Xavier ressuscitant une jeune fille;* le tableau que l'on admire justement au Musée du Louvre est presque entièrement défiguré ici, et encore cette pièce est-elle celle que Gantrel exécuta le plus habilement d'après Nicolas Poussin. On ne peut nier le talent de Michel Natalis comme graveur ; mais, lorsque l'on connaît le *Ravissement de Saint Paul* gravé par Jean Pesne, il est impossible de ne pas trouver dans l'estampe que Michel Natalis exécuta d'après le même tableau une regrettable froideur. Un artiste qui grave habituellement avec les mêmes procédés que Michel Natalis, Étienne Baudet, a voulu exécuter, au moyen d'une seule taille, le *Jugement de Salomon*, et n'a pas réussi. Il a cherché à imiter Claude Mellan, qui, avec ce procédé, était arrivé à traduire quelquefois très-habilement les artistes qui lui servaient de modèle; mais, n'ayant aucune habitude de cette sorte de gravure, il est parvenu à ne faire rien qui vaille. Bouillard, artiste peu connu, grava d'une façon fort ordinaire, même assez incorrecte, *Moïse foulant aux pieds la couronne de Pharaon;* mais au moins l'aspect général du tableau paraît compris et est bien rendu. Nous n'en pouvons dire autant de l'*Adoration des Bergers*, gravée par Jean Nolin, ni de la *Sainte Famille*, gravée par P. Van Somer; nous n'avons pu découvrir dans ces estampes rien qui ressemble à Poussin; c'est à peine si la composition elle-même a été respectée. Jean Verini et Antoine Garnier cherchèrent à reproduire avec leur pointe quelques œuvres de Poussin; mais leur travail pesant et grossier ne donne aucune idée des originaux. Bernard Picart, qui par la naissance appartient au xviie siècle, quoique la plus grande partie de sa vie s'écoula dans le xviiie, grava aussi quelques pièces d'après Nicolas Poussin; son burin est monotone et pénible, son dessin assez correct. B. Picart avait trop longtemps vécu en Hollande pour pouvoir bien s'identifier avec les idées françaises, que Poussin personnifie d'une façon si complète.

Il nous reste à rappeler les noms de deux artistes doués d'un talent incontestable : François Chauveau et

Jean Lepautre. Personne plus que nous n'est disposé à admirer l'originalité chez un artiste, mais nous souhaiterions que le graveur ne fût original que lorsqu'il grave d'après ses propres compositions, et nous, nous croyons en droit de réclamer de lui l'abandon de sa manière personnelle lorsqu'il reproduit les œuvres d'autrui. C'est pour cette cause que François Chauveau nous semble ne pas s'être suffisamment défait de son originalité pour graver la *Sainte Marguerite* qu'avait composée N. Poussin. Il en est de même du *Martyre de Saint Paul*, qu'a gravé Jean Lepautre ; on n'y retrouve pas suffisamment la main de Poussin ; on la reconnaît même si peu, que, si cette dernière composition n'était pas bien connue, on l'attribuerait plutôt au graveur lui-même qu'au peintre qui l'a signée.

Nous terminerons la revue que nous avons entreprise des graveurs qui, au xviie siècle, ont reproduit les œuvres de Poussin, en mentionnant deux portraits que Nicolas Bonnart a gravés d'après cet artiste. C'est dans le portrait que le physionomiste triomphe particulièrement ; c'est là qu'il peut montrer ce dont il est capable et épuiser tout son savoir ; aussi Poussin n'a-t-il pas manqué de mettre dans les rares portraits qu'il a peints un cachet surprenant de vérité morale. Bonnart, qui a gravé ceux du pape *Clément IX* et du cardinal *Rospigliosi*, a su donner à sa gravure la même grandeur que Poussin avait mise dans ses tableaux, et l'on peut dire en toute sûreté que ces deux portraits sont deux chefs-d'œuvre de ressemblance et d'expression.

II

L'école de gravure, au xviii° siècle, se divise en deux parties bien distinctes. La première comprend les artistes qui ont encore conservé des traditions et qui suivent les préceptes de Gérard Audran; la seconde est composée d'artistes qui cherchent à créer une manière nouvelle, n'ayant souvent pas le courage d'étudier leurs prédécesseurs, et trouvant plus de profit à cultiver un genre léger et gracieux qui, en exigeant d'eux moins d'étude, leur procure autant d'honneur. Il faut le dire, si les premiers ont encore gardé quelques traditions de la grande école de gravure, s'ils ont, quelquefois encore, su habilement interpréter les beautés que Poussin mettait à profusion dans ses tableaux, les derniers n'ont guère compris le génie du maître, et l'ont quelquefois même tellement amoindri, qu'il est impossible de retrouver dans les estampes exécutées par eux rien qui soit digne des originaux. Quelquefois aussi les graveurs du xviii° siècle n'ont pas craint de modifier les compositions qu'ils traduisaient, et il est inutile de dire que celles-ci n'ont jamais gagné à cette transformation. Quelques graveurs étrangers ont tenté, à la même époque, de reproduire les œuvres de Poussin; l'Italie, qui s'essaya le plus souvent, ne réussit aucunement; après avoir vu naître et avoir nourri les plus grands artistes, l'Italie semble tombée au xviii° siècle dans un engourdissement complet, dont elle ne s'est encore relevée qu'à de bien rares intervalles.

Les graveurs du commencement du xviii° siècle ont, il est impossible de le nier, une grande habileté à manier l'outil; ils connaissent aussi bien, peut-être mieux, qu'un grand nombre de leurs prédécesseurs leur métier de graveur. Mais possèdent-ils bien encore l'exactitude nécessaire pour faire passer sur la planche l'esprit et le sentiment d'un grand artiste? Ph. Simonneau, P. Dupin et D. Beauvais se sont exercés à graver quelques ouvrages de Poussin; ils ont donné à leurs estampes un aspect brillant que n'avaient pas les œuvres originales. Mais, lorsque l'on a à reproduire l'œuvre d'un maître d'un génie aussi élevé, de quel droit le graveur se permet-il de modifier quoi que ce soit à son modèle? Ne doit-il pas plutôt chercher à rendre simplement le tableau avant de tenter de l'embellir? Philippe Simonneau, en gravant *Renaud endormi, surpris par Armide*, n'a nullement rendu l'aspect de la toile originale : il a changé l'expression des figures, il les a fait ressembler aux têtes du xviii° siècle. Le visage d'Armide est ovale, les yeux sont petits, la bouche en cœur, la physionomie éveillée et lutine; or Poussin, qui cherchait continuellement la beauté parfaite, avait trop étudié les statues antiques pour donner à Armide une tête aussi banale; aussi croyons-nous plus équitable de rejeter cette faute de goût sur le graveur. Edme Jeaurat a mieux réussi en gravant les *Nymphes sortant du bain* (il signe ainsi cette estampe : *Ed. J.* en 1708). L'exécution, assez large, révèle une véritable entente du style de Poussin ; si une couleur brillante domine encore un peu trop, on remarque au moins, sous cette couche extérieure, l'intelligence de l'artiste qui comprend bien son modèle, mais qui ne peut le rendre qu'imparfaitement. On peut en dire autant de *Renaud et Armide*, qu'a gravé P. Dupin en 1722 ; la couleur seule est en désaccord avec les tableaux de Poussin. Un artiste moins connu que le précédent, et qui cependant appartient encore à cette grande école, grava, d'après Poussin, le *Triomphe de Bacchus et d'Ariane*. D. Beauvais, tel est son nom, eut le malheur d'avoir pour intermédiaire, entre lui et l'œuvre originale, Louis Chéron, habile dessinateur, mais moins savant reproducteur ; et, si on reproche justement à Beauvais de s'être trop éloigné du dessin de Poussin, c'est uniquement sur Louis Chéron, croyons-nous, que doit retomber le blâme.

Nous devons avouer notre singulière affection pour le talent de Jacques Coelemans, traducteur de tant de chefs-d'œuvre enfouis à Aix dans la collection du chevalier Boyer d'Aiguilles. J. Coelemans, né à Anvers en 1670, mourut à Aix en Provence en 1735 ; quoique d'une origine étrangère, il peut et doit même, à cause de son talent et de ses nombreux travaux en France, être rangé parmi les artistes français. Il grava, à notre connaissance, trois estampes d'après Nicolas Poussin: une *Bacchanale*, la *Mort de Germanicus*, et *David vainqueur de Goliath*. On lit au bas de la *Mort de Germanicus* cette inscription, qui, pour nous, est un véritable document : *Gravée par J. Coelemans en MDCC d'après, et de la meme grandeur de l'esquisse de Nic. Poussin, qui est dans le cabinet de M. Boyer, à Aix en Provence.* Cette estampe, qui porte 223 millimètres de largeur sur 176 de hauteur, est gravée avec une habileté peu commune. J. Coelemans a indiqué à grandes masses les lignes principales du tableau; il a attiré tout l'intérêt sur Germanicus couché, et a rendu avec la vérité d'un miroir fidèle et intelligent l'esquisse de Poussin. Cette composition, à peine ébauchée, est reproduite heureusement, et la science de Poussin apparaît pleinement dans cette estampe, qui renferme toutes les qualités d'un fac-simile de dessin, et qui joint à cette louable fidélité une couleur facile à distinguer dans les esquisses de Poussin, mais trop souvent absente dans les œuvres terminées.

Nicolas Loir, Massé, Fragonard et Charles Hutin étaient peintres, et appartenaient à une école absolument opposée à celle qui avait pour chef Nicolas Poussin; le crayon de ces artistes était aussi incorrect que la plume de Poussin était précise et résolue; chez eux le type des figures était aussi moderne qu'il était antique chez Poussin; en un mot, ces artistes, organisés différemment, se proposaient un but absolument opposé:

les premiers avaient choisi pour idéal le coquet et le gracieux ; les derniers, le noble et le sévère. Les uns et les autres ont atteint le but auquel ils tendaient, mais à la condition expresse d'être eux-mêmes. Massé, en gravant *Apollon et Daphné*, a donné à ces personnages mythologiques une physionomie maniérée que Poussin n'a certainement pas mise dans son tableau; cependant, malgré ce défaut d'exactitude, on doit reconnaître l'habileté avec laquelle le paysage est traité. L'abbé de Saint-Non a gravé deux dessins de Fragonard en voulant donner le *fac-simile* d'après les dessins de ce peintre de deux esquisses faites par Poussin dans le palais Chigi. Marcenay de Ghuy, historien de la gravure, a prétendu traduire Poussin en donnant au *Testament d'Eudamidas* des effets secs et froids qui ont la prétention d'imiter le clair-obscur de Rembrandt. Si Charles Hutin n'avait pas mis au bas de *Saint Paul et Saint Barnabé refusant de sacrifier aux idoles : d'après le dessin de Poussin*, on serait tenté d'attribuer cette composition au graveur et non au peintre. Il serait facile encore de citer un assez grand nombre de graveurs de cette époque qui ont à peine laissé subsister la composition de Nic. Poussin.

Les artistes français sont encore relativement fort habiles, si on les compare aux graveurs étrangers; il faut voir comment les graveurs italiens et anglais traduisirent les œuvres de Poussin, pour se faire une idée du mauvais goût qui régnait alors dans ces pays.

P. Bettelini a gravé la *Strage dell' Innocenti*. Nous avons été à même de voir le tableau original à la vente de M. Collot, faite à Paris en 1855; il était retouché en plus d'un endroit; un seul coin nous parut intact : c'était celui de droite, où une mère désespérée arrête le bras d'un soldat prêt à frapper son enfant [1]; c'est précisément ce côté que Bettelini a gravé, et l'artiste a tellement exagéré les figures, qu'elles semblent grimacer bien plutôt qu'exprimer le désespoir et la fureur; d'ailleurs, les tailles froides et uniformes que le graveur a employées ne rendent nullement l'aspect du tableau, qui est assez clair de ton. Un autre Italien, Car. Baroni, a gravé à Rome, en 1761, le *Martyre de Sainte Cécile, d'après le tableau original de Nicolas Poussin, toile d'empereur, qui est dans le cabinet de S. E. M. le bailli de Breteuil, ambassadeur de Malte à Rome, dédié à M. l'abbé de Saint-Non*. Cette toile, qui depuis est venue au Musée de Montpellier, a été l'objet d'un savant travail de M. Jules Renouvier [2]. Jamais peut-être tableau n'a été plus défiguré par la gravure; il n'y a plus ni expression vraie, ni couleur convenable, et la composition elle-même, quoique fort belle et fort habilement entendue, ressemble à peine aux autres compositions connues de Poussin. Francesco Polanzani a gravé une suite de vingt estampes représentant la *Vie de la Vierge*;

---

[1] On voit à Lille, au Musée Wicar, une superbe étude de Nicolas Poussin pour ce groupe.
[2] Le *Musée de Montpellier*, par Jules Renouvier. 1855. In-8°.

ces estampes sont reproduites avec une si grande inexactitude, elles sont si loin des autres œuvres connues de Poussin, que l'on en a attribué le dessin à Jacques Stella; malgré cette attribution, qui est de Basan (*Dictionnaire des graveurs*), nous sommes tenté de croire que la composition appartient à Poussin, et que, si on ne reconnaît guère le maître à travers ces grossières estampes, on aperçoit cependant quelques détails qu'il affectionnait singulièrement, et quelques figures qu'il avait déjà utilisées dans d'autres compositions.

Un seul artiste anglais grava, au xviiie siècle, une œuvre de Poussin : c'est Robert Strange, né vers 1723, et mort à Londres en 1792, et la seule pièce qu'il ait gravée représente le *Jugement d'Hercule* : c'est une planche métallique et lourdement exécutée, reproduisant la composition avec une grande exactitude, mais avec cette exactitude niaise qui ôte à une œuvre réellement importante sa valeur et son intérêt. Robert Strange avait un véritable talent comme graveur; mais il n'avait pas, et en cela il ressemblait au plus grand nombre de ses compatriotes, ce qu'il faut pour comprendre le génie de l'art français.

Nous avons fini avec la série, bien courte, des graveurs qui ont interprété au xviiie siècle les œuvres de Poussin. Quel est le défaut commun à tous ces artistes interprètes? N'est-ce pas le sentiment de la grandeur qui leur manque généralement? ne sont-ils pas toujours trop préoccupés de l'effet personnel qu'ils veulent produire, et n'oublient-ils pas un peu trop aussi l'idée qui guidait le maître qu'ils traduisent? Ils voient à leurs côtés des peintres d'un grand talent peindre dans un genre tout à fait opposé que commandait l'époque, et ils suivent tout naturellement le courant qui entraîne le siècle. A quoi bon faire à ces artistes le reproche d'avoir gravé un si petit nombre d'œuvres de Poussin? Ne vaut-il pas mieux les blâmer d'avoir songé à s'occuper d'un maître dont le génie ne pouvait nullement s'approprier au leur, et d'avoir voulu traduire un artiste qu'ils ne comprenaient pas?

III

Nos artistes contemporains ont-ils bien interprété les œuvres de Nicolas Poussin? Ont-ils bien compris toutes les beautés renfermées dans les tableaux de ce grand peintre, et toute la profondeur de son génie? Telles sont les questions que nous devons nous faire en abordant les graveurs de notre temps.

Peyron doit avoir ici la première place : quoique appartenant peut-être par la naissance autant au xviiie siècle qu'au xixe, il fait partie de cette seconde moitié du siècle qui se rapproche davantage du nôtre, par cela seul que l'artiste veut s'écarter du précédent; Vien, Peyron et David ne peuvent être considérés comme des peintres du xviiie siècle, quoique réellement la plus grande partie de leur existence se soit passée dans ce siècle. *Moïse défendant les filles de Jéthro* n'a jamais été exécuté en peinture, à notre connaissance, par Nicolas Poussin. Cette superbe composition, digne d'être comparée aux plus nobles bas-reliefs antiques, est toujours restée à l'état de dessin, et le Musée du Louvre est aujourd'hui l'heureux gardien de ce trésor. Jean-François Peyron (Aix, 15 novembre 1744, — Paris, 20 janvier 1805) fut, avec le comte de Caylus, un des premiers artistes modernes qui songèrent que l'art antique pouvait fournir de précieux exemples aux artistes, et, pendant que le comte de Caylus gravait des statues grecques et romaines et savait, malgré sa pointe trop pittoresque, en faire comprendre toutes les beautés dans de savantes dissertations, Peyron se prit d'amour pour Nicolas Poussin, et grava les *Filles de Jéthro*. Le choix du graveur-peintre ne pouvait, certes, être plus heureux; mais, si on doit louer Peyron de s'être adressé au grand artiste qui représentait à ses yeux l'art sérieux, il faut le blâmer d'avoir rendu ce dessin avec trop de froideur. M. Rosotte, il y a quelques années à peine, reproduisait en *fac-simile* le même dessin pour le Musée du Louvre, et savait donner à son œuvre un aspect simple et vrai qui convient tout à fait à la composition de N. Poussin, aspect que Peyron n'a pas suffisamment saisi. Peyron a encore gravé plusieurs estampes d'après Nicolas Poussin : nous connaissons, entre autres, une *Scène pastorale* qui est tellement pastorale et si peu grandiose, qu'elle nous paraît appartenir plutôt au graveur provençal qu'au peintre normand. Les mots *Poussin inv. et pinx.* devraient nous ôter tout scrupule à cet égard, et sembleraient devoir n'autoriser aucune supposition contraire; mais l'aspect général de la composition nous permet de douter de toute la bonne foi du graveur, qui, pour avoir vu un dessin de Poussin d'une composition à peu près analogue, se serait cru en droit d'en faire une interprétation libre, très-libre même, et de mettre au bas la signature du maître. Nous soumettons notre hypothèse aux amis de la vérité, et, en attendant le jugement de ceux-ci, nous ne comprenons cette estampe dans l'œuvre de Poussin qu'avec une certaine réserve.

Après François Peyron, nous devons parler d'un artiste italien estimé de quelques amateurs plus curieux de la rareté que de la beauté des estampes qu'ils réunissent : R. Morghen grava, d'après Poussin, deux pièces qui pourraient compromettre la réputation de ce maître, si elle n'était pas si justement et si solidement établie : le *Repos en Égypte* et le *Temps faisant danser les Saisons*[1] sont peut-être les deux planches les plus absolument faibles qu'on ait gravées d'après Poussin. Sous une apparente habileté et à travers une science incontestable de gravure, le dessin est tellement négligé, que l'œuvre du maître est totalement défigurée. Cette composition, où le Temps, assis, joue de la lyre,

---

[1] Catalogue de l'œuvre de Raphaël Morghen, par Palmerini, n°ˢ 121, 122.

tandis que quatre gracieuses femmes, se tenant par la main, dansent au son de la musique, perd tout son charme dans l'estampe de Morghen ; le graveur a rendu niaises et fades ces Saisons que Poussin avait peintes souriantes et inspirées, et la gravure elle-même, d'un ton uniformément gris, sans plan ni couleur, manque totalement de relief et de vie.

La *Sépulture de Jésus* fut gravée par Mariage avec un certain talent ; Nicolas Poussin a représenté le Christ mort, étendu à terre et adoré par les saintes femmes, à la porte du tombeau ; deux disciples se disposent à déposer le corps dans le sépulcre; l'expression de chaque tête a été heureusement comprise par le graveur, et, s'il y a lieu de constater une trop grande sécheresse dans le travail, il faut cependant pardonner au graveur, qui a su, au moyen d'un dessin correct, rendre heureusement la physionomie des personnages mis en scène.

L'*Assomption de la Vierge*, que Jean Pesne grava avec un si grand talent du vivant de Poussin, fut, en 1815, gravée de nouveau par Laugier. A cette eau-forte, simplement exécutée et savamment modelée, a succédé un travail lourd et pesant ; cette expression naïve de la Vierge heureuse d'un bonheur céleste, dans l'estampe de Pesne, a été remplacée ici par une physionomie dont le trop grand calme exprime presque la niaiserie ; or il faut attribuer cette fausse interprétation au peu de soin que le graveur moderne a mis dans son dessin.

Il nous semble que, lorsqu'un graveur a mission de reproduire le tableau d'un maître, il doit s'attacher avant tout à se pénétrer du sentiment de son modèle. Sans cette condition expresse, jamais l'artiste, quelle que soit son habileté comme graveur, n'arrivera à un résultat satisfaisant, et ne pourra même être regardé comme un habile reproducteur. Raphaël-Urbain Massard, que quelques œuvres d'après David et d'après Gérard ont placé au nombre des plus célèbres graveurs de son temps, tenta de nous donner une représentation fidèle de la *Mort de Saphire*; mais, lui aussi, il ne sut pas suffisamment se prémunir contre le goût qui régnait alors sous l'influence de David, et, tout en rendant trait pour trait le tableau du grand peintre normand, il ne put arriver à lui donner cette allure noble et majestueuse que l'on admire dans l'œuvre originale.

Th. Thouvenin ne doit être mentionné ici, pour la gravure du *Repos en Égypte*, que parce que, parmi les images de piété faites d'après Poussin, celle-ci est peut-être la moins mauvaise. Quoique, à vrai dire, ce genre d'estampes ne doive pas être compté dans une étude sérieuse, nous croyons bon de dire ici que, si l'on s'adresse aux compositions des grands maîtres pour les mettre sous les yeux des enfants, ou pour inspirer le recueillement, il serait opportun d'être plus sévère pour les graveurs employés à cet usage et d'exiger d'eux plus de soin et plus de vérité dans l'interprétation.

L'Angleterre, qui a toujours recherché avidement les œuvres de Nicolas Poussin, ne paraît pas, à en juger par ses graveurs, avoir heureusement compris le génie de cet artiste. Ceux d'entre eux que nous pouvons citer ne sont que des interprètes bien inexpérimentés ou sans talent aucun. J. Fittler grava, entre autres, les *Plaies d'Égypte*, tableau composé par Nicolas Poussin avec une science extrême; c'est, à en juger par la composition, une des toiles les plus importantes du maître. Le nombre considérable de personnages qu'elle contient, la grandeur du sujet et la majesté de la composition, font de ce tableau une œuvre capitale. Au lieu de mettre tous ses soins à reproduire l'esprit des physionomies, Fittler semble s'être attaché uniquement à rendre l'effet que produit un tableau vieilli. On sait combien le coloris des tableaux de Poussin a été altéré : peints sur des toiles rouges, ils ont presque tous tellement poussé au noir, qu'ils ont aujourd'hui une couleur souvent désagréable ; mais, parce que le tableau a souffert, le graveur doit-il s'attacher à reproduire le ton noir du tableau vieilli? ne doit-il pas plutôt tenter de rendre à l'œuvre qu'il traduit son aspect primitif? L'estampe de J. Fittler offre un certain intérêt, puisqu'elle est la seule représentation qui soit parvenue jusqu'à nous de cette composition de Poussin, les *Plaies d'Égypte ;* mais l'insuffisance du dessin et le ton désagréable de la planche contribuent bien peu à la faire estimer.

Si l'on compare la gravure de E. Smith, un *Groupe*

d'*Amours*, à l'estampe du même sujet, que l'on attribue à N. Poussin lui-même et que nous avons mentionnée en parlant du graveur Avice, on sera surpris de l'inhabileté du graveur anglais. Il est impossible, en effet, de rendre plus lourdement cette composition pleine de charme : cinq Amours jouent ensemble, l'un tient une pomme, l'autre tente d'attraper un papillon, un troisième cherche à embrasser son voisin étendu sur le dos ; le fond, formé d'un bouquet d'arbres, encadre cette joyeuse composition, et la gaieté respire sur toutes ces petites têtes roses et réjouies ; le graveur Smith, au moyen de son burin sec et froid, a donné à sa gravure un effet uniformément gris qui n'est pas supportable.

C'est avec le plus habile graveur du commencement de notre siècle que nous arrêterons notre étude sur les graveurs de Nicolas Poussin. M. Boucher-Desnoyers, que la mort enleva il y a peu d'années, avait consacré son talent à la reproduction des œuvres des grands maîtres ; Raphaël avait été particulièrement l'objet de sa prédilection, et la *Belle Jardinière* peut, sans contredit, être considérée comme une des plus belles estampes du commencement de notre siècle. Le tableau du Musée du Louvre, *Éliézer et Rebecca*, par Nicolas Poussin, tenta aussi le célèbre artiste, qui se mit à l'œuvre et qui mena à bonne fin sa difficile entreprise. A côté d'un incontestable talent de dessinateur et de graveur, on peut reprocher à Boucher-Desnoyers une trop grande monotonie d'expression sur les physionomies des compagnes de Rebecca ; on peut aussi reprocher à l'artiste interprète d'avoir donné à sa gravure une finesse de dessin qui n'existait pas à un même degré dans l'œuvre de Poussin ; mais ces critiques de détail adressées, il faut convenir que cette estampe est, jusqu'à ce jour, la meilleure que le xix° siècle ait produite d'après Nicolas Poussin.

CHAPITRE VI

LA GRAVURE SOUS LOUIS XIII. — CALLOT ET SES IMITATEURS.
LES GRAVEURS DE SIMON VOUET ET DE BLANCHARD.
QUELQUES ARTISTES PROVINCIAUX.
LA GRAVURE HISTORIQUE PENDANT LE RÈGNE DE LOUIS XIII.
LES GRAVEURS D'ESTAMPES TOPOGRAPHIQUES.

Nous avons vu jusqu'à présent la gravure française aller de tâtonnements en tâtonnements, s'inspirant tantôt des maîtres italiens, tantôt demandant à la Flandre des modèles. Avec le règne de Louis XIII commence pour la France une ère absolument nouvelle qui se continue jusqu'à nos jours. Sous le règne de Henri IV, à côté d'estampes françaises, bien plutôt par l'intention que par l'exécution réelle, nous avons indiqué la transition; nous entrons maintenant dans une période tout à fait différente, période originale s'il en fut, qui commence à Callot pour nous amener jusqu'à la fin du xviiie siècle.

Jacques Callot naquit à Nancy en 1592. Parti à l'âge de douze ans pour Rome, avec une troupe de bohémiens, il fut reconnu en route par un marchand de Nancy, qui le ramena à sa famille; mais, ne pouvant dès lors résister au désir de voir la ville éternelle, Callot tenta une seconde fois, mais inutilement encore, de quitter ses parents: son frère aîné, l'ayant rencontré dans une rue de Turin, le ramena à Nancy. Sa famille apprécia alors son talent naissant, consentit à son départ, et attendit pour le faire conduire à Rome une occasion, qui ne tarda pas à se présenter: Henri II de Lorraine envoyait au pape un ambassadeur qui voulut bien se charger d'emmener avec lui le jeune Callot (1609). C'est à partir de cette arrivée à Rome que commence la carrière d'artiste de Jacques Callot; rien ne le retient plus, il est absorbé entièrement par son art, et ne se laisse distraire par aucun plaisir. Il entre chez Phil. Thomassin, après avoir probablement étudié quelque temps chez Tempesta avec ses compatriotes Israël Henriet et Claude Deruet, et c'est à cette époque aussi qu'on a trouvé bon de dire que Callot avait connu Claude Lorrain et Nicolas Poussin, et qu'on a même été jusqu'à inventer que Callot avait peint les personnages dans les paysages de Claude; mais il est bon d'objecter à cela que Claude Lorrain avait au plus treize ans lorsque Callot quitta Rome pour ne plus y revenir (1611). Callot alla ensuite se fixer pour quelque temps à Florence, ville où son talent le fit rechercher des grands seigneurs; Cosme II l'attacha à sa personne, et ce fut par les ordres de ce prince qu'il grava les quinze pièces de la *Pompe funèbre de la*

Reine d'Espagne, belle-sœur de son protecteur [1]. (Meaume, 440-454.) Deux ans plus tard, à la fin de 1615, il entreprit la gravure des *Fêtes données au duc d'Urbin* (Meaume, 633-640).

Après la publication de cette pièce, Callot termina complétement ses études et vola de ses propres ailes. De retour en Lorraine en 1622, il grava des sujets tout à fait originaux. Noble de naissance, et ayant connu la misère pendant son premier voyage en Italie, il publia à cette époque la *Noblesse* (Meaume, 673-684) et les *Gueux* (Meaume, 685-709), sujets fort opposés et rendus avec un même talent et un même esprit. Quant aux estampes qui accompagnent le livre d'Henri Humbert sur le *Combat à la barrière* (Meaume, 492-503), on prétendit qu'une rivalité s'établit entre Callot et son compatriote Claude Deruet, erreur facile à réfuter si l'on fait attention à la dédicace de Callot à Madame de Chevreuse, dédicace dans laquelle on trouve le passage suivant relatif à Deruet : « A cet effet m'ayant honoré par ses commandements du soing des machines, avec le sieur Deruet, de qui le pinceau, par son rare artifice, donne chaque jour des leçons au naturel. » On peut conclure aisément de cette phrase que la querelle de Callot avec Deruet n'avait jamais dû être bien sérieuse, en supposant même qu'elle ait existé.

Callot vint à Paris en 1629 et retrouva là son com-

[1] Catalogue de l'œuvre de Jacques Callot, par E. Meaume. Nancy, 1860.

patriote Israël Henriet, qui exerçait le commerce d'estampes dans la capitale, et y joignait le métier de graveur, comme tant d'autres marchands à cette époque (de là vient la confusion de cet *excudit*, dont la signification a été entendue si différemment). C'est à Paris, où il séjourna un an, que Callot connut *Charles Delorme* et qu'il commença le charmant portrait de cet amateur (Meaume, 506), portrait qu'il acheva aussitôt après son retour dans sa patrie.

Trois ans plus tard (1633) Louis XIII entra dans la capitale de la Lorraine, et Callot, à cette occasion, se signala par son patriotisme. Le Roi, qui connaissait tout le talent de cet artiste, lui proposa de graver le siège de Nancy; Callot refusa formellement en faisant au Roi cette réponse, que Félibien nous a transmise : « Sire, je suis Lorrain, et je crois ne devoir rien faire contre l'honneur de mon prince et de mon pays. » Loin d'immortaliser une défaite éprouvée par sa patrie, quelque temps après Callot grava les *Grandes misères de la guerre* (Meaume, 564-581), charmante série d'estampes représentant les tortures de toute sorte éprouvées pendant la guerre par les Lorrains. Callot fit encore quelques travaux pendant la longue maladie qui l'affaiblissait de jour en jour, et mourut le 24 mars 1635, sans laisser d'enfants de sa femme Catherine Kuttinger.

Telle est, en quelques mots, la biographie de Jacques Callot. Cherchant, à ses débuts dans la carrière, à consacrer son talent à la gravure au burin, Callot est gêné, et sa verve continuellement contrainte. Poussé par un génie qui se montra seulement plus tard dans son entier, le graveur lorrain comprit promptement que la voie qu'il suivait n'était pas celle qu'il devait suivre. Il quitta donc le travail pénible du burin pour adopter le genre libre et facile de l'eau-forte, qui s'accordait mieux avec son tempérament ardent. Mais il ne suffisait pas au génie de Callot de suivre le chemin frayé, il lui fallait inventer et produire quelque chose de nouveau ; il se mit à l'œuvre, et réussit pleinement dans son entreprise. Au moyen d'un vernis dur, répandu à quantité égale et faible sur une planche de métal, il obtint une surface uniformément plane et dessina sur le cuivre avec sa pointe comme il eût dessiné sur le papier avec la plume. Le procédé trouvé, ou tout au moins très-perfectionné, il fallut son génie pour en faire un bon usage. Doué d'une imagination vive et alerte, d'un esprit fin et bien français, Callot fut un artiste dans toute la force du terme. Il est impossible de rencontrer plus de vivacité et plus de vie que dans les petites estampes toujours si fines de dessin et de pointe qu'il nous a transmises. Jeune, Callot cherche la voie qu'il doit suivre et étudie avec ardeur; dans un âge plus avancé, il se crée une manière bien personnelle qui le rend un maître. La suite des *Misères de la guerre* (Meaume, 564-581), épisodes d'une guerre cruelle, est composée avec une science profonde, exécutée avec l'esprit d'un poëte bien inspiré. Dans ces dix-huit petits tableaux gravés, où l'on pend, où l'on fusille, où l'on roue, où l'on brûle, où l'on pille, on ne sait si c'est à la finesse du travail ou à l'esprit de la composition qu'il faut donner la préférence. Une planche, non moins justement célèbre que celles-ci, représente la *Tentation de Saint Antoine* (Meaume, 139). Le Saint, entouré de diables fantastiques, est debout devant une grotte; un monstre, que la plume est impuissante à décrire, semble vomir des tortures, tandis que d'autres diablotins crachent partout armes, vipères et poisons aux yeux du saint anachorète. Les artistes ont de tout temps exercé leur talent à la représentation de cette scène, qui laisse à l'imagination un libre cours; aucun, à notre connaissance, ne semble avoir inventé de tortures plus fantastiques que Jacq. Callot. Jamais peut-être on n'a accumulé plus de supplices divers, plus de tourments surnaturels; jamais non plus on n'a composé avec une fécondité semblable une tentation de Saint Antoine. Callot semble avoir étudié chaque groupe afin de le rendre plus hideux, mais d'un hideux supportable, et c'est par ce moyen qu'il a réussi à donner à cette planche un aspect qui émeut et qui ébranle. On peut le dire sans craindre d'être démenti, Jacques Callot est un artiste de génie : le travail a bien servi à développer ce qu'il y avait en lui, mais dans ses œuvres l'inspiration est bien plus apparente que l'étude. On arrive, à force de travail, à exécuter une estampe irréprochable en un certain sens, un don naturel peut seul faire inventer et graver les meilleures pièces de l'œuvre de Callot.

Sur les traces de J. Callot marchent deux artistes heureusement doués aussi, mais moins primesautiers, Abraham Bosse et Jean de Saint-Igny. Le premier, fécond et exact chroniqueur des mœurs de son temps, nous initie à la vie intime du gentilhomme et de l'artisan français; il trace avec sa pointe, quelquefois trop sèche, les habitudes d'une société qu'il connaît à fond, et, n'était cette préoccupation bizarre d'imiter le travail du burin avec le seul secours de la pointe et de l'eau-forte, on serait tenté de donner à Abr. Bosse une des premières places parmi les graveurs français du règne de Louis XIII. Heureusement, dans les charmantes suites de costumes qu'il grava d'après Jean de Saint-Igny, la *Noblesse française à l'église* (Catalogue, 1319-1334 [1]) et le *Jardin de la noblesse française* (Cat., 1301-1318), A. Bosse a montré qu'il savait manier librement le procédé que systématiquement il maîtrisait. Dans un traité dont les éditions se sont succédé jusqu'au commencement de ce siècle, le graveur trouvera expliqués clairement les procédés matériels à son usage, et, si l'art a fait quelques progrès depuis la publication du *Traité des manières de graver à l'eauforte et au burin* (1645), on sera cependant forcé de reconnaître que Bosse a le premier mis en lumière des principes qui jusqu'alors étaient diffus, quelque-

---

[1] *Catalogue de l'œuvre d'Abraham Bosse*, par Georges Duplessis. 1859, in-8°. Ce travail, que nous avons publié originairement dans la *Revue universelle des Arts*, a été réuni en volume, et a été tiré à un très-petit nombre d'exemplaires.

fois même tout à fait inconnus. Les *Vierges folles* (Cat., 43-49), l'histoire de l'*Enfant prodigue* (Cat., 34-39), le *Mariage à la ville* (Cat., 1374-1379), la suite des *Métiers* (Cat., 1391-1397), sont autant de planches dignes d'attention au double point de vue de l'archéologie et de l'art. L'archéologue y trouvera sur l'ameublement et sur l'architecture au commencement du xviie siècle des documents précieux et irrécusables, l'artiste une habileté extraordinaire à manier la pointe et à peindre les mœurs d'une époque.

Jean de Saint-Igny, Normand de naissance, était un dessinateur spirituel et alerte plutôt qu'un graveur de profession. Les eaux-fortes que l'on rencontre signées de ce nom sont d'un dessin élégant; ce sont ou bien des gentilshommes, pourpoint au dos, épée au côté, attablés dans quelque lieu rustique ou dans quelque cabaret, ou bien des figures de femmes élégamment vêtues, coiffées avec goût et fièrement campées. Une pièce très-rare, le *Joueur de Musette* (R. D., 42), nous semble d'un dessin peu précis; mais cette estampe ne suffirait pas à donner une juste idée du talent de Saint-Igny : il faut examiner le *Livre de portraicture* (R. D., 1-58), publié en 1630 par cet artiste, pour juger de la finesse de sa pointe et de l'esprit de ses figures. M. Ph. de Chennevières [1] a consacré une longue notice à son compatriote Saint-Igny, notice pleine de faits et de documents, mais quelque peu partiale.

---

[1] *Peintres provinciaux de l'ancienne France*, par Pointel, tome Ier, page 161.

Un compatriote de Jacques Callot, Claude Deruet, suivit également la voie tracée par le maître; mais, moins heureux qu'Abr. Bosse et que Saint-Igny, il parvint tout au plus à rappeler la manière de Callot, qu'il copiait d'ailleurs trop servilement. Dans les trois pièces que l'on connaît de cet artiste, on voit que le trait est cherché et pénible, que le dessin est indécis et que la main du graveur est exclusivement guidée par un idéal auquel elle ne peut atteindre.

Si le talent de Callot avait été de nature à faire école, on pourrait classer les graveurs précédents au nombre des disciples de l'illustre Lorrain; mais cet esprit indépendant ne pouvait avoir ni maîtres ni élèves. Il est seulement possible de grouper autour de ce talent tout personnel quelques artistes qui osèrent aborder le sentier tracé par lui. Au nombre de ceux-ci, il faut encore classer Nicolas Cochin, qui, dans certaines eaux-fortes, approcha quelque peu de la finesse de pointe de Jacques Callot; mais il y a toujours cette verve inimitable que personne ne peut atteindre, et Cochin ne peut, pas plus que les autres, franchir cette limite. Cependant, dans quelques-uns des lointains que les graveurs au burin de son temps lui confient, Nicolas Cochin fait preuve d'une facilité de dessin qu'une pointe un peu plus lourde empêche uniquement de mettre en parallèle avec les vives et sémillantes eaux-fortes de Callot.

Quoique Étienne de la Belle soit né à Florence, il serait injuste de ne pas le ranger au nombre des artistes français, puisque c'est en France qu'il chercha ses modèles et puisqu'il résida à Paris la plus grande partie de son existence. J. Callot avait laissé derrière lui à Florence, lorsqu'il y avait séjourné, une réputation très-grande et une quantité considérable d'estampes ; celles-ci vinrent sous les yeux de la Belle, encore jeune, qui fut singulièrement séduit de leur spirituelle habileté. Le jeune graveur florentin sentit qu'il pourrait réussir en suivant cette manière et s'y adonna tout entier. C'est donc grâce à Callot, l'artiste le plus français que la France ait produit, que la Belle fut ce qu'il devint. Mariette, qui apprécie le talent de la Belle avec sa sûreté de jugement habituelle, dit que « la Belle étoit tout à fait propre à représenter des actions militaires, des veues de mer et de vaisseaux, des ruines, des pastorales et surtout des festes et des spectacles, qu'il représentoit dans toute leur magnificence [1]. » Nous ajouterons à cette appréciation un peu générale qu'il sut aussi donner aux petits personnages qu'il représenta un esprit tout à fait remarquable ; nous dirons même que la fameuse *Veue et perspective du pont Neuf* (Jombert, 112 [2]), pièce capitale de l'œuvre, exécutée à Paris en 1646, est pleine d'animation et

---

[1] *Abecedario de P. J. Mariette*, et autres notes inédites de cet amateur sur les arts et les artistes, ouvrage publié par Ph. de Chennevières et Anat. de Montaiglon. 1851-1860, in-8°, tome II, p. 69.
[2] *Essai d'un catalogue de l'œuvre d'Étienne de la Belle*, par Ch. Ant. Jombert. Paris, 1772, in-8°.

de mouvement : cette foule qui se meut vit et agit parfaitement, et, en dehors de cette activité réelle, il faut encore louer la perspective habile de cette planche, dans laquelle le sieur Bosse, professeur de perspective en l'Académie royale, et grand querelleur, n'eût certainement rien pu trouver à critiquer. Si l'on voulait citer toutes les pièces véritablement remarquables de l'œuvre de la Belle, la liste serait interminable, car l'œuvre de cet artiste s'élève, selon Jombert, à 1,276 pièces, et presque toutes ces estampes sont traitées avec le même soin et le même esprit. Plusieurs *Jeux de cartes* (Jombert, 116-119), exécutés pour servir à l'éducation de Louis XIV, donnent peut-être la plus juste mesure du talent de la Belle : ils sont exécutés avec une facilité de pointe surprenante; le dessin, quelquefois un peu lourd du graveur, les extrémités, qu'il dessine souvent d'une façon un peu trop grossière, ont fait place ici à une légèreté très-louable, et les cartouches qui entourent le *Jeu des Fables*, le *Jeu de la Géographie*, le *Jeu des Reines* et le *Jeu des Rois de France*, sont traités avec un esprit tout particulier. Nous ne pouvons, comme quelques auteurs trop prévenus en faveur d'Ét. de la Belle, le placer au-dessus, ni même à côté de Jacques Callot; mais nous devons dire qu'ayant su s'inspirer des estampes de cet artiste, il profita heureusement des exemples qui lui étaient offerts, et qu'il approcha assez de la manière de Callot pour être compté parmi les imitateurs heureux du graveur lorrain.

Sébastien Leclerc, né à Metz le 26 septembre 1637, devrait être rangé au nombre des graveurs du règne de Louis XIV, puisque son existence se passa entièrement sous le règne du grand Roi ; mais, eu égard au caractère propre de la plus grande partie de son œuvre, il nous semble plus rationnel de le mettre au rang des imitateurs de J. Callot. Sébastien Leclerc appartient, d'ailleurs, bien plus à cette école qu'à la grande école de gravure que nous examinerons plus loin.

La première pièce connue de l'œuvre de Sébastien Leclerc est de 1650 : c'est une vue de la *Ville de Metz* (Jombert, 1[1]), qui fut accueillie favorablement ; mais, poursuivi par l'idée fixe de devenir ingénieur, Séb. Leclerc se fit attacher, comme ingénieur géographe, à la personne du maréchal de la Ferté. Ayant appris qu'un de ses dessins avait été présenté au Roi comme l'œuvre d'un autre, il renonça immédiatement à sa position et vint à Paris pour étudier à son aise le génie militaire. Présenté à Charles Lebrun vers 1665, celui-ci lui donna le bon conseil d'abandonner ses projets et de se livrer exclusivement à l'étude du dessin : le conseil du grand peintre fut suivi par le jeune artiste, qui n'eut plus tard qu'à s'applaudir de sa docilité. Protégé par le maître, tout-puissant alors, Séb. Leclerc obtint un logement aux Gobelins et une pension de six cents livres, à la condition expresse de consacrer

---

[1] *Catalogue raisonné de l'œuvre de Sébastien Leclerc*, par Charles-Antoine Jombert. Paris, 1774 ; 2 vol. in-8°.

exclusivement son talent au service du Roi. A la mort du chancelier Séguier, Lebrun chargea Séb. Leclerc de graver le dessin du catafalque exécuté par lui à cette occasion, et, la planche terminée, le premier peintre du Roi présenta son protégé à l'Académie, qui reçut à l'unanimité le jeune graveur, le 16 août 1672, et lui donna, par considération pour ses études antérieures, la place de professeur de géométrie et de perspective. Sébastien Leclerc épousa, en 1673, la fille d'un teinturier du Roi nommé Van den Kerchoven. Il eut de ce mariage dix enfants, six filles et quatre fils; et, quoique sa pension eût été portée de six cents à dix-huit cents livres, elle ne pouvait plus suffire à faire vivre cette nombreuse famille. Force fut d'abandonner la position pour subvenir aux besoins de tous les jours. C'est alors que Séb. Leclerc grava ce nombre infini de vignettes, dans lesquelles on remarque surtout une étonnante facilité de conception. En 1710, Leclerc faillit perdre la vue; il abandonna donc pour un temps ses travaux, qu'il put heureusement reprendre bientôt; mais ce ne fut que pour quelques années, car il mourut à Paris le 25 octobre 1714, alors qu'il mettait la dernière main à son *Traité d'architecture* (Jombert, 313), l'œuvre de toute sa vie.

Le mérite principal des estampes de Séb. Leclerc consiste dans une fécondité inépuisable; les pièces les plus célèbres de ce graveur méritent pleinement la réputation dont elles jouissent. L'*Académie des Sciences et des Beaux-Arts* (Jombert, n° 263) et l'*En-*

trée d'*Alexandre dans Babylone* (Jombert, 285) sont composées avec une verve incontestable ; la gravure de ces deux planches peut également donner une juste idée du talent de Sébastien Leclerc à sa meilleure époque. Si l'on veut envisager une autre période de l'œuvre de Leclerc, on pourra étudier avec soin une petite suite gravée en 1695 et portant pour titre : *Vue de plusieurs petits endroits des fauxbourgs de Paris* (Jombert, n° 244). Leclerc, qui a dessiné et gravé ces petites estampes d'une main sûre et ingénieuse, a tenté ici d'imiter la manière de J. Callot : sans approcher de son modèle, il a cependant réussi à rappeler la manière de ce maître. Il n'en est pas de même des *Batailles d'Alexandre* (Jombert, 257), gravées en petit par Séb. Leclerc, d'après Charles Lebrun ou plutôt d'après les estampes de Gérard Audran. Soit que les gravures de l'habile maître lyonnais empêchent d'apprécier les copies à leur juste valeur, soit que Séb. Leclerc n'ait pu facilement s'assujettir à devenir copiste, ces planches sont faibles et même d'un dessin plus qu'incorrect.

Après ces artistes à l'allure spirituelle, la France peut compter au nombre des siens un maître du premier ordre qui consacra quelques heures à des travaux de gravure ; ce n'est plus alors un graveur de profession, c'est bien un peintre et un grand peintre qui se servit de la pointe pour rendre sa pensée, comme il se serait servi du crayon ou du pinceau.

C'est un véritable honneur pour la gravure française,

de pouvoir citer le nom de Claude Lorrain : doué des qualités les plus essentielles chez un paysagiste, Claude grava quelques planches avec cette souplesse de pointe que connaît seul le peintre. Peu soucieux de la taille uniforme, du contour net, il laisse à la nature qu'il imite le soin de guider sa main de poëte ; jamais indécis ni timide, il sait du premier coup produire l'effet qu'il cherche, rendre la nature telle qu'il la voit à travers son génie. Le *Soleil couchant* (R. D., 15), ou plus justement le *Lever du soleil* est un des exemples les plus frappants du tact de Claude Lorrain : la lumière est répandue avec une richesse infinie ; la mer, surprise au lever du soleil, est d'une transparence que le ciel encore sombre fait mieux apprécier ; au premier plan, une barque, quelques pêcheurs, des palais, ajoutent par leur aspect obscur, — l'éclat des rayons du soleil ne peut encore les atteindre, — à la majesté du paysage. Le *Bouvier* (R. D., 8) est, sans contredit, une des planches que Cl. Lorrain a le plus amoureusement exécutées : quelques vaches passent un gué et rentrent à la ferme, tandis que leur conducteur reste assis sur le gazon et joue de la cornemuse ; la ferme est garantie par un épais bouquet d'arbres arrosé par une étroite rivière sur laquelle a été jeté un simple pont de bois ; quelques collines dans le lointain couronnent le paysage et terminent le point de vue. C'est toujours le peintre inspiré que l'on admire, c'est cet artiste prodigieusement doué qui saisit l'impression de la campagne qu'il étudie et qui sait en transmettre le côté poétique et grandiose. Dans le *Bouvier*, la gravure semble même plus habilement conduite que dans les autres planches de Claude; si l'on examine attentivement cette estampe, on reconnaîtra cette façon de graver particulière aux peintres, procédant toujours par masse et négligeant le détail plutôt que de détourner l'attention de l'objet important. Dans une autre estampe moins recherchée, mais presque aussi belle, le *Troupeau à l'abreuvoir* (R. D., 4), on retrouve, aussi clairement au moins, le grand peintre Lorrain. Un bouvier, appuyé nonchalamment sur un bâton, guette quelques vaches qui se désaltèrent : la composition, simple en elle-même, est cependant tout à fait complète. Claude a mis toute son habileté à reproduire la transparence de l'eau, la limpidité de l'air et cette vie forte et puissante des arbres arrosés perpétuellement; la lumière tombe généreusement sur le dos de ces bestiaux rendus à la vie, et donne, par sa splendeur, à ce paysage qui semble exécuté à la hâte, tout l'intérêt d'une œuvre parfaite. Nous ne ferons qu'indiquer les *Feux d'artifice* (R. D., 28-38[1]) que grava Claude Lorrain ; ils sont composés avec facilité, gravés d'une pointe pittoresque, mais ils ont, aux yeux des amateurs, plutôt un mérite de curiosité qu'un intérêt

---

[1] Outre le Catalogue de l'œuvre de Claude Lorrain, publié en 1835 par M. Robert Duménil, il faut encore consulter le *Catalogue raisonné des estampes gravées à l'eau-forte par Claude Gellée*, que M. Eugène Piot a publié dans le *Cabinet de l'amateur et de l'antiquaire*, tome II, p. 448.

d'art ; on s'étonne même, à juste titre, de voir le plus merveilleux paysagiste que la France ait produit employer son temps à multiplier par la gravure des choses que la réalité seule peut faire apprécier : ôtez, en effet, à un feu d'artifice cette opposition de la lumière scintillante à la nuit obscure, et vous aurez le plus singulier désaccord entre l'éclat du jour que le soleil illumine et le feu que le génie de l'homme a su produire.

A côté des graveurs que nous avons cités plus haut, mais bien loin de Claude Lorrain, se forma toute une école d'artistes qui se contenta le plus souvent de reproduire les œuvres d'autrui. Dessinateurs spirituels et rompus à toutes les difficultés du métier de graveur, ils se groupent naturellement et peuvent être désignés sous le nom collectif de graveurs de Simon Vouet et de Blanchard.

Simon Vouet (1582 † 5 juin 1641) voyagea dans sa jeunesse en Angleterre, en Turquie et en Italie; sa réputation étant venue jusqu'aux oreilles de Louis XIII, le Roi appela S. Vouet à Paris et voulut même, dit-on, apprendre de lui le dessin et la gravure. A cette époque, où le courtisan était peut-être encore plus courtisan qu'il ne le fut depuis, cette protection royale assura la fortune de Simon Vouet. Le Roi prenait des leçons de dessin de Simon Vouet, toute la cour voulut employer l'artiste : les palais, les hôtels et les églises furent bientôt couverts de peintures du maître à la mode, et si le peintre ne méritait ni tant d'honneur ni tant de vogue, il avait cependant assez de qualités personnelles pour justifier jusqu'à un certain point cet engouement. Doué d'une originalité non contestable, Simon Vouet introduisit en France une manière nouvelle qui n'était pas dénuée de tout charme : un dessin facile, quoique trop incorrect quelquefois, une couleur limpide et un sentiment de l'expression assez développé, donnaient à ses tableaux un aspect gai et spirituel que le temps a malheureusement notablement détruit. Ces oppositions brusques de l'ombre à la lumière, ces profils perdus, que Simon Vouet semble singulièrement affectionner, ces figures au type ouvertement français, sont, en tout cas, des innovations qui rendent sa peinture bien personnelle. L'accueil royal que Simon Vouet avait reçu n'attira pas seulement les grands seigneurs, il fit venir à lui une série de graveurs, jaloux de partager sa gloire. Vouet semble d'ailleurs avoir indiqué lui-même la voie à suivre ; on connaît, en effet, deux planches gravées par lui : *David et Goliath*, pièce non décrite par M. Robert Dumesnil, et la *Vierge et l'enfant Jésus auquel Saint Joseph présente un oiseau*. Ces gravures à l'eau-forte sont traitées avec cette liberté dont les peintres ont seuls le secret, et si elles ne sont pas bien correctement dessinées, elles ont tout au moins le mérite d'être facilement exécutées.

C'est évidemment à l'époque où Eustache Lesueur était dans l'école de Simon Vouet qu'il grava cette

Sainte Famille dans laquelle M. Robert Duménil reconnaît « des attitudes simples, nobles et gracieuses, des expressions fines et justes, un dessin pur et un bel agencement de draperies. » Moins enthousiaste que le savant auteur du *Peintre-Graveur français*, nous nous contenterons de dire que si cette estampe, généralement reçue pour être l'œuvre de Lesueur, avait été gravée par Michel Dorigny ou par tout autre graveur de cette époque, elle aurait couru grand risque de ne pas être remarquée; nous ne pouvons, en effet, malgré tout notre bon vouloir, apercevoir dans cette estampe les qualités essentielles des œuvres d'Eustache Lesueur, l'aménité, la grâce et la beauté calme et pensive.

Nous avons tenu à placer ici Lesueur à la tête des graveurs de l'école de Vouet, parce que son talent comme peintre lui assignait une place tout à fait hors ligne. Michel Dorigny, gendre de Simon Vouet, doit être compté comme le plus savant graveur des œuvres de son beau-père.

Michel Dorigny, de Saint-Quentin (1617? † 1666?), élève de Simon Vouet, décora le château de Vincennes, et quelques autres palais, de peintures tout à fait dans le goût des œuvres de son maître. Ces ouvrages, disparus aujourd'hui, n'auraient d'ailleurs probablement pas suffi à conserver le nom de Dorigny, tandis que les eaux-fortes de cet artiste, d'une allure fière et d'une pointe audacieuse, seront toujours là pour témoigner de son talent et de sa facilité. Michel Dorigny est à

Simon Vouet ce que Jean Pesne est à Nicolas Poussin : il n'est guère de tableaux importants de Simon Vouet que Dorigny n'ait reproduits, et, chaque fois, le graveur conserve aux riches compositions du peintre cet aspect frais et lumineux que l'on devine aujourd'hui dans les peintures originales plutôt qu'on ne le voit. Il est impossible, en effet, croyons-nous, de graver les œuvres de Simon Vouet avec plus d'exactitude que ne réussit à le faire en 1640 Michel Dorigny dans les *Décorations de la bibliothèque du chancelier Séguier* (R. D., 76-82), dans une certaine *Diane chasseresse* (1638) (R. D., 61), et dans le *Martyre de Saint Eustache* (R. D., 58). Quelque compliquée que soit la composition de Simon Vouet, Michel Dorigny parvint à mettre à sa vraie place chaque personnage et chaque groupe, et si l'on remarque sur les figures qu'il grave un air maniéré et quelquefois assez faux, ce n'est pas au graveur qu'il en faut faire un reproche, mais bien au peintre, qui, quelle que soit son habileté à peindre un personnage, ne sait dessiner une figure sans la rendre avec affectation [1].

[1] On attribue avec raison, selon nous, à Michel Dorigny la *Mansarade ou Pompe funèbre du maltôtier de la vertu. — Vazy-voir excudit. — Auec priuil. de F. Mansard* (R. D., 5). Cette pièce, où François Mansard, oncle du célèbre Jules Hardouin Mansard, est très-fort tourné en ridicule, eut pour prétexte, nous apprend Dargenville, les ennuis perpétuels dont Dorigny fut l'objet de la part de F. Mansard lorsqu'il peignait les plafonds du château de Vincennes. La vengeance était sanglante, car elle voulait ridiculiser à jamais l'architecte du Roi. Voici la description que M. Robert Duménil donne de cette estampe : « F. Mansard est représenté monté sur un âne, ayant un singe en

Un autre gendre de Simon Vouet, François Tortebat (1626-1690), grava d'après son beau-père et son maître quelques pièces qui ne sauraient être comparées aux estampes de Michel Dorigny : au lieu de cette pointe libre et facile que nous admirions chez celui-ci, nous trouvons ici un travail lourd et pénible. L'*Ange* (R. D., 10), estampe fine et d'une couleur agréable, nous semble être la meilleure pièce de l'œuvre de Tortebat, car les autres estampes de cet artiste, d'après Simon Vouet, telles que le *Vœu de Jephté* (R. D., 3), *Élie enlevé au ciel* (R.D., 6), et la *Mort de la Madeleine* (R. D., 8), sont gravées d'une façon uniformément lourde et sont péniblement dessinées. Il est probable même que Tortebat abandonna promptement la gravure, qu'il avait d'ailleurs commencé assez tard à pratiquer, car les premières estampes que nous connaissons de lui sont datées de 1664, et les dernières, exécutées en 1668, se trouvent dans l'*Abrégé de l'anatomie de Vésale*, à Paris, chez Tortebat, 1668, in-f°.

Si nous rangeons François Perrier au nombre des graveurs de Simon Vouet, c'est bien plutôt parce que le talent de ce graveur appartient tout à fait au même

---

croupe qui lui porte un parasol et le tire avec une échelle passée à son cou ; il tient une sonnette qu'il fait sonner en se dirigeant à droite, où se voit le gibet de Montfaucon. L'animal traîne à sa suite un panier garni de règles, de compas, d'équerres et de plans. » Cette planche se trouve fréquemment surmonter une pancarte imprimée qui contient les injures les plus grossières contre François Mansard.

ordre que le talent de Vouet que parce qu'il grava beaucoup d'après cet artiste, car M. Robert Duménil ne catalogue que quatre pièces gravées par Fr. Perrier d'après Vouet, la *Nativité* (n° 13), *Saint Antoine enlevé au ciel* (n° 14), *Apollon et Diane chassant les Harpies* (n° 15), et une *Allégorie* (n° 16); et encore ces pièces ne sont-elles pas, comme on peut s'en rendre compte, d'après des œuvres bien importantes. Elles sont d'ailleurs gravées d'une façon aiguë et un peu maigre qui a plus d'un rapport avec les estampes de Michel Dorigny, mais elles manquent absolument de cette tournure presque grandiose que Dorigny donnait toujours à ses estampes. L'œuvre de François Perrier doit encore être consulté à notre point de vue, attendu qu'il contient une estampe habilement faite qui reproduit les traits du chef de l'école. Ce portrait de Simon Vouet a été gravé en 1632, alors que le premier peintre du Roi était dans la force de l'âge. S. Vouet est représenté de trois quarts; une légère et folle moustache recouvre une bouche petite, mais à grosses lèvres; des yeux vifs sont couverts d'une paupière épaisse, et l'aspect général de la physionomie donne plutôt l'idée d'un homme lourd et paresseux qu'il n'indique un travailleur aussi fécond et aussi heureusement doué. Nous avons vu d'autres portraits de Simon Vouet, entre autres un dessin de Nicolas Mignard conservé au musée du Louvre et que M. Ph. de Chennevières a fait reproduire dans ses *Portraits inédits d'artistes français;* nous donnons toujours la préférence à l'œuvre de Perrier, qui nous paraît avoir un caractère de vérité absent des autres portraits de Simon Vouet.

C'est uniquement au burin que grave Pierre Daret; mais ce burin est si habilement mené, qu'il rend fort heureusement les œuvres de Simon Vouet. Il est bien difficile de désigner, de façon à être reconnues, les différentes Vierges et Saintes Familles que Daret grava d'après Simon Vouet, car celles-ci n'ont pas été décrites, et ne diffèrent généralement que par l'attitude de la Vierge et de l'Enfant. Nous tenterons cependant, au moyen des dates, de faire reconnaître les estampes que nous citerons. Quoique avec une physionomie réellement trop maniérée, — ce qui n'est d'ailleurs nullement la faute de Daret, — nous trouvons la *Vierge avec l'enfant Jésus*, gravée en 1652 d'après un dessin de Tortebat exécuté sur une peinture de Simon Vouet, d'un aspect charmant; P. Daret a donné à sa gravure un ton moelleux et une grâce parfaite qui fait estimer cette planche, dont le dessin a dû beaucoup souffrir de l'intervention de Fr. Tortebat. Une des plus belles compositions de Simon Vouet, les *Saintes Femmes au tombeau du Christ*, a été rendue par Pierre Daret avec un rare talent; les rochers ardus dont le peintre a entouré la scène principale ont été traités par le graveur avec âpreté et justement sacrifiés, tandis que le corps mort du Christ, appuyé sur les genoux de la Vierge qui s'évanouit de douleur, placé au premier plan et traité avec une vigueur louable, attire le regard et soutient parfaitement l'examen; la gravure en est donc simple et attrayante, et la couleur souvent un peu crue des tableaux de S. Vouet est rendue avec une grande vérité. L'estampe la plus digne d'éloges de l'œuvre de Daret représente une Vierge tenant devant elle l'enfant Jésus, qu'elle découvre; cette estampe, gravée en 1640, toujours d'après Simon Vouet, porte l'empreinte des meilleures qualités : expression juste et touchante, dessin facile et sentiment heureux. Parmi les burinistes de l'école de S. Vouet, P. Daret est certainement le plus habile, et ses émules Michel Lasne, Cl. Mellan, Séb. Vouillemont et Gil. Rousselet doivent être considérés comme lui étant très-inférieurs [1].

Nous avons parlé plus haut, à l'occasion des graveurs de crayons, de Michel Lasne et de Claude Mellan; les observations que nous faisions sur l'âpreté du burin du premier et sur la malheureuse manie du second de graver à une seule taille sont encore parfaitement justes pour les estampes que ces deux artistes exécutèrent d'après Simon Vouet. En effet, Michel Lasne grave avec un burin trop aigu la *Vierge et l'enfant Jésus dans un paysage* (1688); on sent trop le travail de l'outil, et le dessin soigné et précis ne suffit pas pour imprimer à cette estampe le caractère de

---

[1] Pierre Daret publia, en 1651, une traduction de la vie de Raphaël par le Vasari. Cette petite plaquette, fort rare, fut utilisée par le P. Bombourg, qui la réimprima textuellement sous son nom, à Lyon, en 1709, et qui se contenta d'ajouter à la suite une liste des principaux tableaux et statues qui se voyaient de son temps dans les églises, dans les rues et sur les places publiques de Lyon.

l'original. Ces défauts sont encore plus apparents dans une autre estampe de Mich. Lasne représentant *Saint Gilles découvert dans sa retraite par un chasseur*. Michel Lasne a employé cette fois un procédé assez semblable à celui de Mellan, et, n'en ayant aucune habitude, il a exécuté une planche absolument faible. Claude Mellan fut quelquefois au moins plus heureux : dans le titre des *Poesie di Marcello Giouanetti* (Montaiglon, 294[1]), il se montre gracieux dessinateur, et dans l'*Amour et Psyché* (Mont., 180), composition de Vouet, inspirée par Raphaël, si le travail n'était pas aussi désagréablement monotone et s'il n'était pas aussi apparent, on serait tenté de regarder cette planche comme une des meilleures de l'œuvre de Cl. Mellan ; le dessin en est joli, l'expression douce, et la lumière, habilement distribuée, éclaire bien le point important de la composition. Nous n'en pouvons pas dire autant d'une certaine *Sainte Catherine*, 1635 (Mont., 96), ni de *Saint Vincent de Paul* (Mont., 76), ni d'une allégorie, *l'Intelligence, la Mémoire et la Volonté* (Mont., 372), pas plus que d'une *Lucrèce* (Mont., 122), planches gravées d'une façon trop métallique et dans lesquelles le métier est toujours trop apparent. Une *Hérodiade* (Mont., 81) doit être regardée comme la pièce la plus librement gravée par

---

[1] *Catalogue raisonné de l'œuvre de Claude Mellan*, d'Abbeville, par M. Anatole de Montaiglon, précédé d'une notice sur la vie et les ouvrages de Mellan, par P. J. Mariette. Abbeville, 1856 ; in-8°. (Extrait des Mémoires de la Société impériale d'émulation d'Abbeville).

Cl. Mellan d'après Simon Vouet; c'est, dans tous les cas, avec le *Portrait de Virginia da Vezzo*[1] (Mont., 257), une des planches dans lesquelles Claude Mellan fait le plus voir son dessin précis et sa science incontestable d'expression.

C'est également au burin que grave Sébastien Vouillemont; mais cet artiste emploie son burin avec tant de sécheresse, qu'il rétrécit le dessin et lui donne une allure mesquine. La *Vierge qui embrasse l'enfant Jésus* ne donne même aucune idée du talent facile de Vouet : Séb. Vouillemont a tellement défiguré son modèle, qu'il serait impossible de deviner l'auteur de l'œuvre originale, si le nom de Vouet n'était inscrit au bas de cette planche. Pierre de Jode, qui grava en 1632 l'estampe que copia Simon Vouet l'année suivante, a un genre de travail assez semblable à celui de Séb. Vouillemont : il procède par petits plans, et s'attache aux détails insignifiants d'un dessin avec le même soin qu'aux parties importantes. La *Vierge et l'enfant Jésus auquel saint Joseph présente un oiseau* est une pièce faible, et l'on est même en droit de s'étonner que S. Vouet ait choisi cette estampe comme modèle; le peintre eût été plus heureux dans son

---

[1] Virginia da Vezzo avait épousé à Rome, en 1626, le peintre Simon Vouet; « elle dessinait elle-même agréablement, nous dit P. J. Mariette, et peignait en miniature. » Cl. Mellan a gravé une planche d'après cette artiste, une *Judith s'appuyant sur la tête d'Holopherne*, au bas de laquelle on lit : *Virginia de Vezzo pinx.* — *Cl. Mellan Gallus f. Romæ.*

choix s'il se fût adressé à une estampe de Michel Dorigny ou à une œuvre d'un autre graveur de son école. Jean Boulanger a une façon différente de graver : il trace avec un burin assez purement conduit les contours principaux du dessin qu'il veut reproduire, il modèle ses figures avec une infinité de travaux de pointe sèche qui alourdissent inutilement la gravure; c'est au moins l'observation que nous avons faite dans deux *Saintes Familles* que J. Boulanger grava en 1657 et en 1661, dans une *Présentation au Temple* et principalement dans l'union de *Vénus, Cérès et Bacchus* (1634), planches exécutées d'après Simon Vouet.

Plus coloriste que les artistes que nous venons de citer, Gilles Rousselet montre dans la plupart de ses planches une habileté de dessin peu commune; il grava d'après Simon Vouet un sujet d'armoiries qui est traité avec un véritable talent d'exécution. Outre le premier plan, gravé d'un burin franc et vigoureux, le lointain, représentant la vue d'une ville, est rendu à l'eau-forte avec esprit et finesse. Cette planche, sans pouvoir être comptée au nombre des productions importantes de Gilles Rousselet, suffit cependant pour faire apprécier l'habileté du graveur.

Quelques artistes s'attachèrent encore à reproduire les œuvres de Simon Vouet; mais ceux-ci, inhabiles dessinateurs pour la plupart, ne réussirent souvent qu'à en amoindrir la valeur en voulant modifier le dessin qu'ils avaient sous les yeux. Le *Saint Nicolas* gravé par Jean Couvay est une estampe qui imite lourdement les plus mauvaises planches de Mich. Lasne. Étienne Picart, qui grava la même composition, nous semble encore s'être moins rapproché de l'original. Ch. David exécuta au burin, dans le goût de Séb. Vouillemont, une *Sainte Véronique* tenant le linge sur lequel la tête du Christ est empreinte. Karl Audran grava avec une certaine vérité dans l'interprétation *Saint François* à genoux devant un autel, tandis que Melchior Küssell préférait copier au burin quelques-unes des plus spirituelles eaux-fortes de Michel Dorigny, plutôt que de reproduire quelques tableaux encore inédits de Simon Vouet.

Sans pouvoir précisément être mis au nombre des graveurs de Simon Vouet, Laurent de la Hyre et François Chauveau se rapprochent tellement par leur goût de dessin de l'école de cet artiste, qu'il faut nécessairement les classer à côté de ses disciples; ce sera d'ailleurs, croyons-nous, le meilleur moyen de les juger à leur juste valeur, et de déterminer leur véritable place dans l'histoire de l'art français.

Laurent de la Hyre n'alla jamais en Italie, c'est l'école de Fontainebleau qui l'inspira. Les qualités qu'il eût pu trouver en puisant aux sources mêmes du beau ne lui furent guère transmises que par les maîtres italiens venus en France au xviᵉ siècle. Les personnages de Laurent de la Hyre ont les formes allongées et maigres, mais d'une maigreur bien différente de l'élégance svelte de l'école de Fontainebleau.

Guillet de Saint-Georges[1], historien ingénieux et exact des membres de l'Académie de peinture, trouve une certaine analogie entre Laurent de la Hyre et Eustache Lesueur; cette ressemblance ne nous frappe nullement, et nous croirions faire injure à Lesueur en lui opposant L. de la Hyre. Quelle similitude existe-t-il dans le dessin, dans la couleur ou dans la composition, entre la *Vie de saint Bruno*, pages sereines et sans tache, et la *Vierge et l'enfant Jésus servis par les Anges* (R. D., 5) ou la *Sainte Famille*, dans laquelle l'enfant Jésus écrase un serpent (R. D., 4), pièces les plus estimées de l'œuvre de la Hyre? Il nous semble que, là où Lesueur emploie un dessin correct et d'un goût exquis, la Hyre risque quelquefois quelques contours au moins hardis, et, alors que Lesueur est toujours simple, la Hyre est quelquefois affecté et maniéré. Quant à la gravure, Laurent de la Hyre est aussi bon praticien que qui que ce soit; il manie la pointe avec sûreté, et, n'était son dessin étroit et mesquin, il occuperait une place très-honorable parmi les nombreux graveurs contemporains de Vouet.

Élève de Laurent de la Hyre, François Chauveau grave dans sa jeunesse les compositions de son maître; sa pointe, guidée par un peintre de mérite, est encore

---

[1] *Mémoires inédits sur la vie et les ouvrages des membres de l'Académie royale de peinture et de sculpture*, publiés, d'après les manuscrits conservés à l'École des Beaux-Arts, par L. Dussieux, Eud. Soulié, Ph. de Chennevières, P. Mantz et A. de Montaiglon. 2 vol. in-8°. 1850.

assez docile, et les premières estampes de Fr. Chauveau doivent être considérées comme les meilleures de son œuvre considérable. Bientôt, confiant en ses propres forces, Fr. Chauveau dessine et grave une infinité de vignettes qui n'ont plus que le mince mérite d'être facilement composées. Tous les romans du temps paraissent, soit avec un frontispice gravé par Chauveau, soit avec des vignettes dessinées et gravées par le même artiste, dont la vogue croît de jour en jour. Cet engouement excessif ne s'explique plus guère aujourd'hui où l'on peut examiner froidement l'œuvre complet de Fr. Chauveau, œuvre rempli de pièces sans valeur aucune. Mariette fait de quelques estampes de Chauveau une critique aussi juste que mordante, lorsqu'il dit que « ses productions sont sur la même ligne que les romans dont elles font l'ornement. » *Cassandre*, le *Grand Cyrus*, l'*Astrée* et les mille autres productions du même genre ne doivent-elles pas en effet à la fécondité de leurs auteurs, de même que les estampes de Chauveau, le souvenir que l'on en conserve? Les gravures de Fr. Chauveau sont d'un dessin souvent assez négligé, et, pour que la pointe quelquefois pittoresque suppléât à cette incorrection, il faudrait admettre au moins quelque variété dans les compositions, variété totalement absente. Le plus souvent Fr. Chauveau, dans la force de son talent, n'aborda que la vignette; cependant il entreprit quelquefois aussi de graver de grandes planches d'après les maîtres italiens, et le *Triomphe de Bacchus* d'après Jules Romain, la meilleure pièce parmi celles-ci, est encore assez péniblement exécuté.

Jacques Blanchard était contemporain de Simon Vouet (Paris, 1er octobre 1600†1638). Le goût de la peinture lui vint, dit-on, d'un de ses oncles, Nicolas Bollery, peintre de Henri IV; mais, pour lui comme pour les autres artistes français de cette époque, il fallut aller en Italie passer quelque temps pour s'inspirer des œuvres des grands maîtres. C'est à Venise que J. Blanchard se créa réellement une manière personnelle; c'est de cette ville qu'il rapporta en France et son goût de dessin et sa couleur quelquefois fort heureuse. M. Robert Duménil décrit une eau-forte dont il attribue l'exécution à Jacques Blanchard; pour nous, qui n'avons pu rencontrer cette pièce, nous nous contenterons de passer en revue les graveurs qui s'attachèrent à reproduire les œuvres de cet artiste, et nous dirons qu'Antoine Garnier est parmi ceux-ci le plus fécond. Si Ant. Garnier consacra une grande partie de son temps à transmettre à la postérité les œuvres de J. Blanchard, on doit lui reprocher d'avoir négligé son dessin de telle sorte, que le dessin de Blanchard, par lui-même assez lourd et rond à l'excès, se trouve encore devenir moins supportable dans les estampes de Garnier. Au reste, la manière d'Antoine Garnier varie souvent : quelquefois cet artiste se laisse guider par un sujet qui lui convient, et parvient à exécuter avec un certain bonheur quelques estampes;

la *Charité* (R. D., 67) est une bonne estampe gravée dans le goût de François Perrier ou de Michel Dorigny, tandis que le *Christ en croix* (R. D., 9) est une estampe grossière et indigne d'un habile artiste. Il ne faut pas non plus demander à Antoine Garnier de donner aux physionomies des personnages qu'il grave une expression juste; ainsi la figure de la Vierge, dans la *Sainte Famille* (R. D., 14), est tout à fait vulgaire, et vulgaire à tel point, qu'il nous paraît impossible que J. Blanchard ait représenté la Vierge d'une façon si grossière.

Après Antoine Garnier, c'est Pierre Daret, dont nous avons déjà eu l'occasion de parler plusieurs fois, qui grava le plus grand nombre d'estampes d'après J. Blanchard; mais, au lieu d'employer l'eau-forte, moyen simple et expéditif, c'est uniquement au burin qu'il travaillait. Le peintre est intelligemment interprété, et la *Vierge découvrant l'enfant Jésus endormi*, une *Sainte Famille*, dans laquelle l'enfant Jésus donne une petite croix à saint Jean, et quelques autres pièces, assignent cette fois encore à Pierre Daret une place d'élite parmi les graveurs français. Cependant la *Chaste Suzanne*, gravée toujours d'après le même Blanchard, est exécutée avec une telle dureté et dessinée avec une rondeur si déplaisante, qu'il ne faut nullement mettre cette pièce au nombre des bonnes planches gravées d'après Blanchard. Il en est de même d'une suite de Muses, précédée de la figure d'Apollon, qui est signée *Daret exc.*, et qui nous semble en effet avoir été exécutée plutôt dans l'atelier de Daret que par Daret lui-même : Apollon a la tête haute et paraît chanter en jouant d'une sorte de violon; on lit au bas de la planche les vers suivants, qui sont placés à point pour apprendre que c'est Apollon que l'on a devant soi :

> Je suis ce Dieu sauant dont les grâces infuses
> A ceux que je chéris inspirent les beaux vers ;
> Ils ont par mon secours fauorables les Muses,
> Et leur nom est cogneu partout cet univers.

Si l'on veut avoir passé en revue les principales planches gravées par P. Daret d'après Blanchard, il faut encore parler d'une *Sainte Véronique*, gravée, sans aucun doute, par l'artiste encore jeune. Cette estampe, dessinée avec soin, est d'un aspect fort agréable ; la tête de la Sainte est heureusement réussie, et le graveur a ici dû corriger le peintre. Cette pièce est dédiée par l'éditeur Pierre Mariette à Jacob Goislard, *bonarum artium picturisque in primis amatori.*

En dehors des deux artistes que nous venons d'étudier comme s'étant attachés à interpréter les œuvres de Blanchard, nous ne saurions citer que quelques graveurs qui ne se sont appliqués que par occasion à reproduire les tableaux de cet artiste : Gilles Rousselet, avec son burin aigu, mais bien guidé, reproduit une *Vierge avec l'enfant Jésus ;* C. David, une *Sainte Catherine*, quelque peu niaise ; Jean Couvay, encore une *Vierge avec l'enfant Jésus*, dédiée à Jean Balesdens, avocat royal, grand protecteur des arts et ami de bon nombre de graveurs de cette époque. Le Mai de Notre-Dame, le *Saint-Esprit descendant sur les Apôtres*, inspira au Rémois Regnesson une gravure trop lourde et d'un dessin peu correct; Bloemaert représente *Joseph et la femme de Putiphar;* F. Poilly, une autre *Vierge avec l'enfant Jésus*, gravure d'un ton charmant et d'une expression élégante; enfin un artiste bien peu connu, De la Court, grava *Jupiter en pluie d'or visitant Danaé*, eau-forte rehaussée de quelques traits de burin et attaquée avec l'habileté d'un peintre.

Tandis qu'à Paris la gravure française prend, sous le règne de Louis XIII, une allure dégagée et tout à fait originale, un mouvement de renaissance se fait également sentir en province, et l'on voit de tous les côtés de la France surgir des artistes qui, à défaut d'un dessin bien pur, ont un genre à eux qui les doit faire, pour le moins, remarquer.

Parmi les artistes provinciaux, le plus fécond est, sans contredit, le Tourangeau Claude Vignon. Dessinateur incorrect et d'un goût douteux, Claude Vignon a une pointe qui n'est pas dénuée d'agrément. La *Prédication de Saint Jean* (R. D., 17) est une composition un peu théâtrale et même assez mal agencée, mais la gravure est fine et d'une couleur agréable. Le *Martyre de Saint André* (R. D., 20) est gravé dans un goût analogue et avec une adresse plus grande encore; il est vrai de dire que, si l'on ne connaissait de Claude Vignon que la suite des *Miracles de Jésus-Christ* (R. D., 3-15), on serait contraint d'être moins indulgent pour le peintre-graveur, car pas une des douze estampes qui composent cette suite n'est traitée avec l'habileté que nous notions dans les autres planches de cet artiste. On s'explique assez difficilement la vogue qu'obtinrent à leur apparition les tableaux de Claude Vignon. Un certain nombre d'artistes s'attachèrent à reproduire les compositions du fantasque Tourangeau : Grégoire Huret, J. Couvay, Falck, H. David et Abraham Bosse gravèrent à l'envi une quantité de planches d'après Vignon, planches, il est vrai, assez faibles, car l'œuvre originale était péniblement composée. Les amateurs de statistique apprendront avec plaisir que l'on grava, du vivant de Claude Vignon, un plus grand nombre d'estampes d'après lui qu'on ne l'avait fait pour deux artistes bien plus célèbres cependant et infiniment plus habiles, Nicolas Poussin et Simon Vouet.

Jacques Bellange, de Nancy (13 octobre 1594 † 1638?), que Basan traite bien sévèrement dans son *Dictionnaire des Graveurs*, mérite au moins d'être mentionné dans l'histoire de la gravure française. Son dessin, il est vrai, est mauvais et absolument dénué de goût; mais sa gravure, si l'on n'entend par ce mot que le procédé purement matériel, est tout à fait agréable, et, mis au service d'un dessinateur habile, un tel mode d'exécution eût produit des œuvres fort remarquables. Dans l'*Adoration des Mages* (R. D., 2), dans le *Portement de Croix* (R. D., 7), et surtout dans les *Quatre Jardinières* (R. D., 41-44) qu'Abraham Bosse copia, la gravure est d'un faire très-séduisant. C'est uniquement à l'eau-forte que grave J. Bellange; un trait largement conduit indique les contours des figures ou des objets, et un pointillé habile les modèle. Quant aux compositions de J. Bellange, elles sont aussi confuses que son dessin est étrange. Nous présumons qu'un *Ex-voto* (R. D., 12) doit être une des premières pièces gravées par l'artiste lorrain; nous trouvons, en effet, dans cette estampe un goût de dessin meilleur, et nous supposons que, placé à cette époque sous la dépendance d'un maître, Jacques Bellange avait encore conservé le souvenir de ses premières études, souvenir qu'il perdit absolument dans la suite.

C'est à Mantes que naît Pierre Brebiette, un des plus habiles *fantaisistes* du règne de Louis XIII. Avec un dessin presque aussi incorrect que celui de Jacques Bellange, mais avec une pointe plus essentiellement spirituelle, il composa et grava quelques planches qui ne sont pas dénuées de charme; certaines frises surtout, la *Peinture*, l'*Arithmétique*, la *Grammaire* et la *Musique*, sont imitées, de loin il est vrai, des frises antiques; mais, conçues à Rome, elles en conservent le souvenir. Il ne faut pas demander à P. Brebiette de traduire les grands maîtres italiens, sa pointe est alors tout à fait dépaysée et devient même indocile : une

Sainte Famille d'après André del Sarte, et une autre d'après Raphaël, sont d'un dessin tellement grotesque, que le modèle n'est plus reconnaissable. Brebiette eut le soin de nous conserver son image, et cette estampe est, sans contredit, la meilleure de son œuvre : l'artiste a l'œil piquant, la bouche fine et la physionomie d'un homme mordant et spirituel ; vêtu négligemment, il tient à la main un médaillon de sa femme, Louise de Neugermain.

A Toulouse, Hilaire Pader, membre de l'Académie royale, publie plusieurs ouvrages sur l'art et n'omet pas d'y répandre quelques eaux-fortes de sa façon. C'est le *Songe énigmatique de la Peinture parlante*, ouvrage bizarre et dans lequel il faut chercher longtemps pour trouver quelques faits ; puis une traduction assez libre du *Traicté des proportions du corps humain*, de J. P. Lomazzo, que Pader, *peintre et poëte tolosain*, orne de figures copiées d'après les originaux et du *Portrait de l'auteur* (R. D., 2). La gravure de ces planches, dessinées d'une façon assez incorrecte, est traitée finement et sans une grande expérience ; il faut cependant regarder la *Minerve* (R. D., 1) qui se trouve en tête de la *Peinture parlante* comme une œuvre plus estimable que beaucoup d'autres de la même époque.

Dans la même ville que Hilaire Pader, naquit un autre graveur, Jean Baron, qui passa la plus grande partie de sa vie à Rome. Nous avons classé cet artiste parmi les graveurs de Nicolas Poussin, à propos de la *Peste d'Azoth*, la pièce capitale de l'œuvre peu considérable de J. Baron. Une série de portraits de peintres italiens a été lourdement traitée par ce graveur, et le *Saint Romuald, fondateur de l'ordre des Camaldules*, gravé d'après André Sacchi, n'approche, ni par l'habileté du dessin, ni par la science du burin, de la *Peste d'Azoth*.

On est indécis sur le lieu de naissance de Pierre Scalberge, et, si nous classons cet artiste parmi les graveurs provinciaux, c'est que sa pointe nous semble avoir plus d'un rapport avec les eaux-fortes de quelques-uns des graveurs que nous venons d'étudier. P. Scalberge exécute quelques estampes d'après les maîtres italiens, et on remarque un certain sentiment dans la *Mise au Tombeau*, d'après Raphaël (R. D., 7), sentiment que l'on ne retrouve malheureusement pas dans les compositions de l'artiste. Ainsi, dans cette suite connue sous le nom de l'*Éducation de l'Amour* (R. D., 26-37), on voit aisément que Scalberge n'a aucune idée de la beauté féminine : Vénus est toujours grossière d'allure et tourmentée de mouvement, et le type de la tête est laid et sans grandeur. Quant à la *Statue de Marc-Aurèle*, représentée par P. Scalberge sous tous ses différents aspects en douze planches (R. D., 13-25), elle offre un intérêt plutôt aux archéologues qu'aux artistes; elle est bien inférieure, en tous cas, à la planche unique que grava Marc-Antoine Raimondi d'après cette œuvre antique.

Pierre Lemaire est bien né hors de Paris, mais si près, à Dammartin, qu'il faut encore avoir égard à son goût de dessin pour le ranger au nombre des graveurs provinciaux. Les seules estampes que nous connaissions, les seules aussi que M. Robert Duménil ait décrites, sont composées tout à fait dans le goût des œuvres de Claude Vignon, auquel elles sont d'ailleurs dédiées : c'est une *Histoire de Pâris* en quatorze pièces. Poussin, qui comptait au nombre de ses amis Pierre Lemaire, comme il nous l'apprend lui-même dans sa correspondance, n'eut certes aucune influence sur le goût de dessin de cet artiste; en effet, ces estampes, composées péniblement et dessinées d'une façon très-incorrecte, sont gravées assez faiblement.

Nicolas Chapron, né à Châteaudun, était aussi lié avec Nicolas Poussin, qui lui fit faire à Rome plusieurs copies d'après les maîtres italiens. Les estampes que l'on connaît de Nicolas Chapron n'offrent, lorsqu'elles sont composées par lui, qu'un dessin faible, mais elles sont traitées d'une pointe assez hardie : ainsi le *Vieux Silène* (R. D., 56), l'*Alliance de Bacchus et de Vénus* (R. D., 58), rappellent beaucoup le genre de gravure de Michel Dorigny, quoique le dessin soit moins précis. Mais, lorsque Chapron s'adresse à Raphaël et lorsqu'il publie les *Loges du Vatican* (R. D., 1-54), — et c'est l'œuvre importante de sa vie, — il devient et dessinateur plus correct et graveur moins pittoresque. En tête de cette suite, Nicolas Chapron s'est représenté assis, drapé dans un grand manteau, montrant du doigt le nom de Raphaël inscrit sur le piédouche qui soutient le buste du grand maître d'Urbin.

Nous terminerons cette série de graveurs provinciaux par un artiste né à Arles, en Provence, dont l'œuvre est aussi peu nombreux que peu connu Nicolas Delafage, *peintre du roi à l'aiguille*, comme il l'indique lui-même au bas d'une de ses estampes (R. D., 5), grava avec une certaine liberté d'outil un portrait de *Marie de Gonzague* (R., D., 4). Quant aux trois *Saintes Familles* gravées par le même artiste (R. D., 1, 2, 3), on ne peut guère y reconnaître qu'une pointe facile, car le dessin est d'un si mauvais goût, la gravure si négligée, que le juge le plus indulgent serait contraint d'être sévère.

Pendant le règne de Louis XIII, le nombre des graveurs est considérable, et il ne se passe guère un événement important sans qu'une estampe en consacre le souvenir. Crispin de Passe, Flamand d'origine, semble être venu en France pour célébrer le règne de Louis XIII : il grava, d'un burin agréable et moelleux, l'*Entrée du Roi en la ville de Reims pour son sacre*, le 14 octobre 1610, puis quelques allégories sur la fortune du cardinal de Richelieu. Un artiste bien peu connu, Héli du Bois, exécute, tout à fait dans le goût des estampes de Léonard Gaultier, l'*Entrée du Roi Louis XIII à Paris, le 30 octobre 1610*, et l'*Alliance donnée aux Vénitiens et aux députés du duc de Savoie par Louis XIII*. Le Polonais Legrain, qui signe souvent ses estampes *Zianko Polonus*, nous donne une représentation fidèle du *Carrousel donné à la place*

Royale les 5, 6 *et* 7 *avril* 1612, estampe que copie à son tour le graveur de Bâle, Mathieu Mérian. Louis Bobrun grava d'une pointe un peu maigre, mais nullement déplaisante, l'*Entrée du Roi Louis XIII et de l'Infante Anne d'Autriche* (R. D., 2). Si Crispin de Passe a formé des élèves, Tavernier en est certainement un; celui-ci signe : *Tavernier fecit*, une estampe représentant le *Roi faisant dire la messe en sa présence à Navarrins, le* 17 *octobre* 1620. Apparaissent à cette époque nombre de caricatures sur les Espagnols que l'on défait dans toutes les rencontres; chaque graveur du règne de Louis XIII a à se reprocher quelques-unes de ces planches satiriques. Le souvenir du *Mariage de Gaston de France avec la duchesse de Montpensier* (1628) nous est conservé par J. Picart, graveur au burin, dont nous avons déjà parlé; c'est le même J. Picart qui nous montre le roi Louis XIII et le cardinal de Richelieu partant pour le siége de la Rochelle dans une barque que conduit la Fortune. Parmi les planches sur le siége de la Rochelle, l'estampe immense de Jacques Callot est, sans contredit, la meilleure : après la Victoire paraît une série d'allégories flatteuses en l'honneur de la personne du Roi, qui est représenté presque toujours en dieu de la fable. A l'occasion de la *Prise de Cazal*, autres caricatures contre les Espagnols. En 1631, un édit sur la mode fait paraître une estampe gravée d'une pointe fine et spirituelle, que l'on attribue à Michel Dorigny : c'est la *Pompe funèbre de la Mode*. La naissance du

Dauphin entraîne naturellement avec elle une quantité énorme d'estampes qui représentent soit le *Dauphin présenté aux courtisans*, soit le *Vœu du Roi et de la Reine*, qui consacrent leur fils à la Vierge. Nouvelles planches pour la mort du cardinal de Richelieu et pour l'avénement du cardinal Mazarin. Enfin le roi meurt le 14 mai 1643, et Michel de Mathonière s'empresse de faire copier sur bois l'estampe de Briot, que nous avons mentionnée plus haut, et remplace Henri IV par Louis XIII. Abraham Bosse ne reste pas inactif pendant toute cette période; il grave même les meilleures et les plus curieuses estampes historiques de cette époque, et on ne doit pas omettre parmi celles-ci la *Levée du siége de Cazal* (15 mars 1629) (Cat., 1218), la *Bataille de Quiers*, gagnée par le comte d'Harcourt sur le prince Thomas et le marquis de Leganez (20 novembre 1639) (Cat., 1222), la *Réduction de Perpignan qui se rend au roi le 9 septembre* 1642 (Cat., 1229), quelques estampes sur les différents édits de 1633 et de 1634, et une planche où les Espagnols sont fort maltraités, la *Fortune de la France* (Cat., 1227).

Tandis qu'un assez grand nombre de graveurs s'attachent à reproduire les conquêtes des Français sous le règne de Louis XIII, trois artistes seulement, Claude Chatillon, Israël Silvestre et Gabriel Perelle, consacrent leur talent à nous conserver le souvenir des châteaux royaux et des palais. Claude Chatillon, le moins habile des trois, grava, d'un burin sec et pas toujours bien fidèle, la *Topographie française ou représentations de plusieurs villes, bourgs, places, etc.*, dont le mérite principal consiste dans la représentation d'un grand nombre d'édifices détruits ou transformés aujourd'hui ; les cinq planches importantes de ce recueil représentent l'*Hôpital Saint-Louis*, l'*Hôtel de Ville*, l'*Hôtel de Nevers*, la *Place Dauphine* et la *Sainte-Chapelle* telle qu'elle était encore en 1648, date de la publication de cet ouvrage par Jean Boisseau ; ces estampes semblent même gravées avec un soin tout particulier et ont, à elles seules, nécessité plus de talent que toutes les autres planches de cet ouvrage, fort recherché des archéologues.

Israël Silvestre a une pointe pittoresque qui rend avec une exactitude agréable et nullement aride nombre de châteaux royaux et de maisons particulières ; le dessin de ses planches est soigné, précis et tout à fait estimable. Aucun artiste n'a rendu avec autant de bonheur ces splendides habitations que la France possédait alors en grand nombre, ces jardins symétriquement plantés, ces parterres fleuris et ces allées droites, où les galants pouvaient difficilement éviter le regard du curieux. C'est tantôt une *Vue de Rambouillet, près la porte Saint-Antoine*[1], la propriété du beau-père de Tallemant des Réaulx, tantôt une vue de Nancy ou de Lyon, tantôt aussi un simple paysage

---

[1] Cat. de l'œuvre d'Is. Silvestre, par Faucheux, n° 143.

inventé par l'artiste avec la verve d'un peintre. Lorrain d'origine, Israël Silvestre emploie souvent dans sa gravure un procédé analogue à celui de son compatriote Jacques Callot ; les traits de sa pointe sont verticaux et ne sont coupés que rarement par des contre-tailles, les personnages microscopiques qui se promènent dans les parterres, et qui indiquent la proportion des monuments, sont exécutés avec liberté et finesse ; en un mot, les œuvres très-nombreuses d'Israël Silvestre ont, à quelques exceptions près, un agrément que les graveurs de topographie ont bien rarement su atteindre.

Moins pittoresque qu'Israël Silvestre, Gabriel Perelle est un graveur presque aussi fécond ; mais il est plutôt architecte que paysagiste. Les vues du *Palais-Royal*, des *Invalides*, des *Galeries du Louvre*, de l'*Assomption avec la porte Saint-Honoré* et du *Château de Versailles*, visent plutôt à une exactitude mathématique qu'à une interprétation agréable à l'œil ; celles-ci même seraient, croyons-nous, plus utiles aux artistes qui veulent restituer les édifices détruits que les œuvres de Silvestre ; mais, au point de vue de l'art du graveur, — et c'est surtout ce côté que nous avons le devoir d'envisager, — nous préférons en tout point la fine et spirituelle interprétation de Silvestre à la pointe, que le burin vient secourir quelquefois, dont se sert Gabriel Perelle.

CHAPITRE VII

LA GRAVURE SOUS LOUIS XIV. — CHARLES LEBRUN ET SES GRAVEURS:
GÉRARD AUDRAN, GÉRARD ÉDELINCK, ETC.
PIERRE MIGNARD, SÉB. BOURDON ET LEURS GRAVEURS.
LES GRAVEURS INDÉPENDANTS.
LES PORTRAITISTES. — LA GRAVURE EN MANIÈRE NOIRE. — LA
GRAVURE HISTORIQUE ET TOPOGRAPHIQUE. — LES
ORNEMANISTES. — LE CABINET DU ROI.

Nous entrons maintenant dans une période où la gravure est en France à son apogée; aux mains d'artistes du plus grand talent, elle prend bien vite la première place que les autres nations lui disputaient jusqu'alors, et nous attribuerions volontiers à l'influence du talent de Charles Lebrun cette supériorité incontestable.

Ch. Lebrun était fils d'un sculpteur en bois dont les œuvres sont aujourd'hui complétement inconnues; né à Paris le 22 mars 1619, il entra tout jeune dans l'atelier de François Perrier, atelier qu'il quitta bientôt pour suivre les leçons de Simon Vouet, le maître en vogue, et à treize ans les portraits de son père et d'un de ses oncles l'avaient fait ranger au nombre des petits prodiges. Voyant les dispositions de son jeune élève, Simon Vouet l'envoya étudier à Fontainebleau les peintures élégantes du xvi° siècle, et, après avoir passé deux ans à copier les chefs-d'œuvre rassemblés dans ce palais, Charles Lebrun revint à Paris, rapportant avec lui nombre d'études habilement faites et surtout une excellente copie de la *Sainte Famille* de Raphaël, connue sous le nom de la *Sainte Famille* de François Ier. Le chancelier Séguier, ayant eu connaissance des débuts heureux du jeune peintre, lui commanda plusieurs tableaux décoratifs, qui, une fois exécutés, furent soumis au jugement de Nicolas Poussin; le grand peintre applaudit, dit-on, à la facilité de composition de Ch. Lebrun, et, lors de son départ définitif de Paris en 1642, il emmena avec lui à Rome le jeune artiste, auquel il avait voué une véritable amitié. Lebrun séjourna quatre ans en Italie, étudia les chefs-d'œuvre de l'art antique, copia un grand nombre de tableaux des maîtres, et, avant de revenir à Paris, s'arrêta quelque temps à Lyon, où il exécuta plusieurs tableaux précieusement conservés aujourd'hui. La réputation avait précédé Ch. Lebrun dans la capitale, et, aussitôt qu'il eut mis le pied à Paris, les honneurs lui furent prodigués de toutes parts; chacun contribua de tout son pouvoir à le mettre à la tête de l'école, poste qu'il occupa avec honneur et dignité; il fut nommé tour à tour écuyer, sieur de Thionville, premier peintre du Roi, directeur des manufactures royales des meubles de la couronne aux Gobelins, et mourut le 12 février 1690, recteur de l'Académie de peinture et de sculpture, après avoir été directeur et chancelier de ce noble corps.

Charles Lebrun, comme presque tous les peintres de son temps, grava lui-même à l'eau-forte quelques planches; celles-ci ont un mérite plutôt de curiosité qu'une importance réelle au point de vue de l'art: aussi sommes-nous tout disposé à reconnaître une certaine habileté de main dans les *Quatre heures du jour* (R. D., 4-7), ainsi que dans l'*Enfant Jésus jouant avec les instruments de sa passion* (R. D., 1); mais nous devons avouer que Charles Lebrun aurait couru grand risque de demeurer inconnu, si ces estampes avaient été les seules œuvres sorties de sa main. Ces planches furent d'ailleurs gravées évidemment par le peintre alors qu'il était encore dans l'atelier de Simon Vouet: elles ont en effet toutes les qualités d'exécution que les graveurs de cette école possèdent à un si haut degré; mais, de même qu'elles ont ces qualités, elles ont aussi les défauts propres au maître, le manque de grandeur et l'absence de sentiment vrai. Nous apprécierons mieux Charles Lebrun en passant en revue les estampes gravées d'après ses tableaux, et personne ne nous donnera une plus juste idée du talent quelquefois un peu emphatique, mais toujours élevé, de Charles Lebrun que les œuvres du plus grand graveur d'histoire français, du Lyonnais Gérard Audran.

La famille très-nombreuse des Audran compta plusieurs artistes; nous en dresserons la généalogie : Adam Audran est le premier dont le nom nous soit conservé; il était maître paulmier à Paris; après celui-ci on trouve Louis Audran, officier de louveterie sous Henri IV, père de Charles et de Claude Ier.

Charles, qui a très-souvent signé ses ouvrages Karl Audran, était graveur; né à Paris en 1594, il étudia son art chez Bloemaert et chez Martin Greuter, et mourut à Paris en 1674.

Son frère Claude était aussi graveur; né à Paris en 1597, il fut élève de Charles, et mourut à Lyon le 18 novembre 1677, laissant trois fils : Germain, Claude II et Gérard.

Germain fut graveur et travailla dans l'atelier de Charles, son oncle; né à Lyon le 6 décembre 1631, il mourut dans la même ville le 4 mai 1710.

Claude II était peintre; né à Lyon le 27 mars 1639, il mourut à Paris le 4 janvier 1684; élève de son oncle Charles.

Gérard Audran est le plus célèbre de la famille et nous occupera plus bas.

Germain Audran, l'aîné des trois fils de Claude Ier, eut quatre enfants qui tous aussi se livrèrent à la carrière des arts.

Claude III, né à Lyon le 25 août 1658, mourut à Paris le 27 mai 1734; il était élève de Claude Gillot.

Benoît Ier, graveur, naquit à Lyon le 23 novembre 1661, et mourut près de Sens le 2 octobre 1724; il fut élève de Gérard Audran.

Jean, né à Lyon le 28 avril 1667, mourut à Paris le 17 juin 1756; élève de Gérard.

Louis, né à Lyon le 7 mai 1670, mort à Paris vers 1712; graveur, élève de Gérard.

Jean Audran eut trois fils, qui tous trois s'attachèrent encore à l'étude des arts du dessin. L'aîné, Benoît II, fut graveur : né à Paris en 1700, il mourut dans la même ville en 1772; le second, Michel, fut entrepreneur des tapisseries des Gobelins en 1763 et mourut vers 1771, et le troisième, Gabriel, graveur amateur, fut négociant dans les îles.

Enfin, de Michel Audran, fils cadet de Jean Audran, naquirent Benoît III, graveur amateur, et Pierre Gabriel, graveur amateur et professeur d'hébreu; ce dernier était né à Paris en 1744.

C'est le 2 août 1640 que Gérard Audran naquit à Lyon; entouré dès l'enfance d'artistes et d'œuvres d'art, il fut naturellement entraîné vers l'étude du dessin. Claude Audran put apprendre à son fils les premiers éléments de l'art, mais bientôt Gérard Audran devint plus habile que son maître et tenta de voler de ses propres ailes. Les premières estampes que nous ayons rencontrées de Gérard furent gravées en 1660, et, si elles ne sont pas encore traitées avec cette liberté magistrale dont il fit preuve plus tard, elles offrent cependant des qualités assez essentielles pour que l'on puisse déjà prévoir que Gérard Audran suit une voie qui doit le mener à bien. Après avoir longtemps étudié à Paris, le jeune artiste éprouva le besoin d'aller s'inspirer des œuvres des maîtres italiens; il partit donc en 1666, et, dès qu'il fut arrivé à Rome, il entra dans l'atelier de Carle Maratte, artiste bien peu propre à améliorer le goût d'un élève, et dont il sut soigneusement dans la suite éviter l'influence. Gérard Audran occupa tout son temps à étudier les statues antiques et les tableaux des maîtres; il acheva ainsi de se perfectionner dans l'art du dessin; quelques planches exécutées en Italie par G. Audran nous donnent bien la mesure du talent de cet artiste éminent. Le portrait de Jordanus Hilling est encore gravé uniquement au burin, mais avec un burin moelleux quoique brillant, et le dessin de la petite tête est tellement soigné, tellement fin et précis, que cette estampe peut être comptée parmi les meilleures de l'œuvre d'Audran. Quant à la *Vigne Sacchetti*, plafond peint par Pietro de Cortone et gravé à Rome en 1668 par Gér. Audran, c'est une planche tout à fait remarquable, préparée d'abord à l'eau-forte et renforcée dans quelques parties seulement d'un burin hardi qui précise les vigueurs sans alourdir aucunement le dessin. Les œuvres de Pietro de Cortone eurent l'honneur une autre fois encore de servir de modèle au célèbre graveur français; la *Galerie Pamphile* fournit à G. Audran l'occasion d'exécuter quatorze planches qui ne sont pas cependant à la hauteur de celles que nous venons d'indiquer; celles-ci, tracées uniquement à la pointe, furent terminées au burin d'une façon un peu lourde; aussi préférons-nous, pour donner la mesure du talent que Gérard Audran montra déjà en Italie, faire remarquer la science profonde déployée par l'artiste lyonnais dans quatre planches gravées d'après le Dominiquin, *David dansant devant l'arche, Judith montrant au peuple la tête d'Holopherne, Esther devant Assuérus,* et *Salomon faisant asseoir Bethsabé sur son trône.* Ces quatre estampes, les dernières sans doute que G. Audran exécuta à Rome, sont traitées avec la grandeur de dessin et la prodigieuse habileté d'outil que nous aurons l'occasion de signaler dans les *Batailles d'Alexandre.*

Lorsque G. Audran revint en France, Charles Lebrun mettait la dernière main à une des œuvres les plus gigantesques que le XVII° siècle ait produites : les *Batailles d'Alexandre* avaient été composées et peintes en quelques années; il s'agissait d'en perpétuer le souvenir et d'en populariser le mérite par la gravure. Gérard Audran, dont les œuvres exécutées à Rome étaient parvenues en France, fut choisi par Ch. Lebrun pour mener à bonne fin cette difficile entreprise; le Roi accorda au graveur un logement aux Gobelins, une pension et le titre de graveur ordinaire du Roi. Jamais, peut-être, artiste ne se montra plus digne d'une semblable distinction. Audran entreprit tout de suite et termina en six années la gravure des Batailles d'Alexandre : le *Passage du Granique,* 1672; la *Bataille d'Arbelles,* 1674; l'*Entrée d'Alexandre dans Babylone,* 1675; *Porus vaincu,* 1678. La gravure de la *Famille de Darius* avait été confiée à Gérard Édelinck. Quelques rares épreuves non terminées de ces planches nous font connaître les moyens qu'employait le graveur : le trait est d'abord indiqué à l'eau-forte avec cette sûreté de main qui est le privilége d'un grand dessinateur; une fois la planche avancée à l'eau-forte, l'artiste rehausse avec un burin moelleux, mais énergique, les parties qu'il veut accentuer, et, toujours attentif au dessin, il ne sacrifie jamais un des détails qui peuvent concourir à l'effet de son œuvre. Le burin et la pointe sont alternativement employés par lui et viennent au secours l'un de l'autre, comme les différentes teintes sous le pinceau du peintre. M. Gatteaux a écrit, à propos des *Batailles d'Alexandre*, quelques lignes pleines de goût, qui nous semblent trouver naturellement leur place ici; nous les extrayons d'une notice réimprimée en 1851 dans l'*Artiste* sous ce titre : *Considérations sur la gravure en taille-douce et sur Gérard Audran* : « ... Plus le travail est considérable, plus Gérard Audran a d'ardeur pour l'entreprendre; plus la tâche est pénible, plus ses forces redoublent; plus le modèle est varié, plus il est ingénieux dans le moyen qu'il emploie pour le copier. Aussi, ce qui eût occupé une grande partie de la vie d'un graveur ordinaire, il le fait en six années. Il sait donner le mouvement aux figures et aux animaux, la vie aux plantes et aux arbres; la lumière est répandue partout; vêtements, armures, accessoires de toute espèce, paysage, architecture, tout est rendu avec une convenance admirable; plus les objets sont divers, plus il trouve de ressources pour les imiter. Pour colorer, pour animer ses gravures, il n'a à sa disposition que le noir et le blanc, et cependant quel éclat et quelle variété dans les tons! Quelle force dans le mouvement des figures! Quelle énergie dans les expressions! Se servant judicieusement, et toujours facilement, de l'eau-forte et du burin, il sait, par des travaux ondoyants ou fermes, faibles ou vigoureux, obtenir des résultats que lui seul peut atteindre; il sait répandre sur tout cet immense ouvrage une telle harmonie, il sait si bien employer, mais cacher, toutes les ressources de l'art, que le spectateur enchanté oublie le peintre et le graveur pour ne plus voir que les grandes scènes qui se déploient à ses yeux... »

En même temps que les *Batailles d'Alexandre*, Gérard Audran exécutait quelques planches également belles d'après d'autres artistes que Ch. Lebrun; le *Pyrrhus sauvé*, d'après Nic. Poussin, valut au traducteur de cette œuvre admirable l'entrée à l'Académie le 31 mars 1674, et, le 21 novembre 1681, le titre le plus élevé que pût obtenir un graveur fut accordé à Gér. Audran : il fut nommé conseiller. L'œuvre de G. Audran, outre l'immense habileté qu'on y remarque, est aussi fort considérable. Il comprend, entre autres, d'après Raphaël, le *Buisson ardent*, planche d'un effet un peu lourd; d'après Eustache Lesueur, le *Martyre de Saint Gervais et de Saint Protais*, l'*Aurore* et le *Martyre de Saint Laurent*, trois estampes d'un goût exquis de gravure; enfin, d'après Pierre Mignard, la *Peste d'Égine*, et les *Plafonds du Val de Grâce* et de la *Chambre du Roi à Versailles*. Quelques statues du parc de Versailles par Michel Anguier, par Gaspard de Marsy et par Girardon, fournirent également à Gérard Audran l'occasion de faire de nouveaux chefs-d'œuvre, et quelques dessins de Raphaël, de Jules Romain, de Palme le Vieux, de Nic. Poussin et de Rubens, donnent la meilleure idée de la science de dessin de Gér. Audran, et parmi ces *fac-simile* il faut distinguer avant tous les autres le *Mariage de la Vierge*, d'après Poussin, et l'*Adoration des Mages*, d'après Palme. En 1683, Gér. Audran publia les *Proportions du corps humain mesurées sur les plus belles figures de l'antiquité*, livre exécuté avec un soin précieux et digne d'être consulté aujourd'hui plus fréquemment qu'il ne l'est. Gérard Audran mourut à Paris le 26 juillet 1703, laissant après lui un certain nombre d'élèves qui surent longtemps encore continuer la manière qu'il avait inaugurée d'une façon si glorieuse.

Après Gérard Audran, plusieurs graveurs, séduits sans doute par la manière de Ch. Lebrun, consacrent leur talent à multiplier les œuvres du premier peintre du Roi. Parmi ceux-ci, le plus fécond est, peut-être, Gilles Rousselet, graveur au burin et dessinateur expérimenté. Les estampes de Rousselet ne manquent pas d'une certaine harmonie, et la lumière distribuée savamment leur donne un aspect agréable; ainsi le *Christ mort veillé par un ange en pleurs*, et un *Christ en croix*, gravés d'après Ch. Lebrun, sont exécutés d'une façon très-habile, et on s'explique même difficilement comment le même artiste qui sait à ses heures mettre autant de charme dans ses estampes a pu graver d'une façon aussi sèche une *Sainte Famille* que l'éditeur Alexandre Boudan dédie à Élizabeth Turpin, et une autre *Sainte Famille* dans laquelle la Vierge, les mains jointes, contemple l'enfant Jésus tenant une feuille sur laquelle se trouvent des caractères hébreux. Dans ces deux estampes, que tout amateur délicat doit rejeter, Gilles Rousselet conserve encore son goût de dessin ordinaire, mais il semble ignorer absolument la dégradation des tons, et donne la même valeur à tous les objets. Quelques artistes contemporains, Jacques Stella et Philippe de Champagne, plusieurs peintres italiens, Raphaël, Titien et l'Albane, servirent de modèle à Rousselet; mais ici le graveur est moins à l'aise, il ne comprend pas assez complétement les beautés de l'art italien, et donne aux Vierges de Raphaël la physionomie des Vierges de Ch. Lebrun ou de Jacques Stella.

Gérard Édelinck mérite, ne serait-ce que pour la *Famille de Darius* (R. D., 42), d'être mis à la tête des meilleurs graveurs du règne de Louis XIV. Originaire de la Flandre, il semble avoir porté en France avec lui le secret de ce coloris éclatant que l'école flamande possède à un si haut degré; mais la supériorité de G. Édelinck sur la plupart de ses contemporains consiste surtout dans la scrupuleuse et intelligente science de son dessin. Sans être pour nous à la hauteur des

Batailles d'Alexandre de Gérard Audran, la *Famille de Darius* n'en est pas moins encore une œuvre admirable, bien supérieure même au *Saint Charles Borromée* (R. D., 29), au *Saint Louis* (R. D., 28), gravés par le même artiste d'après Ch. Lebrun. Ces dernières planches sont trop métalliques, et elles ont le tort d'avoir amené cette école, à la tête de laquelle se trouve Jean-Georges Wille. Dans la *Madeleine* (R. D., 32) au contraire, Gérard Édelinck reparaît avec cette ampleur de burin et ce dessin puissant que la *Famille de Darius* annonce; la taille est menée simplement, on ne remarque aucun de ces tours de force dont les graveurs de profession abusent trop souvent; l'œuvre de Lebrun est rendue sans prétention, et la gravure offre un charme égal à celui de la peinture originale. Ce ne fut cependant pas d'après un tableau de Lebrun que Gérard Édelinck grava son chef-d'œuvre; confiant dans son savoir, Édelinck s'adressa à Raphaël, et il grava la *Sainte Famille* de François Ier (R. D., 4) avec une habileté dont la France n'avait eu avant lui aucun exemple.

Là où Gérard Audran avait lui-même échoué, Gérard Édelinck sut réussir; le style si pur et si élevé de la *Sainte Famille* de François Ier impressionna tellement Gérard Édelinck, que cet artiste sut mettre absolument de côté son talent personnel pour se laisser guider par le chef-d'œuvre qu'il avait sous les yeux. Quittant la façon toute particulière à laquelle les œuvres françaises, reproduites par lui jusqu'alors, l'avaient naturellement accoutumé, Gérard Édelinck semble emprunter le grand goût de l'Italie pour multiplier l'œuvre sublime du peintre d'Urbin; il trace les contours qui lui sont indiqués par le maître avec un trait pur et scrupuleusement exact; le burin, docile au sentiment de celui qui le guide, vient à souhait servir le graveur, et, avec le secours unique du dessin, G. Édelinck parvient à indiquer selon leur véritable valeur tous les tons de l'œuvre peinte; l'expression des têtes n'a été ni changée, ni modifiée; en un mot, l'estampe de G. Édelinck d'après Raphaël, mise en parallèle avec le tableau du musée du Louvre, non-seulement soutient parfaitement le rapprochement, mais elle est digne, tant l'interprétation est exacte et intelligente, d'être regardée comme la reproduction la plus complète qui ait été faite jusqu'à ce jour d'un tableau de Raphaël.

A côté des compositions d'histoire que Ch. Lebrun enfante avec une facilité rare, il faut aussi faire mention de cette science de la décoration que personne, sans excepter même les peintres de Fontainebleau, ne sut mieux que lui mettre en pratique. Saint-André grava à l'eau-forte, d'une pointe grasse et savante, les décorations de la *Petite Galerie du Louvre*, et Ch. Simonneau exécuta, à l'eau-forte aussi, le plafond du *Grand escalier du Château de Versailles*. Ces deux artistes surent conserver dans leurs interprétations le caractère exact des œuvres originales, tout en faisant preuve d'une habileté bien personnelle : le premier, disciple de Gérard Audran, rappelle quelquefois son maître; le second, également élève du même artiste, mais élève attardé, reproduit avec un trait fin et docile le dessin qu'il a sous les yeux, dessin d'une richesse réellement extraordinaire; tous deux, en un mot, savent faire valoir l'œuvre qu'ils reproduisent, autant que l'œuvre elle-même les fait valoir.

Portraitiste aussi distingué qu'habile compositeur, Charles Lebrun peint presque tous les personnages illustres de son temps; il sait donner à la physionomie du *Roi*, du chancelier *Séguier*, de *Fouquet*, de *Colbert*, de *Mazarin*, de *Pomponne de Bellièvre*, de *Perrault* et d'*Israël Silvestre*, un caractère bien personnel, que Nanteuil, Édelinck et Van Schuppen nous transmirent soigneusement. A ses débuts, Ch. Lebrun ne dédaigna pas d'exécuter quelques figures comiques, telles que *Jodelet eschappé des flammes, Gros-Guillaume, Polichinelle, Pantalon, Briguelle* et *Trivelin*, types bizarres et curieux dont le souvenir eût pu se perdre sans les estampes qui en furent gravées par Gilles Rousselet ou Grégoire Huret. Bernard Picart et Folkema reproduisent au burin les célèbres tapisseries de l'*Histoire de Méléagre*, que Lebrun avait dessinées pour la manufacture des Gobelins, et I. H. Martin, dans une gravure au trait, nous fait connaître une première pensée, non exécutée, de Lebrun, pour les *Batailles d'Alexandre*, la *Bataille de Porus et d'Alexandre*. Enfin, c'est à Pierre Daret que nous devons les estampes exécutées, sans doute, d'après les premiers dessins de

Ch. Lebrun : l'*Aveugle de Smyrne*, la *Comédie des Tuileries* et la *Marianne, tragédie*, compositions simples et sagement disposées, qui rappellent les maîtres chez lesquels Ch. Lebrun étudia dans son enfance.

Si, pendant une grande partie du règne de Louis XIV, Charles Lebrun domina presque exclusivement l'art et les artistes, il eut cependant quelques rivaux, et Pierre Mignard prit un jour la place que Ch. Lebrun semblait avoir accaparée. Loin de nous la pensée de mettre sur la même ligne ces deux artistes ; nous reconnaissons parfaitement à Charles Lebrun une supériorité incontestable sur Pierre Mignard ; mais, cette supériorité évidente une fois constatée, il importe de dire quel fut le talent de Pierre Mignard et comment les graveurs surent interpréter les œuvres nombreuses qu'il produisait.

Le véritable maître de Pierre Mignard fut Simon Vouet ; on ne peut guère compter, en effet, un certain Jean Boucher, de Bourges, qui apprit uniquement au jeune homme, dont l'instruction lui était confiée, les premiers éléments du dessin. Après avoir fréquenté l'atelier de Simon Vouet, Pierre Mignard voulut aller à Rome étudier d'après les maîtres de l'art ; il séjourna vingt-deux ans en Italie, et ne revint en France que vers 1657. A son retour, il passa par Avignon, où il lia connaissance avec Molière, et par Lyon, où il laissa un certain nombre de portraits ; et, à son arrivée à Paris, il fut nommé directeur de l'Académie de Saint-

Luc; mais la mort de Lebrun, arrivée en 1690, permit à Mignard de se présenter à l'Académie royale, et, par une exception unique que son talent justifiait pleinement, il fut, le même jour, reçu académicien, professeur, recteur, directeur et chancelier. Cette haute faveur devait imposer à P. Mignard une tâche difficile, c'était de conserver une réputation que la *Gloire* du Val-de-Grâce, célébrée par Molière, et les plafonds de la *Petite Galerie de Versailles* lui avaient méritée; mais la mort vint le surprendre, le 13 mai 1695, alors qu'il mettait la dernière main à une esquisse pour la coupole de l'église des Invalides.

Nous avons dit que Mignard devait être regardé comme inférieur à Ch. Lebrun; nous nous expliquons. Si un talent peut-être égal de composition a été départi à ces deux artistes, et s'ils ont entendu tous deux avec un pareil bonheur l'art de la décoration, Mignard ne sut pas donner à ses figures une expression en rapport avec la majesté des sujets; il n'y a pas une tête, dans toutes les *Batailles d'Alexandre*, qui ne soit grandiose et majestueuse, tandis que, dans la coupole du *Val-de-Grâce*, plus d'une fois on s'étonne de trouver de l'afféterie, de la *mignardise*, là où l'on croyait trouver de la force et de l'âme. Arrivé après Nicolas Poussin et après Charles Lebrun, Pierre Mignard conserve encore un goût assez élevé qu'il emprunte à ses prédécesseurs, mais il n'a pas en lui les qualités nécessaires pour régénérer l'école; il tient le juste milieu entre la grande peinture d'histoire, que Lebrun représente si complétement, et la peinture vide, monotone et sans consistance que les Coypel vont inaugurer en France. Lorsque Mignard se trouve face à face avec la nature, il devient alors plus habile, et les portraits qu'il exécute se font remarquer par une véritable entente de la couleur et par un dessin précis, quoique un peu maniéré; mais, ici comme ailleurs, l'expression est trop sacrifiée, et un portrait dont la physionomie n'est pas caractérisée d'une façon bien déterminée court grand risque de perdre bientôt l'estime qui l'entoura à son apparition. C'est un peu ce qui arriva à Pierre Mignard : comblé de la fortune de son vivant, il fut bientôt laissé de côté après sa mort, et si l'on doit avouer que cette disgrâce fut trop sévère, il faut reconnaître aussi que les louanges dont il avait été l'objet étaient quelque peu exagérées.

Une seule gravure à l'eau-forte de Pierre Mignard nous est connue; elle a été décrite par M. Robert Duménil et a dû être exécutée par l'artiste alors qu'il était encore jeune : c'est une *Sainte Scholastique à genoux devant la Vierge*. Le dessin est insuffisant, la composition trop compliquée, et la gravure elle-même dénote une grande inexpérience; aussi la rareté, plutôt que le mérite, a-t-elle dû faire rechercher des amateurs cette estampe, qui n'ajoute rien à la réputation du peintre. Si P. Mignard ne sut pas se servir de la pointe avec habileté, quelques artistes se chargèrent de multiplier ses œuvres principales, et, parmi ceux-ci, le plus habile est encore Gérard Audran. Outre le plafond du *Val-de-Grâce* et les plafonds de la *Petite Galerie de Versailles*, G. Audran exécuta, avec sa façon large et puissante, la *Peste d'Égine*, une des compositions les plus soignées de Pierre Mignard. L'œuvre d'Audran, accomplie dans son genre, est supérieure, sans contredit, au tableau : une harmonie bien entendue donne à cette composition un aspect réellement sinistre, et l'expression de quelques physionomies a gagné à être rendue par G. Audran ; or c'est là une grande qualité du talent si élevé de cet artiste de savoir donner de l'unité aux tableaux qu'il grave, sans cependant s'écarter de l'œuvre originale qu'il a sous les yeux.

François de Poilly grava également, mais alors tout à fait servilement, un certain nombre de *Saintes Familles* et de *Vierges*, d'après P. Mignard : celles-ci, exécutées avec un burin propre et bien conduit, ont le mérite de refléter absolument les œuvres du peintre; aussi nous permettrons-nous de reconnaître aux estampes les mêmes défauts que nous signalions dans les tableaux, défauts dont il ne faut accuser que le peintre. Van Schuppen, Roullet, Jean Boulanger et Gagnière ont reproduit également la physionomie des peintures de P. Mignard; mais ils n'ont pas su toujours faire valoir suffisamment les qualités du peintre. Tous les grands burinistes du règne de Louis XIV, Gérard Édelinck, R. Nanteuil, Roullet, Trouvain, Van Schuppen, Ant. Masson, J. Lenfant, Vermeulen et Pitau, multiplient à l'envi les portraits de P. Mignard, et ceux-ci deviennent, avec l'aide de ces artistes, d'excellentes productions, productions d'autant meilleures qu'exécutées du vivant des personnages dont elles fixent les traits, elles ont pu être rendues plus parfaites par les graveurs, qui tous avaient une connaissance approfondie du dessin.

Sébastien Bourdon avait été, avec Charles Lebrun, un des douze anciens de l'Académie; il avait même, dès 1648, rempli les fonctions de professeur, et les œuvres peintes et gravées qui nous restent de cet artiste nous font aisément comprendre la distinction toute particulière dont il avait été l'objet de la part de ses contemporains. Né en 1616, Sébastien Bourdon, après avoir étudié, comme presque tous les artistes de son temps, dans l'atelier de Simon Vouet, partit pour l'Italie et visita Rome et Venise; il rapporta de ce voyage un goût de dessin qu'il faut définir : tantôt guidé par le charme de l'école de Parme, tantôt influencé par l'éclatante couleur vénitienne, quelquefois aussi singulièrement dominé par le génie profond de notre compatriote Nicolas Poussin, Séb. Bourdon exécuta des œuvres qui procèdent à la fois de Parmesan, de Castiglione et de l'école romaine comprise par Poussin; les compositions qu'il exécute sont sages et simples, ses personnages sont facilement groupés, mais le dessin est souvent indécis et quelquefois sent trop la convention; en un mot, Sébastien Bourdon, n'ayant pas en lui ce qu'il faut pour inventer, puise de tous côtés et exécute des œuvres sages, personnelles même, si l'on veut, mais manquant d'une originalité bien réelle. Les eaux-fortes gravées par Séb. Bourdon sont exécutées facilement, mais elles sont toutes trop semblables; il suffit, en effet, pour se faire une opinion sur le talent de Bourdon comme graveur, de connaître une seule de ses eaux-fortes. Ainsi, que l'on voie la *Fuite en Égypte* (R. D. 24) ou les *Œuvres de miséricorde* (R. D., 2-8), on est certain de noter la même sagesse de composition et la même finesse de pointe. Les graveurs, sans doute peu attirés par le talent de Séb. Bourdon, ne reproduisirent qu'un petit nombre d'œuvres de cet artiste; nous citerons cependant Van Schuppen, François de Poilly, Michel Natalis, J. B. Brebès, G. Rousselet et Guillaume Vallet; mais les gravures de ces artistes d'après Séb. Bourdon sont souvent faibles et même quelquefois assez indignes de la réputation de leurs auteurs. Samuel Bernard réussit cependant à rendre avec une couleur assez heureuse *Astyanax découvert par Ulysse* (R. D., 8). Sébastien Bourdon mourut à Paris, le 8 mai 1671; il était à cette époque Recteur de l'Académie de peinture.

Après avoir étudié la peinture dans l'atelier de Séb. Bourdon, Nicolas Loir se rendit à Rome et trouva, à l'école de Nicolas Poussin, des enseignements qui répondirent mieux à ses goûts; il s'attacha donc à imiter la manière de ce maître et semble même, dans ses estampes, avoir été l'élève de Jean Pesne, le plus habile graveur des œuvres de Nicolas Poussin. Tous les genres furent traités par Nicolas Loir, qui réussit également dans tous ses essais. Il grava uniquement à l'eau-forte, et ses gravures, d'une composition un peu sèche, sont exécutées avec simplicité. Une suite de *Saintes Familles* (R. D., 1-12) rappelle singulièrement la manière de Séb. Bourdon, mais il faut se souvenir que Séb. Bourdon fut lui-même élève de N. Poussin. Dans quelques ornements, Nicolas Loir trouve des agencements heureux et d'une sobriété fort élégante. Alexis Loir multiplie un grand nombre des œuvres de son frère Nicolas et a un talent analogue, talent qui consiste plutôt dans un dessin sage et distingué que dans une originalité bien tranchée.

A côté des artistes de génie qui occupaient au xviie siècle les premières places dans l'école française, se groupe toute une série de peintres habiles et consciencieux qui obtinrent de leur vivant des suffrages que la postérité n'a pas ratifiés. Le plus habile parmi ceux-ci est, sans contredit, le peintre Jacques Stella, chef d'une famille d'artistes et graveur plus audacieux que réellement savant. Né à Lyon en 1596, J. Stella eut de son temps une grande réputation comme peintre; il alla en Italie, à l'âge de vingt ans, et reçut du grand-duc de Toscane des encouragements et des commandes. Il se lia à Rome avec Nicolas Poussin, dont il imita la manière; et, revenu en France vers 1635, il fut présenté par le cardinal de Richelieu au Roi Louis XIII, qui lui donna une pension de mille livres, un logement au Louvre et le titre de peintre du Roi. Les œuvres de Jacques Stella sont généralement composées et exécutées avec soin, mais elles manquent souvent d'unité. On ne peut cependant adresser ce reproche à la suite de la *Passion*, gravée par Claudine Stella, qui, longtemps attribuée faussement à Nicolas Poussin, a été reconnue récemment pour être l'œuvre de Jacques Stella, car le grand goût de dessin de ces compositions justifiait pleinement cette attribution illustre[1].

Jacques Stella grava lui-même à l'eau-forte quelques planches qui ont pour mérite principal la rareté; en effet, on s'étonne justement de trouver dans les gravures d'un peintre d'histoire une préoccupation constante de la manière de Canta Gallina et de celle de Jacques Callot, si l'on ne réfléchissait que le *Sauveur descendu de la Croix*, 1637 (R. D., 1), et la *Cérémonie de la présentation des tributs au grand-duc de Toscane*, 1621 (R. D., 5), ont dû être gravés à Florence, alors que ces deux artistes jouissaient de la plus grande vogue. Si Jacques Stella ne donne pas dans ses estampes une idée juste de son talent arrivé à sa maturité, il eut le bonheur de trouver dans sa famille un interprète savant, fidèle et dévoué : Claudine Stella, dont nous

---

[1] Nous avions nous-même, dans la *Revue universelle des Arts*, affirmé d'une façon trop absolue que Nic. Poussin et non pas J. Stella était le véritable auteur de la *Passion*. Il parut dans la même Revue, quelque temps après, une réfutation concluante qui détruisait complétement l'opinion que nous avions émise d'après le goût élevé des compositions de J. Stella. Les épreuves anciennes et du premier tirage portent toutes le nom de Jacques Stella; on n'y a substitué qu'assez tard même, et probablement dans un but purement commercial, le nom de Nicolas Poussin.

avons déjà parlé plus haut lorsqu'il s'agissait de Nicolas Poussin, en même temps qu'elle multipliait les œuvres de ce maître, gravait avec un burin simple et harmonieux un grand nombre de compositions de son oncle Jacques Stella, et, parmi les meilleures planches de cette artiste, il faut compter le *Sommeil de l'Enfant Jésus*, les *Pastorales* et les *Jeux de l'enfance*, estampes où les qualités du peintre lyonnais apparaissent tout entières. Les Poilly, Gilles Rousselet et d'autres graveurs encore, tentèrent également de reproduire les œuvres de J. Stella, mais ils ne purent jamais saisir aussi heureusement que Claudine Stella les qualités essentielles du talent de J. Stella, la sagesse dans la conception et la sobriété dans l'exécution.

Nous ne saurions reconnaître aux œuvres de Louis de Boullongne le père l'élégance et la grâce que Félibien et Dargenville leur accordent; les quelques eaux-fortes que nous connaissons de cet artiste, la *Flagellation de Saint André*, d'après Paul Véronèse (R. D., 9), et une certaine *Artémise* (R. D , 12), du dessin même de Boullongne, dénotent une connaissance incomplète du dessin et une véritable inexpérience de l'eau-forte. Il en est à peu près de même d'un *Livre de portraiture* publié par Louis de Boullongne en 1648 (R. D., 14-39), livre que les artistes devront consulter avec méfiance.

Le talent de Michel-Ange Corneille a une malheureuse analogie avec celui de Louis de Boullongne; le dessin de ces deux peintres-graveurs est également lourd et dénué de charme, et si la façon de graver de M. A. Corneille est moins inexpérimentée, la différence n'est cependant pas facile à saisir. Les quatre compositions inspirées à Corneille par Raphaël : *Dieu apparaissant à Abraham* (R. D., 1), *Abraham quitte son pays et va en Chanaan* (R. D., 2), *Abraham délivre Lot* (R. D., 3), et les *Apprêts du sacrifice d'Isaac* (R. D., 4), rappellent singulièrement la manière de graver de Nicolas Chapron. Il ne suffit pas du reste de connaître ces estampes pour apprécier justement le talent de M. A. Corneille; la *Vierge offrant l'enfant Jésus à l'adoration de Saint Jean* (R. D., 14), et *Notre-Dame des Anges* (R. D., 24), planches dans lesquelles le burin vient en aide à l'eau-forte, sont exécutées avec plus de goût, et « pourraient, dit l'indulgent Wattelet, contribuer beaucoup à faire vaincre chez les graveurs la froideur que le mécanisme de leur art est capable d'inspirer. »

A en croire la signature *G. Cortese fe.*, que Jacques Courtois, dit le Bourguignon, met au bas de ses estampes, on serait tenté de le regarder comme Italien; mais, au goût de son dessin, c'est dans l'école française qu'il faut le classer, et dans la partie de l'école française la plus bizarre et la plus fantasque. Si, comme on le prétend, ce fut après avoir vu la célèbre *Bataille de Constantin* composée par Raphaël, mais exécutée par Jules Romain, que Jacques Courtois songea à s'adonner exclusivement aux tableaux de batailles, on doit s'étonner que la vue de ce chef-d'œuvre ait eu une aussi médiocre influence sur le dessin de cet artiste. On ne retrouve, en effet, dans la *Suite de Batailles* (R. D., 1-8) aucune des qualités du grand peintre romain, et, alors que chaque groupe de la *Bataille de Constantin* est dessiné avec précision et soigneusement étudié, la fougue seule, dans les estampes de Jacques Courtois, est estimable et mérite d'être remarquée.

De même que Jacques Courtois, Joseph Parrocel sait mieux donner le mouvement à ses figures que dessiner correctement. Chaque personnage pris isolément dans les eaux-fortes de J. Parrocel est incomplet et pourrait difficilement tenir sur les jambes; pris dans un ensemble, il vit, agit et se meut avec acharnement et vigueur. Ainsi, dans les *Quatre heures du jour* (R. D., 82-85) et dans les *Divers sujets de guerre* (R. D., 87-90), J. Parrocel peint l'action avec chaleur et arrive à passionner; ses cavaliers se battent bien, ses chevaux écumants sont réellement blessés et meurent encore pleins de vie. Dans les *Miracles de Jésus-Christ* (R. D., 41-80), au contraire, compositions habiles, mais d'un dessin presque nul, on sent l'artiste gêné dans son allure et voulant contraindre son talent essentiellement militaire pour aborder un moment la peinture religieuse, genre où la fougue est souvent déplacée.

C'est pour trois paysages gravés à l'eau-forte que nous plaçons ici Francisque Millet, imitateur de Nicolas Poussin et artiste du plus grand talent. Les trois estampes que M. Robert Duménil donne avec certitude à Francisque Millet sont gravées d'une pointe savante; la composition est heureusement disposée et la couleur superbe; faut-il ajouter aussi que ces gravures sont de la plus grande rareté et manquent aux plus riches collections? Outre les œuvres gravées par le peintre lui-même, un autre peintre-graveur, Théodore, semble avoir mis sa pointe au service de Francisque Millet. Élève de ce maître, nous apprend Florent le Comte, Théodore ne grava jamais que d'après Millet, et il sut rendre habilement les qualités de sage ordonnance que l'on remarque justement dans les œuvres du peintre. Cependant la façon de procéder de Théodore est souvent trop monotone, et les estampes qu'il grave ne rendent pas suffisamment l'effet du tableau de Millet, effet toujours juste et souvent imposant.

Simon Guillain, qui fut un des douze anciens de l'Académie de peinture, exécuta à l'eau-forte, pendant le voyage qu'il fit en Italie, un certain nombre de pièces d'après Annibal Carrache. Les *Cris de Bologne*, 1646, et la *Vie de san Diego* annoncent un artiste peu expérimenté qui n'a qu'une notion très-imparfaite du dessin. Il est vrai de dire que les originaux offerts au graveur étaient d'un goût douteux et d'une exécution souvent négligée; malgré cela, les estampes que S. Guillain nous a laissées sont encore très-inférieures aux dessins qu'il eut sous les yeux.

On a voulu voir dans le nom d'Albert Flamen une origine flamande, que M. Robert Duménil conteste avec raison en faisant remarquer que toutes les estampes de cet artiste furent publiées à Paris. En ayant égard au talent spirituel d'A. Flamen, on s'apercevra facilement que sa pointe vive et alerte n'a aucune analogie avec les eaux-fortes des maîtres flamands du xviie siècle. Le goût du dessin, le choix des sujets, des *Poissons de mer* (R. D., 415-450), des *Poissons d'eau douce* (R. D., 451-481), des *Oiseaux* (R. D., 389-414), ont pu induire en erreur; mais la façon libre avec laquelle sont gravées les vues du *Château de Longuetoise* (R. D., 524-535) et toutes les planches que nous venons de mentionner se rapproche de la gravure d'Israël Silvestre plus que d'aucune autre. Enfin, plutôt que d'établir un parallèle entre Albert Flamen et les maîtres flamands, nous préférerions indiquer l'analogie qui existe entre les œuvres de cet artiste et celles de Wenceslas Hollar.

Un artiste dont le nom est célèbre dans la curiosité, Jean Mariette, grava avec une pointe fine et souvent assez semblable à celle de Séb. Leclerc un grand nombre de vignettes qui devaient trouver leur emploi dans les livres publiés au xviie siècle. Le dessin de ces estampes est soigné, mais manque un peu d'ampleur. Dans les gravures exécutées au burin par Jean Mariette, cette mesquinerie de dessin se fait également remarquer; les tableaux qu'il reproduit ne sont d'ailleurs pas toujours d'un bien bon goût, et le nombre, relativement assez considérable, des planches qu'il grava d'après les Corneille et d'après Bérain, manquent de noblesse. Jean Mariette, en même temps qu'il pratiquait l'art de la gravure, faisait le commerce d'estampes, et on rencontre fréquemment son *excudit* au bas de planches publiées au xviie siècle.

Personne ne sut, en France, comme François Spierre rendre la peinture du Corrége, peinture suave et puissante à la fois, qui résume à elle seule toute une partie de l'art, la grâce. Élève de François de Poilly, Spierre se fit bientôt une manière à lui, qui était pleine de qualités. Dessinateur habile, mais dessinateur à la façon des maîtres de Parme, il arrivait à fondre les contours dans une ligne vaporeuse qui arrêtait suffisamment le regard pour lui permettre de comprendre l'objet représenté, mais qui ne l'absorbait pas tellement qu'elle l'empêchât d'embrasser l'ensemble de la composition. C'est, il est vrai, d'après la meilleure estampe de François Spierre, la *Vierge et l'enfant Jésus*, que nous portons ce jugement favorable; les nombreuses compositions de Pietro de Cortone et de Ciro-Ferri, que cet artiste multiplia, ne sauraient en effet donner une juste idée de son savoir. Autant le chef de l'école de Parme inspire le graveur lorrain (Spierre était né à Nancy en 1643), autant les peintures de la décadence italienne entravent son élan; le burin habile de François Spierre donne encore un résultat satisfaisant, mais le dessin de ces peintures, généralement pleines d'affectation, nuit aux estampes et empêche qu'on admire pleinement leurs qualités essentielles.

Dans le chapitre précédent, nous avons négligé à dessein de parler des graveurs de portraits, nous réservant de grouper ici cette série intéressante d'artistes qui, prenant la physionomie humaine comme but de leurs efforts, ont cherché, avant tout, à rendre l'esprit de leurs modèles. Un seul grand artiste en ce genre, d'ailleurs, eût dû trouver place sous le règne de Louis XIII, et nous avons préféré commencer par ce nom illustre la liste des portraitistes du xviie siècle.

Jean Morin naquit tout au commencement du xviie siècle, et fut élève, selon toute probabilité, de Philippe de Champagne, peintre flamand d'origine, mais devenu Français par le long séjour qu'il fit en France. Guidé dans ses études par un maître aussi savant, J. Morin dut promptement développer les facultés heureuses dont il était doué. Phil. de Champagne avait conservé de sa patrie cette couleur harmonieuse que l'on admire avec raison dans les œuvres des primitifs Flamands; il avait emprunté à la France l'expression élevée et la pensée, et, à l'aide de ces éminentes qualités, était parvenu à exécuter un vrai chef-d'œuvre, le portrait de la sœur *Catherine Agnès Arnauld*. (Livret du Louvre. — École flamande, n° 83.) Ce dessin précis, cette couleur sobre et lumineuse, cette entente de la physionomie, on les retrouve dans les estampes de Jean Morin. Le portrait du cardinal *Bentivoglio* (R. D., 43), gravé d'après Ant. Van Dyck, est, sans contredit, le chef-d'œuvre de l'artiste. Après avoir arrêté, par un contour fidèle, les traits caractéristiques du visage, J. Morin modèle les chairs avec une infinité de petits points obtenus au moyen d'un travail que l'eau-forte rend moelleux, procédé d'un emploi si difficile, qu'Ant. Van Dyck et J. Morin sont les deux seuls artistes qui soient parvenus à en tirer un parti satisfaisant. A côté de cet admirable portrait de Bentivoglio, il en est vingt autres que nous pourrions citer, qui sont traités avec une puissance analogue. L'imprimeur *Ant. Vitré* (R. D., 88), l'*abbé de Richelieu* (R. D., 85), *Marguerite Lemon*, maîtresse de Van Dyck (R. D., 62), *J. F. P. de Gondy* (R. D., 54), *N. Christyn* (R. D., 54), l'architecte *Lemercier* (R. D., 69), sont autant d'œuvres exquises dignes d'être mises à côté des estampes les plus célèbres. Moins heureux lorsqu'il grave des *Paysages* d'après Fouquière ou d'après Poëlembourg, J. Morin retrouve, dans quelques compositions, son prodigieux talent; une *Sainte Julienne* à genoux, priant devant un autel (R. D., 11), donne l'idée la plus juste du calme profond qui règne dans l'âme de la religieuse. Cette estampe, composée et gravée par J. Morin, serait digne en tout point d'être signée du nom bien plus célèbre de Philippe de Champagne. La *Vierge et l'enfant Jésus*, gravée d'après Raphaël (R. D., 14), quoique n'étant pas absolument dans le caractère du maître italien, mérite encore, à cause du charme de la gravure, d'être appréciée des véritables amis de l'art français; c'est une œuvre dont le seul tort consiste à avoir été traduite par un artiste doué d'un talent trop personnel et trop français. J. Morin mourut vers 1666, laissant après lui quelques élèves, pâles imitateurs de son talent : Alix, Nicolas de Plattemontagne et Jean Boulanger.

C'est pour le portrait de *Duvergier de Hauranne* (R. D., 5) que Jean Alix mérite d'être nommé; la physionomie de ce personnage est assez heureusement saisie, mais la gravure est ici plus faible que dans les œuvres les moins importantes de J. Morin. Alix recouvre le pointillé qu'il emploie de tailles qui alourdissent la gravure sans profit pour le dessin. Nicolas de Plattemontagne réussit mieux dans l'imitation des procédés de Morin, mais il demeure encore bien loin de son maître. Le portrait d'*Olivier de Castellan* (R. D., 21) est pourvu de grandes qualités de dessin; mais il est à regretter que la vie manque presque totalement à cette tête, qui devient alors banale. On pourrait en dire autant d'autres portraits gravés par Nicolas de Plattemontagne, tels que *Habert de Montmaur* (R. D., 24), le *cardinal de Bérulle* (R. D., 20), et le *prêtre irlandais Roger O'Moloy* (R. D., 28); quant au portrait de *Vincent Barthélemy* (R. D., 19), la physionomie est plus habilement exprimée, mais, en revanche, la gravure est sèche et monotone. Nicolas de Plattemontagne, neveu de J. Morin, avait été reçu académicien en 1668 et obtint le titre de professeur. Parmi les compositions qu'il grava, on ne peut réellement compter que le *Corps de J. C. dans le sépulcre* (R. D., 9), planche qui conserve, entre autres qualités analogues à Morin, la souplesse de l'outil. Cette ressemblance disparaît absolument dans la *Madeleine* (R. D., 11), et dans une *Allégorie* (R. D., 14) où Apollon semble venir en aide à une femme éplorée.

S'il faut admettre, avec quelques auteurs dignes de foi, que J. Boulanger fut élève de Morin, on est contraint d'avouer que c'est parmi les plus faibles qu'il le faut ranger. Comment reconnaître, en effet, un mérite quelconque dans les portraits de *Saint Vincent de Paul*, d'*Henri de Castille*, ou de *Henri de Laval*, portraits gravés à la pointe sèche avec la maladresse d'un débutant? C'est le fondateur du séminaire Saint-Sulpice, *Jacques Olier*, qui inspira à Jean Boulanger sa meilleure planche; encore le pointillé, employé systématiquement par le graveur, est-il d'un effet désagréable et fort éloigné du modelé si précis de J. Morin.

Quelques auteurs ont eu le tort, selon nous, de traiter trop légèrement Nic. Regnesson, en ne voyant en lui que le maître de Nanteuil et en n'examinant pas avec assez de soin les estampes exécutées par ce graveur. Nous avons à cœur de faire réparation de cette sévérité presque injuste; et, après avoir considéré attentivement l'œuvre de Regnesson, nous trouvons que l'artiste Rémois, dans ses portraits, exprime quelquefois la physionomie d'une façon très-heureuse, et que la gravure toujours soignée de ses estampes est souvent colorée et puissante. En effet, les portraits de *Voisin*, d'après Phil. de Champagne, de la *duchesse* de *Nemours*, d'après Fr. Chauveau, de la *princesse de Conti*, d'après Beaubrun, et de *Pierre Gargant*, du propre dessin de Regnesson, attestent une connaissance de la forme que l'on chercherait en vain à nier. Il est vrai que, si l'on ne connaît de Nic. Regnesson que les compositions qu'il grava d'après plusieurs maîtres, on sera contraint d'être sévère ; mais, après tout, Regnesson grava un plus grand nombre de portraits que de sujets d'autre sorte. Ces portraits, sagement dessinés, sont quelquefois très-heureusement réussis.

On croyait, récemment encore, connaître toutes les estampes dues au burin de Robert Nanteuil, lorsqu'une trouvaille inattendue[1] vint prouver aux amateurs de la gravure française que les débuts de Robert Nanteuil dans l'art de la gravure étaient presque absolument ignorés : découverte précieuse, puisqu'elle permettra de suivre Robert Nanteuil dans ses premiers travaux, incomplète cependant, puisque l'indication de ces estampes existe seule jusqu'à ce jour.

La date exacte de la naissance de Robert Nanteuil n'est pas connue ; Baldinucci le fait naître en 1618, M. Robert Duménil en 1630, et le *Mercure galant* dit qu'il mourut en décembre 1678, âgé de cinquante-cinq ans, ce qui ferait remonter sa naissance à l'année

---

[1] Voir *Magasin pittoresque*, octobre 1859, pages 521-525 ; l'article, de même que la découverte, est dû à M. Richard, conservateur-adjoint de la Bibliothèque impériale.

1623. Les registres de l'état civil de Reims pourraient seuls trancher cette question, restée jusqu'à ce jour indécise. Les essais de gravure de R. Nanteuil ne sont presque pas connus, et nous ajouterons qu'ils sont peu dignes de l'être ; en effet, le *Buste d'un religieux*, gravé en 1644 (R. D., 9), n'annonce guère le talent dont Nanteuil fit preuve dans la suite. Ayant commencé à graver pendant qu'il faisait ses études chez les Jésuites de Reims, Robert Nanteuil trouva plus de facilité lorsqu'il se plaça sous la dépendance d'un maître ; ce maître fut Nic. Regnesson. Il est probable que, sentant que l'étude approfondie du dessin était indispensable au graveur, Nanteuil s'adressa en même temps à un peintre pour apprendre de lui ce que Nic. Regnesson ne pouvait qu'imparfaitement lui enseigner.

Avant d'être arrivé à se former une manière personnelle, parfaitement originale, il est curieux de suivre R. Nanteuil dans ses tâtonnements et dans ses hésitations ; tantôt il cherche à imiter les estampes pointillées de J. Boulanger, comme dans les portraits des frères *Dupuis* (R. D., 89) ; tantôt il a la malencontreuse idée de vouloir singer la manière de Claude Mellan, et il grave presque à une seule taille les portraits de *Ch. Benoise*, 1651 (R. D., 38), et du comte *de Chavigny* (R. D., 66) ; quelquefois aussi, mais alors il est déjà en progrès, il se tourne du côté de Gilles Rousselet et grave, avec des procédés analogues à ceux de cet artiste, le portrait de *François de Clermont-*

Tonnerre, évêque de Noyon, 1655 (R. D., 68). Après avoir ainsi tenté d'imiter les procédés de quelques-uns de ses prédécesseurs, Nanteuil se sent assez maître de lui pour voler de ses propres ailes ; et, libre de toute école, libre par cela seul que son talent est mûr, il exécute un grand nombre de portraits qui n'ont pu être surpassés. Jamais emphatiques, toujours simplement posés et facilement agencés, les portraits gravés par R. Nanteuil se distinguent de tous les autres par un dessin fin et savant, par une expression toujours juste et tellement caractérisée, qu'il est impossible qu'elle ne soit pas sincère: *Pomponne de Bellièvre* (R. D., 37), *Gilles Ménage* (R. D., 188), le poëte *Jean Loret* (R. D., 150), le *marquis de Castelnau* (R. D., 58), *La Mothe Levayer* (R. D., 143), *Hon. Courtin* (R. D., 80), la *duchesse de Nemours* (R. D., 200), *J. B. Van Steenberghen* (R. D., 226), et vingt autres portraits, sont des chefs-d'œuvre que l'on ne saurait se lasser d'admirer; la physionomie est si vivante, les yeux et la bouche, parties du visage où résident particulièrement l'intelligence et l'expression, sont dessinés avec une telle justesse, que l'on doit s'associer pleinement à l'opinion des auteurs contemporains qui ont tous vanté la ressemblance des portraits faits par Nanteuil. Il y a certaines choses qui ne sont pas du domaine de la gravure, et les portraits grands comme nature, quelquefois même plus grands, nous semblent être dans cette catégorie. Malgré toute sa science de graveur, Robert Nanteuil n'a pu éviter d'indiquer les plans innombrables de la figure humaine avec des tailles, savamment fondues, il est vrai, mais trop apparentes cependant, et alors le travail, forcément visible, ôte à l'œil la possibilité de juger facilement la physionomie. Ce reproche s'adresse aux portraits de *Louis Boucherat* (R. D., 46), du *cardinal de Bouillon* (R. D., 52), d'*Hardouin de Péréfixe* (R. D., 214), et à quelques autres ; nous devons excepter de ce nombre les portraits de *Turenne* (R. D., 233) et de *Louis XIV*, dit aux pattes de lion (R. D., 161), qui, malgré leurs proportions énormes, possèdent les qualités que nous signalions dans les meilleurs portraits gravés par R. Nanteuil.

Outre l'estime que l'on doit à Nanteuil, comme artiste du plus grand mérite, l'art de la gravure lui doit encore une véritable reconnaissance pour le célèbre édit de Saint-Jean-de-Luz que Louis XIV rendit à sa sollicitation en 1660. Par cet édit la gravure était déclarée un art libéral, bien distinct des arts mécaniques, parmi lesquels elle avait été jusque-là injustement classée, et les graveurs, délivrés de la maîtrise qui entravait forcément leur verve, devenaient définitivement libres, et jouissaient, à dater de cette époque, des prérogatives attribuées aux autres artistes.

La signature suivante : *Dom. Tempesti, discipolo di Rob. Nanteuil dal vivo fece l'anno* 1680, que nous trouvons au bas du portrait de *François Redi*, indique un élève de Nanteuil inconnu jusqu'à ce jour aux biographes du grand artiste. Ce Dom. Tempesti apprit de Nanteuil tout ce qu'il est matériellement possible d'apprendre d'un maître, le dessin et le maniement de l'outil; mais la physionomie et le caractère bien personnel qui règnent dans les portraits du maître sont absents dans les deux estampes que nous connaissons de l'élève, le portrait de *François Redi* et une copie en petit du *Louis XIV* dit aux pattes de lion; les tailles sont, sans contredit, menées avec habileté, mais elles paraissent froides et rudes si on les compare aux œuvres de R. Nanteuil; enfin la physionomie, toujours si vivante dans les portraits du Rémois, manque chez l'Italien d'individualité.

Nous avons dit plus haut avec quel prodigieux talent Gérard Édelinck avait traduit un certain nombre de compositions grandioses; il nous reste à envisager ce graveur comme portraitiste et comme reproducteur de la figure humaine. Ici encore, nous ne craignons pas de le dire, Gérard Édelinck ne se trouve inférieur à aucun de ses contemporains.

Si jamais l'école flamande, — nous entendons ici l'école de gravure que P. P. Rubens avait suscitée, — eut une influence immédiate sur quelqu'un de nos artistes, c'est, sans contredit, sur Gérard Édelinck plus que sur aucun autre. Né à Anvers en 1640[1], il peut

---

[1] 1640 nous semble être, en effet, la date la plus probable, puisque le fils de Gérard Édelinck, Nicolas Édelinck, inscrit sur le portrait qu'il grave de son père : *Mort le 2 avril 1707, âgé de 67 ans.* Les dates de 1649 et 1627, données par quelques auteurs, doivent donc être rejetées.

cependant être mis au nombre des graveurs de l'école française, puisque l'Académie le regarda comme Français en l'admettant dans son sein, puisque d'ailleurs la plus grande partie des meilleures estampes de ce graveur furent exécutées en France d'après des œuvres françaises.

L'œuvre de Gérard Édelinck est d'une égalité telle, qu'il est bien difficile de dire avec certitude quelles sont les premières estampes sorties de son burin ; le graveur n'a pas pris soin de nous conserver par des dates précises les années pendant lesquelles il grava tel ou tel portrait, et c'est donc un peu au hasard que nous passerons en revue les principales estampes d'Édelinck. Le portrait de Madame *de Lavallière* (R. D., 237) doit cependant être classé parmi les premiers, et l'adresse de Montcornet, éditeur du règne de Louis XIII, semble nous autoriser à faire cette supposition. Outre cette preuve purement matérielle qui ne nous paraîtrait pas suffisante, nous reconnaissons dans cette estampe une inexpérience que nous ne retrouvons dans aucune autre pièce de l'œuvre d'Édelinck, pas même dans les faibles portraits de *Téniers* (R. D., 326), de *Durer* (R. D., 193), ou de *Jean Cousin* (R. D., 174). Dans ceux-ci, à côté d'une trop grande dureté de burin, on retrouve une main sûre, tandis que dans le portrait de Madame *de Lavallière*, l'inexpérience apparaît bien plutôt que la gêne. Les *Hommes illustres* de Perrault furent ornés de portraits presque toujours gravés par Gérard Édelinck ;

loin d'être exécutés un peu vite pour le commerce, ils sont au contraire finement gravés, et quelques-uns d'entre eux peuvent être regardés comme d'excellentes œuvres d'Édelinck : tels sont les portraits de *R. Nanteuil* (R. D., 282), de *Jacq. Blanchard* (R. D., 154), de *Guil. Duvair* (R. D., 194) et de *Jean Racine* (R. D., 302). Quant aux chefs-d'œuvre tout à fait hors ligne gravés par G. Édelinck, on les trouve dans les portraits de *Charles Lebrun* (R. D., 238), de *François Tortebat* (R. D., 328), de *Rigaud* (R. D., 303), de *Paul Tallemant* (R. D., 324), de *John Dryden* (R. D., 187), de *Fagon* (R. D., 200), de *Martin Desjardins* (R. D., 182), et surtout de *Phil. de Champagne* (R. D., 164). Il est impossible, en effet, de déployer une science de dessin plus complète, de donner à ses personnages un aspect plus frappant de vérité et de fondre dans une couleur plus harmonieusement riche les traits caractéristiques d'une figure humaine. Si nous accordons une place hors ligne aux portraits que nous venons de citer, nous serions injuste en ne mettant pas presque sur le même rang un certain nombre de petits portraits gravés avec une finesse exquise, qui, pour être moins importants, ont nécessité une science presque aussi grande ; du nombre de ceux-ci, petites merveilles de finesse et d'expression, sont les portraits de *Jean Hérauld* (R. D., 218), *J. Mascaron*, d'après Van Schuppen (R. D., 270), Madame *de Miramion*, d'après de Troy (R. D., 276), *Saint-Évremont* (R. D., 306), *Claude de Sainte-Marthe* (R. D., 308), *Françoise de*

Vassé (R. D., 334), et *Nic. Vérien*, d'après Jouvenet (R. D., 335).

Comparé à Robert Nanteuil, Gérard Édelinck obtient facilement le premier rang : chez ces deux artistes, le dessin est également précis, la physionomie aussi justement exprimée, la pose aussi heureusement choisie; mais la couleur, calme et douce dans les portraits de Nanteuil, est toujours plus riche dans les œuvres d'Édelinck. Nous croyons reconnaître dans G. Édelinck une organisation d'artiste plus complète que chez R. Nanteuil, organisation tout exceptionnelle qui lui donne rang parmi les maîtres. Gérard Édelinck mourut à Paris le 2 avril 1707; il avait été reçu académicien le 6 mars 1677 sur la présentation d'une *Thèse* dessinée par Charles Lebrun.

Plusieurs de nos plus habiles portraitistes du règne de Louis XIV nous viennent de la Flandre et doivent être compris dans ce travail uniquement parce que, arrivés fort jeunes en France, ils empruntent au goût français plus qu'ils n'apportent avec eux. Pierre Van Schuppen, né à Anvers en 1623, fut appelé en France en même temps que Gérard Édelinck, et, de même que ce grand artiste, aussitôt qu'il fut arrivé dans notre patrie, il modifia sa manière aiguë pour adopter un genre de gravure moelleux et séduisant. Quelques portraits, une *Sainte Famille*, gravée en 1653 d'après Gaspard de Crayer, une *Madeleine*, exécutée vers la même époque, d'après Jean Meyssens, nous donnent la mesure du talent de Van Schuppen tant qu'il reste dans son pays. Arrivé à Paris, il entre dans l'atelier de R. Nanteuil pour se perfectionner en même temps dans le dessin et dans la gravure; et il sort bientôt dessinateur plus habile et graveur plus expérimenté. C'est à cette époque que Van Schuppen se crée une manière personnelle qui mérite d'être singulièrement estimée pour son charme et sa simplicité. Tantôt confiant en son propre savoir, Van Schuppen dessine lui-même et grave *ad vivum* quelques portraits; tantôt il demande à Claude Lefebvre l'appui de son talent et grave d'après cet artiste les portraits de *Phil., duc d'Orléans*, de *Claude Bazin* et d'*Armand de Simianes*; mais le plus souvent il grave indistinctement d'après les œuvres de tous ses contemporains avec une habileté personnelle qui fait estimer pour eux-mêmes les portraits de la mère *Angélique Arnaud*, d'après Phil. de Champagne, de Madame *Deshoulières*, d'après El. Sophie Chéron, de *Van der Meulen*, d'après Nic. de Largillière, de *C. N. de la Reynie*, d'après P. Mignard, deux portraits du *cardinal Mazarin* et plusieurs du Roi *Louis XIV*.

Van Schuppen gagne beaucoup à être jugé comme portraitiste; cette science de la physionomie, cette douceur même de burin, ne se retrouvent plus dans les compositions qu'il grava; aussi reproche-t-on avec raison à la *Vierge à la Chaise*, d'après Raphaël (1661), à une *Sainte Famille*, d'après Jacq. Stella, et à une autre *Sainte Famille*, d'après Séb. Bourdon (1670), un dessin lourd et rond qui donne aux figures une expression niaise ; et le burin semble malaisé et rebelle, alors que dans les portraits il semble obéir sans effort à la volonté de l'artiste qui le guide.

C'est encore à la Flandre que nous sommes redevables de Nicolas Pitau, graveur Anversois, qui vint à Paris à peu près à la même époque que G. Édelinck et que Van Schuppen. Nous savons par une *Vierge et l'enfant Jésus*, publiée chez *Van Merle, rue Saint-Jacques à la ville d'Anvers*, que Pitau était arrivé à Paris avant 1659, et cette estampe assez faible nous permet de constater que le graveur, Anversois d'origine, acquit en France l'habileté réelle que dénotent ses portraits de *Benjamin Prioli*, de *Th. Bignon*, de *Jacques Favier du Boulay*, d'*Alexandre Petau* et de *Gaspard de Fieubet*. Ces portraits, qui se distinguent par une physionomie vivante et bien personnelle, sont gravés dans un goût analogue à celui de G. Édelinck ; ils sont uniquement au burin, et le travail brillant, sans être trop métallique cependant, annonce un coloriste rompu aux difficultés de son art. Nic. Pitau a de moins que G. Édelinck la prodigieuse facilité ; il atteint quelquefois, comme dans le portrait de *B. Prioli*, un résultat presque satisfaisant.

Si Pierre Lombart est né à Paris, et il faut se ranger à cette opinion émise par tous les biographes, il appartient encore à la classe des artistes que nous appellerons les imitateurs de Gérard Édelinck. A ses débuts, P. Lombart, qui a été élève de S. Vouet, conserve les procédés de son maître, et cherche à imiter dans ses gravures la manière de Grég. Huret et de Gilles Rousselet. Quittant la France brusquement pour se rendre en Angleterre, il apprend d'Ant. Van Dyck l'art de la couleur et de l'harmonie; mais, avant de pouvoir travailler librement, il livre son talent à un éditeur qui lui confie, concurremment avec Wenceslas Hollar, l'illustration d'un *Virgile (London, 1654, with annotations by J. Ogilby)*, tâche dont les deux artistes s'acquittèrent sans succès et comme à regret. Aussitôt que P. Lombart se met à graver quelques portraits, il fait preuve d'un savoir réel et travaille avec feu et dessine en vrai coloriste. Parmi les meilleures estampes en ce genre dues au burin de Pierre Lombart, nous devons compter les portraits de *Pierre Delaunay*, d'*Augustin de Servien* (1666), de *Philippe, duc de Savoie*, tous trois d'après de la Mare Richart, de *Jean de Gomont*, d'après J. Vanloo (1665, dernier juillet), de *Vincent Nevelet*, du Gazetier de Hollande *Lafond*, d'après H. Gascard, et les portraits à mi-corps des *principales dames d'Angleterre*, d'après Antoine Van Dyck.

S'il suffisait, pour être un excellent graveur, de dessiner correctement et d'exécuter avec le burin de véritables tours de force, Antoine Masson occuperait certainement une des premières places dans la gravure. Il est impossible, en effet, d'avoir montré une plus grande aisance dans le maniement du burin que ne l'a fait Masson dans plusieurs de ses portraits; mais est-ce bien là le but auquel doit viser le graveur? Masson dut, dit-on, à ses premières études chez un orfévre : cette préoccupation constante à montrer son habileté matérielle, et il faut lui pardonner en vertu de cette cause, tout en reconnaissant que les portraits de *Brisacier* (R. D., 15), de *Dupuis* (R. D., 25), du *comte d'Harcourt* (R. D., 34), de *Charles Patin* (R. D., 60), et de *G. Charrier* (R. D., 16), auraient singulièrement gagné à être exécutés plus simplement, comme le prouve le portrait d'*Anne d'Autriche* (R. D., 11), qui, gravé d'une façon sobre et moelleuse, mérite d'être regardé comme la meilleure estampe en ce genre produite par Ant. Masson. Non content d'être uniquement un portraitiste de talent, Masson sut prouver que son burin pouvait transcrire les compositions, et il grava, d'après Titien, les *Pèlerins d'Emmaüs* (R. D., 5), planche célèbre qui passe encore pour l'œuvre principale du maître. Nous retrouvons en effet dans cette estampe une plus grande sobriété de tailles, et, quoique le graveur ne puisse jamais oublier absolument qu'il a été orfévre, il maîtrise son burin autant que possible et parvient à rendre avec bonheur l'œuvre du grand coloriste; aussi sommes-nous disposé à nous ranger à l'opinion générale qui s'est accordée à dire que Ant. Masson ne fit jamais preuve d'un plus grand talent. Né à Louvry, près d'Orléans, en 1636, Antoine Masson mourut à Paris en 1700; il avait été reçu membre de l'Académie royale de peinture et de sculpture le 25 février 1679.

Il y eut à Abbeville, pendant tout le xviie siècle, une

sorte d'école de gravure qui vint tour à tour se fondre dans l'école Parisienne, et qui compta au nombre de ses plus illustres adeptes la famille des Poilly. Parmi ceux-ci, le plus habile fut François de Poilly, né à Abbeville en 1622, et mort à Paris au mois de mars 1693. Après avoir appris les éléments du dessin chez son père, artiste aujourd'hui absolument ignoré, François de Poilly vint à Paris dans l'atelier de Pierre Daret; un séjour de trois ans chez ce graveur le mit à même de travailler seul dans la suite. Après avoir publié quelques estampes, — la *Vision d'Ézéchiel*, d'après Raphaël, une *Sainte Famille*, d'après Jacques Stella, et d'autres encore, — Fr. de Poilly songea en 1649 à aller à Rome se former le goût à l'école des grands maîtres; il ne revint en France qu'en 1656, et, devenu maître à son tour, il eut pour élèves Nicolas de Poilly, son frère, Gér. Scotin, J. L. Roullet, et même Gérard Édelinck, qui, après avoir étudié dans sa patrie sous Corneille Galle, vint se perfectionner chez lui. Nous avons dit ailleurs avec quelle scrupuleuse exactitude Fr. de Poilly reproduisit les compositions de ses contemporains; ici nous ne nous occuperons que des portraits : ceux du roi *Louis XIII*, d'*Anne d'Autriche* et du *duc d'Anjou*, ressemblent singulièrement encore aux gravures de P. Daret : ils sont d'ailleurs publiés par l'éditeur habituel de cet artiste, Balthasar Montcornet. Le portrait du pape *Alexandre VII*, gravé à Rome (*Franc. Poilly, sculp. Romæ*), est lourd et d'un dessin insuffisant; tandis que l'on trouve un charme réel dans les portraits de *Louise de Prie*, gouvernante des enfants de France, d'*Abraham Fabert*, d'après L. Ferdinand, de *Talon* et de *Pierre de Fermat*, portraits gravés sagement et qui, outre leur qualité essentielle de ressemblance, se distinguent encore par la finesse de l'expression et le charme de l'exécution. François de Poilly fut un jour coloriste ; c'est lorsqu'il grava d'après Phil. de Champagne le portrait de *Bignon*, 1664 ; il sut transporter sur son estampe le sentiment élevé de la couleur que Champagne avait inscrit sur la toile.

Nicolas de Poilly naquit à Abbeville quatre ans après son frère François, en 1626 ; il étudia dans la maison paternelle et grava tout à fait dans le goût de François de Poilly. Son dessin est également correct, son burin aussi docile, mais il manque à ses portraits l'expression et la vie ; cependant quelques-uns d'entre eux furent plus heureusement réussis, tels que *Louis XIV*, d'après Nic. Mignard, *Noël de Bouillon*, d'après Phil. de Champagne, et le *cardinal Mazarin*, encadré dans une allégorie. Nicolas de Poilly mourut à Paris en 1696 et laissa un fils, Jean-Baptiste de Poilly, qui s'écarta complétement du genre de gravure adopté par son père et par son oncle : il préparait ses planches à l'eau-forte et les terminait au burin ; mais ce procédé, qui avait été si merveilleusement employé par Gérard Audran, devint, entre les mains de J. B. de Poilly, lourd et sans valeur [1].

[1] L'Abbevillois Robert Hecquet publia en 1752 un Catalogue de l'œuvre

De même que François et que Nicolas de Poilly, Jean Lenfant naquit à Abbeville et apprit dans cette cité les premiers éléments de l'art du graveur. Dès son arrivée à Paris, il entra dans l'atelier de son compatriote Claude Mellan, et exécuta sous la direction de cet artiste un assez grand nombre d'images de piété qui n'auraient certainement pas suffi à conserver son nom, si quelques portraits gravés soigneusement en dehors de l'atelier n'avaient témoigné de son goût et de son savoir. Jean Lenfant était peintre en même temps que graveur, et il grava plusieurs portraits d'après des pastels faits de sa main, entre autres le portrait du sculpteur *Nicolas Blasset*, estampe sagement conçue et agréablement traitée. Les portraits de *Loménie de Brienne*, d'après Ch. Lebrun, 1662, de *Fresnel*, 1665, et de *Nicolas Martineau*, 1666, donnent également une idée juste du talent de J. Lenfant, talent que l'on peut définir en disant que les estampes de ce peintre-graveur sont l'expression exacte de la gravure d'un pastel, par sa nature vaporeux et fragile. Les figures de J. Lenfant sont modelées avec douceur, et les contours, arrêtés faiblement, sont indiqués avec un trait indécis que vient fondre une lumière bien distribuée et donnant une harmonie parfaite. On trouve souvent au bas des portraits gra-

---

de F. de Poilly, auquel nous n'avons pas cru devoir renvoyer, parce que, les mêmes numéros se trouvant répétés plusieurs fois, la recherche eût été pénible et souvent d'aucun profit.

vés par J. Lenfant un monogramme formé d'un L. et d'un J. enlacés.

Encore un portraitiste picard, mais celui-ci sera le dernier ; il naquit à Montdidier vers 1666, et il s'appelait Antoine Trouvain. Huber et Rost veulent reconnaître à son talent une certaine analogie avec celui de Bernard Picart ; or il nous est impossible de nous ranger à cette opinion. Nous trouvons une bien plus grande ressemblance entre le talent de Trouvain et de Gérard Édelinck, et nous croyons ainsi, d'ailleurs, mieux honorer l'artiste picard. C'est, en effet, une œuvre vraiment superbe que le portrait d'*Armande de Lorraine d'Harcourt*, abbesse de Soissons ; si les vêtements ne sont pas traités avec une grande habileté, la physionomie, partie importante dans un portrait, est dessinée avec cette sûreté de main et cette fierté de couleur que nous admirions dans les plus beaux portraits de Gérard Édelinck. Souvent moins heureux, il est vrai, Ant. Trouvain exécute des planches uniquement destinées au commerce ; celles-ci manquent de vigueur et ne sont pas suffisamment harmonieuses ; on les oublie bien vite heureusement, si l'on fait attention aux œuvres tout à fait sérieuses de cet artiste, parmi lesquelles nous rangerons encore le portrait du peintre *René-Antoine Houasse*, portrait qui valut à son auteur le titre d'académicien.

Jean-Louis Roullet, né à Arles en 1645, vint de bonne heure à Paris et apprit les premiers éléments de l'art chez Jean Lenfant ; il passa de là dans l'atelier de François de Poilly, et ce fut à ce dernier artiste qu'il emprunta surtout sa manière de graver, quelquefois assez harmonieuse, mais trop souvent aussi timide et inquiète. En effet, les portraits de *Lully* et du marquis de *Beringhen*, d'après P. Mignard, de *Cam. Letellier*, d'après Largillière, et de *Hil. Clément*, manquent d'énergie et n'ont pas cette personnalité bien déterminée que l'on admire une fois seulement dans un portrait de Roullet, dans celui de *J. Chaillou de Thoisy*, d'après Car. Gerardin. Parmi les compositions gravées par Roullet, la plus importante représente les *Saintes femmes au tombeau du Christ;* cette estampe, dessinée avec soin, rend heureusement le tableau bien connu d'Annibal Carrache, et, malgré la malheureuse tendance de Roullet à prendre pour modèles les œuvres de la décadence italienne, il est impossible de ne pas reconnaître à cet artiste une véritable facilité à s'identifier avec les tableaux qu'il reproduit. Jean-Louis Roullet mourut à Paris en 1699.

Deux artistes qui acquirent comme peintres une réputation méritée, Louis Ferdinand et Claude Lefebvre, s'adonnèrent également à la gravure des portraits. Louis Ferdinand, qui naquit à Paris vers 1630, avait eu l'honneur d'être un des maîtres de Nicolas Poussin, et il voulut nous conserver les traits de son illustre élève. Poussin est vu de profil et a une figure pleine et encore jeune; une légère moustache abrite la lèvre supérieure du grand peintre, et la physionomie pensante de l'auteur des *Sept sacrements* est bien exprimée. Cette planche, sans contredit inférieure aux deux portraits du même personnage gravés par Jean Pesne, mérite cependant d'être appréciée; elle nous fait connaître Nicolas Poussin à un âge où les travaux immenses qu'il termina avec un si grand génie n'avaient pas encore couvert de rides son noble front. Le *Portrait de femme* gravé d'après Ant. Van Dyck, par L. Ferdinand, est peut-être plus agréable comme gravure que le portrait de Nic. Poussin, mais il n'est peut-être pas assez puissant pour rendre l'éclatante couleur de l'original. Outre ces deux portraits, on connaît encore de L. Ferdinand le *Livre de la portraiture pour la jeunesse, Paris, Langlois dit Ciartres*, 1644, ouvrage que les artistes consulteraient encore aujourd'hui avec fruit.

Claude Lefebvre grava trois portraits à l'eau-forte avec la verve qu'il apportait dans l'exécution de ses tableaux; *sa propre image*, exécutée largement et à grands traits, a une allure franche et dégagée, à laquelle nous ne pouvons comparer que les plus belles eaux-fortes d'Ant. Van Dyck; la vie règne dans les yeux, la parole est sur les lèvres, et le peintre s'est représenté avec une telle vérité, que la ressemblance est certaine. Il faut encore ranger parmi les meilleurs portraits gravés au XVIIe siècle, à cause de leur dessin expressif, ceux de l'imprimeur parisien *Alexandre Boudan* (R. D., 2) et du médecin *Charles Patin* (R. D., 3); exécutés avec moins de verve, ils possèdent cependant des qualités fort louables, une physionomie bien exprimée, et un caractère tout à fait personnel. Claude Lefebvre, né à Fontainebleau, fut élève d'Eustache Lesueur et de Charles Lebrun; il mourut à Paris, âgé de quarante-deux ans, en avril 1675, le jour de Saint-Marc. Gérard Édelinck, Van Schuppen, Nic. Pitau, Sarrabat et Jean Lenfant gravèrent un assez grand nombre des portraits qu'il avait peints avec cette puissante harmonie dont il semble avoir emprunté le secret à la Flandre.

Moins heureux que les artistes que nous venons de citer, René Lochon, né à Poissy vers 1636, exécuta, avec un burin dur et nullement pittoresque, un grand nombre de portraits bien peu dignes d'être étudiés. Si l'on excepte, en effet, quelques planches gravées par R. Lochon dans le goût de J. Lenfant, tels que les portraits de *Balt. Phelypeaux*, de *Louis Messier* et de *Salmonetus*, d'après P. Mignard, on devra avouer que le plus souvent son dessin est insuffisant et sa gravure grossière et inexpérimentée.

Nicolas de Larmessin dut certainement tenir atelier; il est impossible, en effet, d'admettre qu'un seul artiste ait pu exécuter dans son existence un nombre aussi considérable de planches que semble l'indiquer ce nom placé au bas d'une multitude de portraits gravés par différentes mains, mais uniquement retouchés par le maître de l'atelier. Les portraits au bas desquels se trouve la signature de Nic. de Larmessin sont, d'ailleurs, dénués presque toujours d'originalité et manquent absolument de caractère.

Les uns regardent Balthasar Montcornet comme un graveur, les autres comme un simple éditeur employant à son service un certain nombre d'artistes de son temps. Nous nous rangeons volontiers à cette dernière hypothèse, qui nous paraît la plus plausible, et nous pensons qu'il est inutile de s'appesantir sur les portraits publiés par ce marchand, attendu que, le plus souvent, ils sont copiés d'après des originaux connus dont ils ne se sont approprié aucune des qualités.

La plupart des portraits publiés par Balthasar Montcornet passèrent ensuite dans la boutique de Louis Boissevin, autre éditeur du règne de Louis XIV; l'adresse du marchand fut seule changée, et le travail du graveur, disparaissant de plus en plus à chaque tirage, fut bientôt réduit à néant; quelques manœuvres furent alors chargés de retoucher les planches détériorées par le tirage, et c'est ensuite chez Odieuvre, et enfin chez Desrochers, que les portraits, publiés originairement chez Montcornet, furent utilisés pour la dernière fois.

Ce fut pendant les années 1641 ou 1642 que la gravure en manière noire[1] fut inventée par Louis Sie-

---

[1] Pour graver en manière noire, on prend une planche de cuivre ou d'acier planée bien également, sur laquelle on passe, en le balançant bien également aussi, un instrument nommé *berceau*, outil de forme demi-circulaire ayant à une de ses extrémités une infinité de petites as-

gen de Sechten[1]; celui-ci exécuta à Cologne sa première planche, et passa ensuite à Bruxelles ; il se lia d'amitié, dans cette dernière ville, avec le prince Rupert, grand protecteur des arts, et c'est dans cette ville aussi qu'il confia à son illustre ami le secret de son invention. Le prince Rupert, voulant s'essayer dans ce genre de gravure, attacha à sa personne le graveur Vallerant-Vaillant, artiste français de naissance, — il était né à Lille en 1623, — mais tellement Flamand par le goût, qu'il nous paraît difficile de le compter au nombre de nos compatriotes.

La gravure en manière noire fut quelque temps avant d'être exercée en France ; mise en usage par un artiste flamand, elle demeura longtemps dans le pays

---

pérités. Lorsqu'au moyen de ce *berceau* on a obtenu une surface uniformément veloutée, à l'aide d'un *racloir*, on aplanit les parties que l'on veut voir apparaître en lumière, et on use plus ou moins les aspérités, selon que l'on veut obtenir des parties plus ou moins claires.

[1] Depuis que ces lignes ont été écrites, on a découvert une fort curieuse série d'estampes qui viennent jeter un jour nouveau sur l'origine de la gravure en manière noire. On lit sur la première planche d'une suite qui représente le Christ et les douze apôtres : *Adm. Reuer. in chro Patri ac D. D. Antonio celeberr. Monaster. ad S. S. Crucem Aug. Vind. Præpo⁰ digniss⁰ 1⁰ Insul⁰ dno suo clem. has Chri. opt. max. et S.S. Apostol. effig. nouo hoc in ære typi genere efform^{us} obseru. ergo D. D^t Franciscus Aspruck. B. 1601.* La date est certaine, et l'auteur, en annonçant ces planches, gravées *dans un genre nouveau*, semble tenir à faire connaître qu'il est l'inventeur de la gravure en manière noire. Nagler (*Kunstlexicon*, I, p. 176), et, après lui, Ch. Leblanc (*Manuel de l'Amateur d'estampes*, I, p. 61), avaient mentionné ces estampes sans les avoir vues. Le Cabinet des estampes de Paris en a fait récemment l'acquisition, et chacun peut maintenant vérifier lui-même les débuts d'un art dont on assignait jusqu'à présent l'origine à l'année 1641.

qui l'avait enfantée, avant d'attirer l'attention des artistes français et avant d'exciter leur émulation, et ce fut Isaac Sarrabat qui osa, un des premiers en France, aborder cette manière jusqu'alors inusitée. L'audace dont il fit preuve lui réussit; à un dessin plus agréable que réellement distingué il joignait une couleur harmonieuse. Le *portrait du graveur Étienne Gantrel*, d'après Largillière (R. D., 22), l'*Adoration des bergers*, d'après L. Herluyson (R. D., 1), et les portraits du marquis *de Praslain, G. J. B. de Choiseul*, d'après H. Rigaud (R. D., 17), et d'*Alexandre Boudan* (R. D., 16), sont peut-être les meilleures estampes de l'œuvre considérable d'Isaac Sarrabat. La manière noire, par son essence même, court grand risque d'être peu harmonieuse et monotone si elle est confiée à des artistes médiocrement expérimentés, et il faut savoir gré à I. Sarrabat d'avoir réussi à lui conserver le rang élevé que l'inventeur, Louis Siegen, lui avait assigné dès l'origine.

Après les estampes gravées par I. Sarrabat, on trouve dans le précieux recueil connu sous le nom de *Cabinet Boyer-d'Aguilles*, un assez grand nombre de gravures exécutées avec ce procédé. Le propriétaire même de la collection, M. Boyer-d'Aguilles, outre quelques gravures au burin, s'essaya aussi dans la manière noire, et M. Robert Duménil décrit plusieurs estampes traitées par ce graveur amateur avec un talent réel. La meilleure des planches en ce genre que nous ayons notée est un *Saint Jean-Baptiste*, d'après

Manfredi (R. D., 6), gravure harmonieuse et d'une agréable correction. Mais dans cette publication du cabinet Boyer-d'Aguilles, publication dont les exemplaires anciens sont d'une grande rareté, il faut surtout remarquer les estampes de Sébastien Barras, artiste provençal auquel M. Boyer-d'Aguilles avait confié le soin de peindre plusieurs plafonds de son hôtel. On ignore aujourd'hui quel fut le maître de cet artiste, mais nous présumons qu'ayant voyagé assez jeune, Sébastien Barras vint à Paris, et, arrivant à l'époque où la découverte de Louis Siegen venait d'être connue, c'est dans la capitale qu'il apprit les premiers éléments de cet art. Quoi qu'il en soit, et quel que soit le maître de Barras, celui-ci mérite une place honorable dans l'histoire de la gravure française; il sut dans ses gravures rendre habilement la manière des peintres dont il reproduisait les œuvres, et, mis en parallèle avec Jacques Coelemans, graveur Anversois établi à Aix, il est presque toujours supérieur pour le dessin, et même pour la gravure, à l'artiste d'origine étrangère. *Jacob et Laban*, d'après Michel-Ange de Caravage (R. D., 16), *Lazarus Maharkysus*, médecin Anversois, d'après Ant. Van Dyck (R. D., 34), le *Chirurgien de village*, d'après D. Téniers (R. D., 20), donnent fort bien l'idée de ce talent flexible et surtout harmonieux. Soit que les planches en manière noire de Séb. Barras aient été gravées trop légèrement, soit qu'elles aient été détruites, M. Boyer-d'Aguilles fit graver à nouveau les tableaux qu'elles reproduisaient par Jacques Coelemans, et, si les estampes que nous venons de désigner comme gravées par l'artiste provençal sont supérieures aux planches correspondantes du graveur Anversois, nous sommes forcé d'avouer la supériorité de ce dernier pour le *Satyre buvant*, gravé d'après Nicolas Poussin, (R. D., 23). La manière noire, dont le velouté sied si bien aux peintures vivement accentuées, ne se prête pas d'une façon aussi heureuse aux exigences d'un dessin rigoureux ; aussi les œuvres du grand maître normand gagnent-elles toujours à être reproduites par des graveurs austères ennemis de l'exagération pittoresque. Séb. Barras, à l'exception de quelques voyages faits en France, passa toute son existence à Aix ; né dans cette ville en 1653, il y mourut en 1703, et, si aucune peinture de cet artiste n'est venue à notre connaissance, les estampes qu'il nous a laissées nous permettent de penser que son organisation était celle d'un coloriste sage et quelquefois puissant.

Dans sa curieuse et substantielle *Histoire de la gravure en manière noire*, M. le comte Léon de Laborde cite encore un certain nombre de graveurs français qui pratiquèrent ce genre de gravure ; mais ceux-ci, le plus souvent graveurs au burin, trouveront place ou ont déjà trouvé place dans d'autres parties de notre travail ; aussi nous contenterons-nous de citer ici uniquement les noms des principaux : nous indiquerons donc sommairement André Bouys pour son propre portrait, Jean Cossin pour une *Sainte Agnès*, Bernard pour une *Vierge*, d'après le Corrége, et Bernard Picart pour un portrait de *Démocrite* gravé à Paris en 1698.

Malgré les artistes que nous venons de mentionner qui mettent à profit en France la découverte de Louis Siegen, nous ne pouvons nous empêcher de reconnaître que la gravure en manière noire ne trouva pas dans notre pays d'aussi habiles interprètes que dans les pays voisins du nôtre. Artistes de talent, sans doute, ils acquièrent par l'étude un savoir réel, mais les peintres qui leur servent habituellement de modèles n'ont pas, le plus souvent, cette puissance de coloris et cette énergie de pinceau que la manière noire semble spécialement destinée à reproduire. C'est dans la patrie de la couleur, en effet, c'est en Flandre que la gravure en manière noire produit, à son origine, les plus vrais chefs-d'œuvre; ce sera plus tard en Angleterre, alors que le peintre Josué Reynolds aura produit ses merveilles de clair-obscur, que ce procédé particulier trouvera ses meilleurs modèles et donnera ses plus étonnants résultats. M. de Laborde s'étonne avec raison que l'Espagne, le pays de la riche lumière et de la peinture éclatante, n'ait pas vu naître de graveurs en manière noire; lacune d'autant plus regrettable qu'aucun artiste n'eût autant gagné à être reproduit de cette sorte que Murillo, Velasquez, Ribera ou Zurbaran. Il fallut deux siècles pour que l'Espagne enfantât un artiste qui mît à profit les merveilleuses ressources de la gravure en manière noire; ce fut le fantasque F. Goya.

Sous le règne de Louis XIV, règne long de durée et rempli de faits, les graveurs, occupés par le Roi à d'importants travaux, n'eurent guère le loisir d'exécuter des estampes historiques ; on doit donc peu s'étonner de l'absence presque complète de ces gravures intimes qui peignent une époque, ou qui, pour le moins, révèlent un fait inconnu. Outre les caricatures contre les Espagnols et contre les Hollandais que l'on défait dans presque toutes les rencontres, nous n'aurons qu'un petit nombre d'estampes à signaler. L'éditeur Lagniet, graveur même peut-être, en même temps qu'il est le plus impitoyable railleur des nations vaincues, nous transmet une estampe sur la régence d'Anne d'Autriche. P. Daret en fait autant; Nicolas Picart grave à l'occasion de la bataille de Rocroy une curieuse estampe, les *Victoires présentées au Roi par M. le duc d'Anguin ;* Boulonois compose et grave sur les conquêtes du jeune Roi une estampe allégorique représentant la soumission des villes prises, estampe qui *se vent à Chartres chez Louis Mocquet, rue des Trois-Malliés*, et qui n'a qu'un mérite d'art fort secondaire ; c'est Abraham Bosse, l'historiographe habituel des mœurs sous Louis XIII, qui consacre le souvenir du *Mariage du Roi de Pologne, Wladislas IV, avec L. Marie de Gonzague, princesse de Mantoue et de Nevers, le 25 septembre* 1645. La bataille de Lens offre à Boulanger l'occasion de faire une caricature contre le général Beck défait dans cette bataille, le *Beck de l'Espagnol pris par le Français*, et Frosne reproduit la mort glorieuse du maréchal de Gassion, tué pendant le siége, le 28 septembre 1747. Le *Retour de Gonesse* est une allégorie non signée sur l'abondance qui va remplacer la disette que le blocus de Paris par le prince de Condé a naturellement amenée; le Roi rentre à Paris avec sa mère le 18 août 1649, et P. Bertrand publie une estampe destinée à consacrer le souvenir de ce retour; Humbelot nous apprend les honneurs que l'on rend au jeune souverain, et, le 7 septembre 1651, lorsque le Roi se rend au Parlement pour la déclaration de sa majorité, A. Boudan fait graver spirituellement à l'eau-forte le cortége royal. Aussitôt que Mazarin n'est plus en faveur, en même temps que les Mazarinades imprimées paraissent de tous côtés, les Mazarinades gravées ne font pas non plus défaut; c'est Jean Lepautre qui grave la meilleure représentation du sacre du Roi, le 6 juin 1654. Le 9 juin 1660, le mariage de Louis XIV avec Marie Thérèse d'Autriche fait paraître un certain nombre d'estampes que leurs auteurs ne signent pas. Abraham Bosse, P. Landry et Nic. de Larmessin composent à l'occasion de la naissance du Dauphin plusieurs allégories qu'ils gravent eux-mêmes. L'académie de Saint-Luc est définitivement remplacée par l'académie royale, le 10 septembre 1664; une estampe anonyme consacre cette défaite et cette victoire. Le 24 mars 1668, jour du baptême du Dauphin à Saint-Germain en Laye, paraît une estampe de F. Lapointe; Romyn de Hooghe publie en 1672 une suite de sept planches sur les cruautés exercées par les Français à Bodegrave et à Swamerdam, série qu'il ne faut pas comparer aux *Misères de la guerre* de Jacq. Callot. Van der Meulen peint toutes les victoires de Louis XIV et confie la gravure de ses tableaux à Bauduin ou à R. Bonnart. — Chaque fois qu'une espérance de paix est donnée à la France, quelques estampes paraissent, et chaque fois aussi qu'une nouvelle guerre est annoncée, les graveurs se mettent également à l'œuvre pour prédire de nouvelles victoires. Nic. Bonnart dessine et grave d'un burin très-peu pittoresque une quantité énorme de costumes; l'ingénieur Jacques Gomboust dresse le plan le plus détaillé de la ville de Paris, tandis que le Hollandais Zeeman, établi en France, grave d'une eau-forte grasse et soignée quelques vues de Paris.

Nous n'avons pas encore parlé de toute une série d'estampes historiques, la partie la plus intéressante de toutes sous Louis XIV, les almanachs. On avait déjà vu avant cette époque quelques-unes de ces grandes feuilles sur lesquelles les événements importants accomplis dans l'année étaient succinctement indiqués; mais sous le règne de Louis XIV le nombre en augmenta tellement, et cette sorte de souvenir gravé fut si généralement en vogue, que c'est à cette place qu'il nous semble opportun d'en parler. Le plus souvent dans ces estampes l'imagerie a une plus grande part que l'art proprement dit; cependant quelques-uns des plus habiles artistes ne dédaignèrent pas absolument ce genre de travaux. G. Édelinck, les Poilly,

Séb. Leclerc, Albert Flamen, signèrent de leur nom quelques almanachs, pour un portrait qu'ils avaient dessiné ou gravé, et les artistes secondaires trouvèrent dans ces travaux une occasion de se faire connaître, qu'ils n'eurent garde d'omettre. Pendant longtemps rejetées par les collectionneurs et négligées des marchands, ces estampes, si précieuses au point de vue de l'histoire, disparurent peu à peu et servirent d'enveloppes à des estampes qu'aujourd'hui on dédaigne à leur tour; de là vient la rareté réelle de ces almanachs, qui nous donnent soit l'image du souverain entouré de figures allégoriques, soit la *Naissance du duc de Bourgogne* (1683), soit la *Création des chevaliers du Saint-Esprit* (1689), soit le *Siége de Compiègne* (1699), soit la *Vue de l'exposition dans la galerie du Louvre* (1699), soit encore la *Foire de Bezons* (1693), ou bien le *Branle des modes françaises* (1669). Malgré la grossièreté du travail, les graveurs mettaient dans leurs estampes un accent de vérité dont on ne saurait aujourd'hui trop se féliciter : c'était l'événement tel qu'il s'était passé, c'était souvent même un témoin oculaire qui gravait et transmettait ainsi à la postérité son impression personnelle. Noblin, P. Landry, Nic. de Larmessin, Ganière et même Ant. Trouvain apposèrent leur *excudit* au bas d'un grand nombre de ces almanachs, auxquels souvent, sans doute, ils avaient eux-mêmes travaillé. Malheureusement cette mode passa trop vite, et, après la mort de Louis XIV, ces sortes d'estampes deviennent grossières et bien moins nombreuses; on emploie alors d'anciens cuivres que l'on se contente de retoucher en changeant les têtes des personnages, et bientôt les *Étrennes mignonnes*, coquets petits in-12, vont remplacer la vérité scrupuleuse des almanachs du grand Roi.

En même temps que la mode des énormes calendriers, était venue aussi l'habitude de faire graver des planches immenses pour encadrer les thèses de théologie, de droit ou de philosophie que les jeunes gens soutenaient devant les Facultés, invention bizarre et coûteuse que l'économie moderne a complétement supprimée. De même que les almanachs, les thèses étaient le plus souvent exécutées par des artistes médiocres qui prêtaient leur concours au récipiendaire pour une modique somme d'argent; quelquefois, cependant, les graveurs les plus habiles du règne de Louis XIV se chargèrent d'exécuter plusieurs planches en ce genre. Robert Nanteuil grave et signe de son nom l'estampe qui doit encadrer sa propre thèse de philosophie, 1645, estampe non décrite et encore inconnue; François de Poilly grave une bonne planche pour le Lyonnais Paul Pellot, qui expose ses principes de philosophie en 1680; Jean Lepautre compose, en l'honneur de Louis XIV, une fort belle allégorie à l'occasion de la thèse de philosophie que soutient Gilles Le Maistre de Ferrières en 1665, et Nic. Pitau grave de son burin le plus habile cette allégorie. Gérard Édelinck lui-même exécute, avec son prodigieux talent, quelques-unes de ces immenses gravures, et la meilleure qu'il met au jour dans cette dimension est d'après Charles Lebrun. Le portrait du premier ministre *Jean-Baptiste Colbert* (R. D., 171) surmonte une série d'ornements agencés avec grandeur, et on lit au milieu de cette riche composition la thèse de philosophie soutenue au mois de juillet 1682 par Nicolas Morel, écrite soigneusement par Richer, le calligraphe ordinaire du siècle de Louis XIV.

On exécuta en France, pendant le règne de Louis XIV, d'immenses travaux d'architecture, et, pour ne citer que les plus importants, Jacques Lemercier construisit la Sorbonne, François Mansart éleva le château de Maisons et commença le Val-de-Grâce, qu'achevèrent d'autres architectes; Jules-Hardouin Mansart donna tous les plans et surveilla l'exécution du château de Versailles; Louis Le Veau travailla au Louvre, aux Tuileries, et fit entièrement le château de Vaux; enfin, Charles Perrault exécuta la colonnade du Louvre, morceau d'architecture qui, quoique singulièrement placé à côté d'une œuvre de la Renaissance, mérite cependant, à cause de sa juste proportion, d'être compté au nombre des belles constructions du xviie siècle. Un seul artiste s'attacha d'une façon toute spéciale à reproduire par la gravure les monuments qui s'élevaient de toutes parts, monuments d'un aspect souvent majestueux. Cet artiste, nommé Jean Marot, naquit à Paris vers 1630; il fut bien plutôt un graveur d'architecture qu'un architecte : on connaît, en effet, peu d'édifices élevés par lui, tandis que l'on peut citer un grand nombre de planches gravées de sa main, avec une exactitude intelligente, d'après les œuvres des architectes. Les châteaux de Richelieu, de Madrid, au bois de Boulogne, du Louvre et de Vincennes, furent entre autres reproduits fidèlement par Jean Marot, et plusieurs maisons particulières, telles que les hôtels de Jabach, de Sully, de Bretonvilliers et de Liancourt, peuvent encore, grâce aux estampes de J. Marot, être vues telles qu'elles étaient au XVIIe siècle. Mais l'ouvrage de Marot que les amateurs du vieux Paris et que les architectes recherchent avec le plus de soin fut publié chez Jacques van Merlen, sous ce titre : *Recueil des plus beaux édifices et frontispices des églises de Paris*, dédié à Henry de Harlay... Ici l'artiste choisit les monuments qu'il veut reproduire, et, qu'il nous montre Saint-Séverin ou la Sorbonne, Notre-Dame-des-Champs ou l'hostel de la Vrillière, il sait, avec un égal bonheur, joindre l'exactitude mathématique au charme du paysage. Non content de reproduire avec talent les œuvres d'autrui, J. Marot voulut aussi composer des livres de plafonds, de cheminées et d'alcôves : dans ces ouvrages, gravés le plus ordinairement à l'eau-forte, le dessin et la composition laissent souvent beaucoup à désirer, et ces planches paraissent plus faibles encore si on les compare aux compositions riches et puissantes de Jean Lepautre.

L'art de la décoration intérieure sous Louis XIII ne

peut guère être regardé que comme une transition entre la Renaissance, dont la sobre élégance disparaît, et l'art grandiose, quelquefois même un peu emphatique, que le règne de Louis XIV amène avec lui. Jean Lepautre résume à lui seul toutes les branches de l'art; il grave les compositions d'autrui, il compose une infinité d'ornements, et semble exécuter avec la même facilité des plafonds, des trophées, des frises, des serrures, des lits, des alcôves, des cadres, des portes, des lambris, des cheminées, des consoles, des autels ou des chaires. Toujours libre dans ses allures, il grave d'une pointe grasse et dégagée ces mille objets qu'il conçoit sans peine, et inaugure ainsi un art tout à fait en rapport avec le goût de son temps, goût peut-être un peu suspect, mais à coup sûr bien personnel. Destiné par sa famille à être menuisier, Jean Lepautre ne put contraindre son génie. Il dessinait toute la journée au lieu de raboter; les progrès qu'il fit bientôt lui permirent de vivre de son talent, et il quitta l'atelier du menuisier pour l'atelier d'un peintre dont le nom n'a pas été conservé; l'eût-il été, d'ailleurs, il est peu probable que ce nom eût pu éclairer l'histoire sur les débuts de Lepautre, car le génie primesautier de cet artiste se fût sans doute fort mal accommodé d'une règle quelconque. L'œuvre de J. Lepautre est très-considérable; il se compose d'environ deux mille sept cents pièces, et, malgré le goût homogène qui se remarque dans toutes les estampes qui le composent, jamais le graveur ne s'est répété, et jamais non plus il n'a produit une planche qui dénote l'impuissance ou même la lassitude. Les auteurs qui ont eu avant nous la mission d'étudier le talent de J. Lepautre s'accordent tous à louer la facilité inouïe de cet artiste : Pierre-Jean Mariette, juge compétent en pareilles matières, nous dit « qu'à peine se donnoit-il le temps de faire des dessins de ce qu'il gravoit : il se contentoit, le plus souvent, d'en tracer une légère pensée qu'il réformoit ensuite sur le cuivre, suivant qu'il lui paroissoit convenable, et il ne se donnoit jamais la peine de retoucher ses planches pour leur donner un air de propreté. » L'Académie royale de peinture et de sculpture avait appelé Jean Lepautre dans son sein le 11 avril 1677, et ce grand artiste mourut à Paris cinq ans plus tard, en 1682 ; il était né dans la même ville en 1617.

Le talent de Jean Berain était beaucoup moins flexible que celui de J. Lepautre. Ces deux artistes, qui travaillaient à côté l'un de l'autre et qui suivaient pour ainsi dire la même voie (Jean Berain naquit à Paris vers 1636 et mourut au mois de janvier 1711, dessinateur ordinaire du cabinet du Roi), différaient essentiellement dans leur manière : Lepautre, génie fougueux, ne puisait qu'en lui-même les mille compositions qu'il inventait sans cesse ; Berain, au contraire, étudiait soigneusement les œuvres de ses prédécesseurs, et semble s'être particulièrement inspiré des arabesques que Raphaël peignit au Vatican. Pendant de longues années, Jean Berain fut chargé de dessiner les décors et les costumes du théâtre de l'Opéra de Paris, et on doit reconnaître qu'il remplit sa mission avec un grand talent; si les costumes de J. Berain nous paraissent aujourd'hui assez roides et peu spirituels, il faut faire bien attention que ces dessins, destinés à des costumiers et à des décorateurs souvent assez indifférents aux règles de l'art, devaient être indiqués, avant tout, d'une façon catégorique qui ne permît aucune interprétation. Outre ces ornements et ces costumes, J. Berain composa une série de catafalques que grava, dans le goût de Sébastien Leclerc, Pierre Mariette; il exécuta aussi, mais alors lui-même, *Diverses pièces très-utiles pour les arquebuziers, nouvellement inventées et gravées par Jean Berain le jeune, et se vendent chez l'auteur, à Paris, avec privilége du Roi*, 1659; livre gravé au burin avec une certaine netteté et contenant des sujets fort heureusement appropriés aux armes qu'ils devaient orner. Jean Berain, ne pouvant pas à lui seul graver toutes les compositions qu'il inventait, confia le soin de reproduire ses œuvres à plusieurs de ses contemporains, qui s'acquittèrent de leur tâche avec talent. Parmi les plus habiles, il faut compter Dolivar, Pierre Lepautre et M. Daigremont.

On rencontre assez souvent, au bas de petites planches représentant des armoiries ou des écussons renfermant des lettres enlacées, le nom d'un certain C. Berain qu'il ne faut pas confondre avec l'artiste que nous venons de mentionner. Ces estampes, le plus souvent gravées péniblement, sont dénuées de la franchise de burin qui distingue les œuvres de J. Berain.

Daniel Marot, ornemaniste fécond et recommandable à plus d'un titre, fut exclu de France, nous apprend P. J. Mariette, parce qu'il appartenait à la religion prétendue réformée. Retiré en Hollande, il publia un grand nombre de planches qui furent réunies à Amsterdam en 1712 avec ce titre imprimé : *OEuvres du sieur Marot, architecte de Guillaume III, roi de la Brande-Bretagne, contenant plusieurs pensées utiles aux architectes, peintres, sculpteurs, orfèvres, jardiniers et autres*. Ce volume, qui renferme, en effet, toute espèce de documents, est toujours consulté avec fruit par les artistes. Français d'origine, et dépaysé uniquement par force, Daniel Marot a conservé à peu près le goût français du règne de Louis XIV ; il a vu les œuvres de J. Lepautre et a su faire de nombreux emprunts à ce maître, emprunts permis puisqu'ils n'existent que dans la manière, mais bien faciles à constater. C'est uniquement à l'eau-forte que grave Daniel Marot, et cette eau-forte pittoresque dénote une pointe exercée; mais le long séjour que D. Marot fit en Hollande donna à son dessin une certaine lourdeur que l'on ne retrouve dans aucune œuvre française de cette époque [1].

---

[1] Nous avons été à même de voir, dans la grande salle d'audiences du palais des Stathouders, à la Haye, un plafond exécuté d'après les dessins de Daniel Marot. Cette œuvre grandiose dénote une entente de la décoration tout à fait remarquable : Daniel Marot a eu, du reste, la

Avant de terminer l'examen des estampes gravées sous le règne de Louis XIV, il faut mentionner un recueil qui fait un grand honneur à celui qui en décréta l'exécution. Louis XIV, voulant encourager d'une façon toute spéciale les graveurs et l'art de la gravure, eut l'heureuse idée de confier aux plus habiles artistes de son temps la reproduction des châteaux royaux, des jardins, des galeries et enfin des tableaux qui se trouvaient en sa possession; il joignit à cette série déjà considérable les gravures des combats qu'il avait livrés, des victoires qu'il avait remportées, et ouvrit par ce moyen une carrière jusqu'alors sans débouché et peu lucrative pour ceux qui la suivaient. C'est dans cette grande collection, connue sous le nom de *Cabinet du Roi*, que parurent les *Batailles d'Alexandre*, par Gér. Audran, le *Sainte Famille* de François Ier, par G. Édelinck, et mille autres précieuses estampes que les artistes n'auraient pu entreprendre à leurs frais, et que les éditeurs n'auraient pas osé publier. Honneur donc au souverain qui sut inaugurer une coutume qui s'est perpétuée jusqu'à nous, et qui sut donner un élan favorable à un art qui, sans cette haute et intelligente protection, eût couru grand risque de s'anéantir. Une fois la première impulsion donnée, l'entreprise réussit, et chacun eut à cœur d'en faciliter le succès. Le chevalier de Beaulieu, après avoir perdu un bras, employa la main qui lui restait à dessiner les Batailles

précaution de conserver le souvenir de cet important travail dans une estampe gravée par lui-même avec toute l'exactitude désirable.

auxquelles il avait pris part, et il donna en mourant à M. Desroches, qui avait épousé sa nièce, ses dessins que celui-ci augmenta et fit graver ; ne pouvant faire face aux dépenses que nécessitaient ces gravures, l'abbé Desroches, frère du neveu de Beaulieu, fit don au Roi des dessins et des estampes dont il avait hérité par testament, et ces richesses vinrent augmenter le *Cabinet du Roi*. Bientôt la Révolution de 1789 survint, et toutes les planches gravées qui se trouvaient à l'Académie royale, à la surintendance de Versailles, aux Menus-Plaisirs, à la Maison de ville de Paris et dans les couvents, furent réunies aux planches que possédait la nation, et c'est ainsi que pendant l'espace d'un siècle, de 1670 à 1789, le *Cabinet du Roi* contint près de quatre mille planches qui, avec quelques gravures acquises depuis et commandées aux plus habiles graveurs, forment aujourd'hui la chalcographie impériale du Musée du Louvre.

CHAPITRE VIII

LA GRAVURE AU XVIIIᵉ SIÈCLE. — LA RÉGENCE. — LOUIS XV.
LES GRAVEURS DE WATTEAU ET DE BOUCHER.
LES PORTRAITISTES. — LES GRAVEURS A L'EAU-FORTE.
LES GRAVEURS DE VIGNETTES.
LES ORNEMANISTES. — LA GRAVURE DE TOPOGRAPHIE
ET D'HISTOIRE.

La gravure, pendant toute la première partie du XVIIIᵉ siècle, fut occupée exclusivement pour ainsi dire à reproduire les œuvres d'un seul artiste. Antoine Watteau, le peintre par excellence des fêtes galantes et des rendez-vous champêtres, était coloriste à la façon de Rubens; il adopta un genre différent de celui du maître qu'il affectionnait, mais il ne perdit jamais de vue la puissante couleur des peintures de la galerie de Médicis. Alors que Rubens traite des sujets grandioses et pompeux, Watteau peint des scènes intimes et galantes; mais cet aimable artiste est doué d'un rare talent décoratif et mérite d'être mis au nombre des maîtres, parce qu'il inaugure en France un genre nouveau, et que, dans une certaine mesure, il a réussi à formuler l'idéal qu'il avait entrevu.

Antoine Watteau naquit à Valenciennes, le 10 octobre 1684, de Jean-Philippe Watteau, ouvrier couvreur, et de Michelle Lardenoir. Détourné tout d'abord de son goût pour la peinture, il fut cependant placé par son père chez un peintre du pays bien incapable de développer le génie qui était en lui; J. P. Watteau trouva d'ailleurs superflu de payer si longtemps la minime pension qu'exigeait le peintre Valenciennois et retira son fils de cette école, pour lui faire apprendre le métier qu'il exerçait lui-même. Antoine Watteau patienta quelque temps, mais, vaincu bientôt par une irrésistible vocation, il quitta la maison paternelle et se rendit à Paris. Ses débuts furent naturellement pénibles; il entra d'abord dans l'atelier d'un peintre nommé Métayer, passa de là, nous dit Gersaint, chez un entrepreneur de peintures du pont Notre-Dame et fut employé par celui-ci à reproduire à satiété un *Saint Nicolas* dont le débit était assuré. Aussitôt que Watteau trouva une occasion favorable, il quitta son patron, et c'est à cette époque qu'il fit connaissance avec Claude Gillot, artiste ingénieux qui semble l'avoir éclairé sur la voie qu'il devait suivre; mais une querelle, dont le motif fut, dit-on, la jalousie de Claude Gillot, sépara pour la vie ces deux amis. Il fallut donc chercher un nouvel asile, et ce fut au Luxembourg, chez le concierge Claude Audran, qu'Antoine Watteau élut domicile. Claude Audran composait les ornements avec goût et facilité, et Watteau gagna à cette école, outre une instruction spéciale dont il sut profiter plus tard, la possibilité de copier dans ses moments de loisir les peintures de Rubens qui se trouvaient au Luxembourg ; il put aussi, dans les jardins de ce palais, dessiner d'après nature, et apprendre ainsi l'art du paysagiste, que jusqu'alors il n'avait pas eu l'occasion d'étudier. Le premier tableau de Watteau, un *Départ de troupes*, fut peint par le jeune artiste, alors qu'il était dans l'atelier de Claude Audran; ayant trouvé à se défaire, moyennant soixante livres, de cette première toile, il songea à utiliser cette petite fortune pour aller revoir sa famille à Valenciennes. Mais la réputation que cette œuvre lui avait acquise à Paris n'était pas arrivée jusque dans la patrie de Watteau, et, ne trouvant pas d'ailleurs à Valenciennes les éléments nécessaires à son imagination, il revint à Paris, où les succès ne lui firent pas défaut. Le tableau que Watteau avait vendu dans la capitale fut bientôt suivi d'un pendant, une *Halte d'armée*, et on s'entretint alors du talent surprenant du jeune artiste jusqu'alors presque inconnu. L'Académie de peinture reçut comme agréé en 1712 le *peintre des fêtes galantes*, et celui-ci sut se rendre digne de la distinction dont il était l'objet en continuant ses études dans la voie qu'il avait inaugurée d'une façon si brillante. S'étant présenté quelques années plus tard aux suffrages de l'Académie, il fut reçu académicien le 28 août 1717 sur l'*Embarquement pour l'île de Cythère*. Il mourut quatre ans plus tard, à Nogent, près de Vincennes, le 18 juillet 1721 ; il avait trente-sept ans[1].

Avant de passer en revue les œuvres des graveurs fort habiles qui s'attachèrent à reproduire les peintures de Watteau, il importe de citer un certain nombre d'eaux-fortes que le peintre exécuta lui-même d'une pointe fine et spirituelle. M. Robert Duménil, après avoir décrit sept figures de modes, indique une planche infiniment rare à trouver dans son état primitif, c'est-à-dire avant d'avoir été retouchée par Simonneau l'aîné. Cette estampe, qui représente les *personnages de la Comédie italienne*, possède les meilleures qualités de Watteau, la grâce, la finesse d'expression et la riche et harmonieuse couleur : Scapin et Pierrot ont les yeux tournés vers le spectateur, tandis qu'Arlequin jette un regard plein de convoitise sur Colombine, dont on voit uniquement la tête; composition simple, mais dessinée avec une élégance infinie, et gravée avec toute la délicatesse d'un peintre éminemment spirituel. Il faut rapprocher des estampes gravées par Ant. Watteau un recueil précieux qui a la valeur d'une œuvre inspirée par le peintre lui-même : c'est la collection de fac-simile de dessins, qu'après la mort de Watteau M. de Julienne fit exécuter à ses frais par les amis du défunt, bien dignes interprètes

---

[1] Le comte de Caylus lut à l'Académie, le 3 février 1748, sur Ant. Watteau, une précieuse Notice que MM. de Goncourt ont eu le bonheur de retrouver, et qu'ils ont publiée cette année même à Lyon, chez l'imprimeur L. Perrin. In-4°.

d'un tel maître. François Boucher, le comte de Caylus, Tremolières et quelques autres s'attachèrent à reproduire les dessins d'Ant. Watteau avec la plus scrupuleuse exactitude; ils réussirent à imiter, à l'aide du burin et de l'eau-forte, ce crayon gras et souple en même temps qui accentue si heureusement les figures, et ils vinrent à bout par ce moyen de multiplier une quantité énorme d'études faites par le peintre d'après nature ou dans l'intimité de l'atelier. C'est aujourd'hui une véritable bonne fortune pour les amateurs de retrouver quelques-unes de ces esquisses consignées dans cet autre *livre de vérité* et reproduites avec la conscience qu'inspira le talent uni à l'amitié.

Il serait bien difficile de désigner d'une façon certaine le plus savant reproducteur des œuvres d'Antoine Watteau. Les graveurs qui interprétèrent les tableaux de ce maître étaient disciples de Gérard Audran; tous, plus ou moins, ils avaient su profiter largement des exemples que ce grand artiste leur avait donnés; tous, d'ailleurs, se servirent des procédés mis en honneur par G. Audran, et surent approprier au talent de Watteau les moyens que Gérard Audran mettait au service de la grande gravure d'histoire. Antoine Watteau, dont nous signalions en commençant les points de ressemblance avec P. P. Rubens, eut encore avec ce grand maître celui de savoir attirer autour de lui un groupe de graveurs qui semblent nés tout exprès pour reproduire les œuvres qu'il produit: de même que Rubens trouvait en Bolswert, en Vorsterman et en Paul

Ponce des interprètes inimitables, de même Watteau semble avoir accaparé et formé pour son usage personnel Benoît Audran, Nicolas Cochin père, Laurent Cars, de Larmessin, et beaucoup d'autres artistes dont nous allons examiner les œuvres.

Benoît Audran était neveu de Gérard. Il apprit de son oncle les éléments de la gravure; il sut parfaitement profiter des excellents conseils qui lui furent donnés par un si grand maître, et exécuta, d'après Watteau, des œuvres parfaites au point de vue de l'interprétation, et tout à fait remarquables sous le rapport de la gravure. Comme Gérard Audran, il avance sa planche à l'eau-forte et n'a recours au burin que lorsque son dessin est fixé d'une façon certaine; sachant dessiner sûrement, il rend l'œuvre du peintre avec toute l'exactitude désirable. Parmi les œuvres de Benoît Audran, d'après Watteau, il faut remarquer d'abord un *Retour de Chasse* (c'est le portrait de madame de Vermenton, nièce de M. de Julienne); l'*Amour désarmé*, une des plus grandes figures de Watteau, et le *Concert champêtre*, estampe gravée d'une main sûre et vaillante. Nous avons trouvé dans les *Entretiens badins*, gravés par le même artiste, une surcharge inutile de travaux, défaut analogue à celui que nous signalerons plus loin lorsque nous étudierons les estampes que J. Moyreau exécuta d'après Antoine Watteau. Benoît Audran grava également plusieurs planches d'après d'autres maîtres, mais alors il ne réussit pas avec le même bonheur; ainsi les *Sept sacrements*, gravés d'après Nic. Poussin, et *Porus blessé*, d'après Charles Lebrun, manquent d'énergie et ne sauraient être mis en regard des estampes de Jean Pesne et de Gérard Audran. Plus heureux en face d'une œuvre d'Eustache Lesueur, *Alexandre malade*, Benoît Audran emploie un travail simple et harmonieux qui convient fort aux tableaux du peintre de *Saint Bruno;* dans quelques portraits, tels que ceux de *Molière*, d'après P. Mignard, de *Fénelon*, d'après Vivien, et du *cardinal de Bérulle*, d'après J. de la Monce, Benoît Audran fait preuve d'une véritable connaissance de la physionomie humaine.

Ce sont les mêmes procédés que Benoît Audran qu'emploie Charles-Nicolas Cochin père, lorsqu'il grave d'après Ant. Watteau. L'*Amour au Théâtre-Français* et l'*Amour au Théâtre-Italien* possèdent ces qualités de juste interprétation unies à un travail facile, mais consciencieux; l'expression si gracieuse des figures que peint Watteau est rendue avec une parfaite vérité; et lorsque la belle Iris, courtisée par le Mezzetin, semble se complaire dans la douleur de Pierrot supplanté, Nic. Cochin sait rendre avec la même finesse que le peintre cette petite scène pleine de gaieté et d'esprit. La *Mariée de village* est une planche de longue haleine à laquelle Ch. N. Cochin sut donner une harmonie parfaite; l'œil s'arrête aisément sur le sujet principal, sans en être un instant détourné. Charles-Nicolas Cochin grava encore d'après plusieurs de ses contemporains, et l'on connaît de lui quelques estampes d'après de Troy, J. Restout, N. Coypel et François Lemoine. Celles-ci, inspirées généralement par des maîtres secondaires, sont loin de valoir les précédentes ; elles possèdent encore de grandes qualités de gravure, mais le goût du dessin est souvent tellement faux, que les estampes s'en ressentent. Né à Paris en 1688, Ch. Nic. Cochin père mourut dans la même ville en 1754, laissant un fils, dessinateur ingénieux et très-fécond, dont nous nous occuperons plus loin.

Nous sommes fort disposé à nous ranger à l'opinion d'un critique anonyme du xviiie siècle, qui imprimait, dans le *Mercure de France* du mois d'août 1775, ce qui suit : « Si quelqu'un, de nos jours, peut être comparé à Gérard Audran, c'est le célèbre Laurent Cars. La sûreté de son dessin et le goût de son travail nous rappellent presque tout ce que nous admirons dans le grand Audran. La manière et le choix du travail de Cars a même quelque chose de plus aimable ; mais la fermeté du dessin et l'empâtement des chairs a encore plus de goût et de caractère chez Audran. Au reste, ce sont des hommes du premier ordre, des modèles à jamais précieux : on peut accorder à l'un d'eux la préférence, on doit à tous deux l'admiration ; leur manière de traiter l'histoire en grand ne laisse rien imaginer de plus parfait et de plus noble. » En faisant la part de l'enthousiasme bien naturel que devaient exciter à leur apparition les estampes de Laurent Cars, on doit reconnaître que l'opinion du critique est juste; mais on doit aussi ajouter, ce que l'auteur de cet article ne dit pas, que si Gérard Audran n'avait pas été ce qu'il fut, Laurent Cars n'aurait peut-être pas atteint le degré de perfection auquel il parvint. Cette flexibilité d'outil et cette façon habile de fondre les travaux du burin avec ceux de l'eau-forte, Laurent Cars y fût-il arrivé sans le secours de son illustre prédécesseur? Quant au choix du travail de Laurent Cars, qui a quelque chose de plus aimable, nous nous permettrons de préférer encore le goût élevé de Gérard Audran, et, jusqu'à nouvel ordre, nous mettrons le beau au-dessus de l'aimable.

Laurent Cars naquit à Lyon en 1702 et mourut à Paris en 1771; il était fils d'un graveur bien médiocre, J. E. Cars, qui lui facilita l'entrée dans la carrière. Il étudia, à son arrivée à Paris, dans l'atelier de Nicolas-Henri Tardieu, s'inspira des grands maîtres de la gravure, et, après avoir été quelque temps élève, il devint maître à son tour. Les estampes de Laurent Cars qui jouissent aujourd'hui de la plus grande réputation sont gravées d'après François Lemoine : c'est *Céphale enlevé par l'Aurore, Hercule assommant Cacus, Jupiter enlevant Europe*, et quelques autres qui sont connues de tout le monde. Mais le graveur ne s'adressa pas uniquement à ce peintre justement célèbre : il grava aussi, d'après J. B. de Troy, d'après Ch. Natoire, et d'après Ant. Watteau, des planches dignes d'attention. On doit, en effet, considérer *David et Bethsabée*, le *Temps qui enlève la Vérité*, et les *Fêtes vénitiennes*, comme des œuvres tout à fait hors ligne : si l'on veut bien admettre, et cela est indispensable, le goût fort peu élevé des artistes auquel Laurent Cars s'adressa, Watteau excepté, le travail de la gravure est en tout point digne d'éloges. Trouve-t-on, en effet, même parmi les graveurs d'Antoine Watteau, graveurs d'une habileté exceptionnelle, beaucoup d'hommes capables de reproduire aussi bien ces tons harmonieux, ces personnages gracieux et alertes, ces physionomies spirituelles et mignonnes que nous offrent les *Fêtes vénitiennes* ou la *Diseuse de bonne aventure?* Trouve-t-on à aucune époque, en France, un artiste qui sache unir aussi heureusement la grâce à la science du burin? Gérard Audran est peut-être le seul artiste qui ait su allier à un plus haut degré deux qualités aussi différentes; mais chez ce dernier la grandeur tient la place de la grâce.

Lorsque Michel Aubert grave d'après Ant. Watteau, il est forcé d'employer l'eau-forte, procédé qui autorise la souplesse et qui se prête au dessin sémillant de Watteau bien plus que le pénible burin. C'est seulement après avoir longtemps travaillé le cuivre avec la pointe que M. Aubert pensa à terminer au burin l'*Indiscret*, la *Fête du dieu Pan* et le *Rendez-vous de chasse*, estampes qu'il grava d'après Watteau. Il semble, tant le travail du graveur est harmonieux et bien fondu, que les tons sont indiqués avec des moyens analogues à ceux du peintre, et qu'il a à sa disposition, lui qui ne peut faire usage que du blanc et du noir, toutes les ressources de la palette. C'est presque uniquement au burin que Michel Aubert grava la *Mort d'Adonis*, d'après François Boucher, planche d'un dessin peu satisfaisant; et c'est encore à M. Aubert que nous devons de connaître l'image d'un des plus anciens peintres des fêtes galantes, du spirituel Claude Gillot. Cette planche, qui nous montre l'artiste encore jeune, nous semble donner une juste idée de l'auteur des *Sorciers* et des *Sorcières au sabbat*, talent fin et gracieux qui put bien être pour quelque chose dans la détermination que prit Ant. Watteau d'adopter comme genre la peinture des scènes galantes. Michel Aubert mourut à Paris en 1757; il était né dans la même ville vers 1700.

Outre quelques arabesques gravées par Louis Crépy d'après Antoine Watteau, arabesques agencées avec esprit et parfaitement reproduites, il faut compter la *Perspective* et le *Triomphe de Cérès* au nombre des bonnes estampes exécutées d'après Watteau. Le graveur, élevé par un père artiste lui-même, sut profiter des leçons qu'il reçut dans son enfance, et, doué heureusement, il dépassa bientôt son père Jean Crépy, dont le métier consistait surtout à copier et à vendre des estampes publiées antérieurement. Louis Crépy grava un portrait d'Antoine Watteau, qui, sans valoir celui que François Boucher exécuta, peut être considéré comme une œuvre sage, et mérite pour cette raison d'être mentionné.

Nic. Henri Tardieu fut le plus habile d'une illustre

famille de graveurs qui s'est perpétuée jusqu'au commencement de ce siècle[1]. Né à Paris en 1674, il mourut dans la même ville en 1749, et, après avoir été l'élève d'Antoine Lepautre et de Jean Audran, il devint bientôt le maître de Laurent Cars, de B. Baron, de J. Phil. Lebas et de Jacques-Nicolas Tardieu, son fils. Nic. Henri Tardieu travailla beaucoup au recueil connu sous le nom de *Cabinet Crozat* et exécuta trois planches pour l'*Histoire d'Énée* que Coypel avait peinte au Palais-Royal. En outre, il grava, au moyen d'une eau-forte précise rehaussée de burin, plusieurs estampes d'après Ant. Watteau. C'est à lui, en effet, que l'on doit l'*Embarquement pour Cythère*, unique tableau de Watteau possédé par le Musée du Louvre; les *Champs-Élysées*, composition remplie de personnages, et inondée d'air et de gaieté, et le portrait de M. de Julienne, l'ami fidèle de Watteau, représenté jouant de la viole auprès du peintre, qui quitte un instant ses pinceaux pour écouter le musicien. Ces trois estampes sont exécutées avec une précision de dessin et une netteté de burin admirables et donnent une juste physionomie du talent de Watteau.

Nous avons dit dans le chapitre précédent que Nicolas de Larmessin le père grava une quantité très-considérable de portraits sans originalité et presque

[1] On peut lire, sur la famille des Tardieu, un très-curieux article publié dans les *Archives de l'Art français*, Documents, tome IV, p. 49, par M. Alexandre Tardieu, un des derniers descendants de cette illustre famille.

sans talent; les *Pèlerins de l'île de Cythère*, l'*Hiver* et l'*Accordée de village*, estampes gravées d'après Ant. Watteau par le fils, nous forcent d'être moins sévère pour celui-ci. Watteau se trouvait, dans ces compositions gracieuses, sur son véritable terrain; tandis que, lorsqu'il voulut dessiner un sujet dont le programme officiel lui était donné, il fit une œuvre médiocre que Nic. de Larmessin le fils ne put rendre meilleure. *Louis XIV remettant le cordon bleu à M. le duc de Bourgogne* est, en effet, un tableau faiblement composé et gravé avec froideur, tandis que les autres planches gravées par Larmessin d'après Watteau, possèdent toutes les qualités de riche coloris que l'on admire dans les œuvres originales. Nic. de Larmessin le fils grava également plusieurs planches d'après Raphaël; mais le genre élevé du peintre italien ne sied pas si bien au tempérament coloriste du graveur; on reconnaît une certaine gêne et une insuffisance flagrante dans le *Saint Michel terrassant le démon*, et dans le *Saint Georges* que Larmessin grava d'après le grand peintre d'Urbin. Quelques portraits, tels que ceux de *Guillaume Coustou*, d'après Jacques de Lien, morceau de réception de Nic. de Larmessin à l'Académie, de *Marie Leczinska*, d'après J. B. Vanloo, de *Claude Hallé*, d'après Legros, nous semblent plus dignes d'attention, et nous croyons pouvoir dire qu'à l'exemple de presque tous les graveurs, Nic. de Larmessin se montre toujours plus habile lorsqu'il s'adresse aux œuvres de ses contemporains.

Pierre Aveline fut, dit-on, élève, pour la gravure, de Jean-Baptiste de Poilly; il dut évidemment étudier aussi les œuvres de Gérard Audran, car, à la façon dont il taille le cuivre, on reconnaît les procédés énergiques et savants puisés à l'école du maître. Les estampes que P. Aveline grava d'après A. Watteau, la *Récréation italienne*, les *Charmes de la vie* et l'*Enseigne de Gersaint*, sont exécutées dans un ton clair et lumineux qui sied complétement aux œuvres du peintre. Malgré la puissante harmonie que possèdent ces estampes, nous sommes encore tenté de leur préférer une *Diane au bain* qui semble avoir inspiré au graveur un chef-d'œuvre; cette planche, presque entièrement exécutée à l'eau-forte, semble gravée par le peintre lui-même, tant elle est pleine de cette harmonie sereine, de cette couleur limpide que Watteau prodiguait à plaisir. Elle nous paraît digne, en tout cas, d'être regardée comme une des meilleures et des plus complètes reproductions des œuvres de Watteau. Non content de consacrer son talent à un seul maître, P. Aveline travailla, comme la plupart de ses contemporains, d'après quelques autres peintres, et parmi les estampes gravées par lui en dehors de l'œuvre de Watteau, il faut mettre au premier rang la *Folie*, planche exécutée d'après C. de Vischer : un enfant blond et joufflu tient d'une main sa coiffe et de l'autre une folie, et semble dire au spectateur ces deux vers qu'on lit au-dessous :

> Combien de curieux, empressés à me voir,
> Pourront, en me voyant, se passer de miroir.

Un des plus féconds parmi les artistes qui s'attachèrent à reproduire les œuvres d'autrui fut Jacques-Philippe Lebas, né à Paris le 8 juillet 1707, et mort dans la même ville le 14 avril 1783. Un des amis du graveur, ami dont le nom est aujourd'hui oublié, publia sur le compte de Lebas une sorte de panégyrique qu'il imprima en tête du catalogue de vente après décès de Lebas; c'est une source inappréciable pour les biographes; nous nous contentons d'y renvoyer le lecteur.

Le talent de J. Ph. Lebas consistait principalement dans une souplesse de dessin qui n'excluait aucunement une originalité bien tranchée. Venu après Gérard Audran et les grands maîtres de la gravure française, Lebas sut prendre chez ses prédécesseurs un goût de dessin précis et une manière de graver agréable en même temps que savante. S'adressant tantôt aux artistes flamands, il grava une quantité énorme de planches d'après David Téniers, d'après Phil. Wouwermans, d'après Ruysdaël ou même d'après Rubens; tantôt, mettant son talent au service des peintres français, il grava d'après Joseph Vernet, d'après Charles et Joseph Parrocel, d'après Lancret, d'après Pater et d'après Ant. Watteau, quelques estampes qui se distinguent par leur facilité d'exécution. Se souvenant aussi qu'il sait composer, Lebas se hasarde à dessiner lui-même quelques estampes, qui, à défaut d'une originalité bien déterminée, méritent encore d'être examinées, parce qu'elles sont sincères et spirituelles. Comme presque tous les graveurs, Ph. Lebas ne réussit jamais plus heureusement que lorsqu'il traduit les œuvres de ses contemporains; pénétré de l'esprit qui les inspira, il peut plus facilement les comprendre, plus aisément aussi il arrive à les rendre, et c'est pour cette cause que nous sommes tenté de regarder comme les meilleures estampes de l'œuvre de Lebas les planches qu'il grava d'après Joseph Vernet et d'après Watteau; l'*Entrée du port de Marseille*, la vue de la *Ville de Rouen* et vingt autres planches d'après le même maître, rendent fort heureusement le charme spirituel des peintures originales, et la *Gamme d'amour*, l'*Assemblée galante* et l'*Ile enchantée* retrouvent dans les gravures de Lebas la ravissante fraîcheur que Watteau y avait tracée de sa main de maître.

Louis Surrugue eut le bon esprit de graver presque toujours d'après des artistes qui vivaient de son temps; il gagna à cette louable coutume de travailler souvent sous les yeux des auteurs mêmes des œuvres qu'il reproduisait, et Antoine Coypel put surveiller la gravure de son *Don Quichotte*, Boucher, sa *Mort d'Adonis*, J. Dumont et J. B. Pater, le *Roman Comique* qu'ils avaient illustré, enfin Antoine Watteau, un *Concert*, une scène de la comédie italienne dans laquelle Arlequin et Pierrot sont au premier plan, et les *Amusements de Cythère*, planche élégante et fine qui rappelle fort pour la vigueur du ton avec laquelle elle est gravée le *Narcisse endormi* que grava Gérard Audran d'après Nicolas Poussin. Louis Surrugue, né à Paris en 1695, mourut dans la même ville en 1769; ses biographes voient en lui un élève de Bernard Picart, et l'examen de son œuvre empêche absolument d'admettre cette opinion. On ne retrouve, en effet, dans aucune des estampes gravées par Louis Surrugue, cette façon systématiquement mesquine de tailler le cuivre que Bern. Picart n'abandonne jamais.

On veut encore voir dans Henri-Simon Thomassin un élève de Bernard Picart, alors qu'il serait plus sage, pensons-nous, de ranger cet artiste au nombre des disciples de Gérard Audran. Rien ne nous rappelle, en effet, dans l'œuvre de Thomassin, la manière de graver de Picart, et nous pouvons même affirmer que le séjour de deux ans que fit Thomassin à Amsterdam n'eut aucune influence sur son talent. L'*Incendie de la ville de Rennes*, d'après l'architecte Huguet, et le *Magnificat*, d'après Jean Jouvenet, font penser à Claudine Stella plutôt qu'à aucun autre artiste; et les estampes gravées par H. S. Thomassin, d'après Antoine Watteau, *Recrue allant joindre le régiment*, *Arlequin amoureux* et les *Apprêts du bal*, sont du meilleur goût et d'une exécution bien personnelle. H. Simon Thomassin termina plusieurs des eaux-fortes que Watteau avait esquissées de sa pointe spirituelle, et il publia la suite complète des estampes auxquelles il avait seulement collaboré, sous ce titre : *Figures de modes dessinées et gravées à l'eau-forte par Watteau et terminées au burin par Thomassin le fils.*

On trouve au bas d'un certain nombre d'estampes

gravées d'après Watteau des vers qui sont destinés à expliquer le sujet représenté ; on ignore généralement le nom de ces rimeurs de profession qui mettaient ainsi leur plume au service des graveurs. Pour donner une idée de ces vers, et pour faire apprécier ce qu'ils valent, nous allons en transcrire ici quelques-uns que nous lisons au-dessous des *Apprêts du bal :*

> Coquettes qui, pour voir galans au rendez-vous,
> Voulez courir le bal, en dépit d'un époux,
> Si mienne étiez, Dieu sait si troublerois la danse !
> Tout bien pesé, pourtant, crois, malgré mes courroux,
> Qu'en tel cas ne ferois que ce qu'on fait en France :
> D'abord crierois un peu, puis prendrois patience ;
> Enfin clorrois les yeux, et les clorrois si bien,
> Que cornes me viendroient sans que j'en visse rien.

On a, j'ignore pour quel motif, beaucoup négligé jusqu'à ce jour les œuvres d'un graveur modeste qui exécuta cependant, avec un talent réel et avec beaucoup d'esprit, un certain nombre de planches que l'on cherche en vain dans les collections d'estampes les plus riches : Quentin-Pierre Chedel naquit à Châlons en 1705, et, après avoir passé la plus grande partie de son existence à Paris, il retourna dans sa patrie, où il mourut en 1762. Le plus souvent Chedel grave de tout petits paysages qu'il compose lui-même avec esprit et auxquels on ne peut reprocher qu'une certaine monotonie ; mais il reproduit également les œuvres de Boucher, de Pierre, de Watteau et d'autres artistes contemporains, et réussit à traduire facilement ces peintures élégantes. *Le Retour de la guinguette,*

Arlequin jaloux, d'après Ant. Watteau, les *Ermites dans le désert*, d'après J. B. Pierre, et le *Dévot ermite*, d'après F. Boucher, sont des planches tout à fait dignes d'être signées des noms les plus en vogue au XVIIIe siècle.

Pour avoir voulu surcharger ses estampes d'une trop grande quantité de travaux, Jean Moyreau a certainement éloigné de lui un moyen qui devait le faire réussir. Habitué à reproduire les œuvres de Philippe Wouwermans, il ne sut pas suffisamment se débarrasser de la manière indispensable pour graver les tableaux du peintre hollandais, tableaux qu'il reproduisit quelquefois même d'une façon un peu lourde, et il apporta, dans les estampes qu'il grava d'après Antoine Watteau, cette méthode d'exécution pénible qui nuit singulièrement aux œuvres du maître français. Il n'en est pas une seule, parmi les estampes que nous connaissons d'après ce maître, qui n'ait cette uniformité et cette pesanteur de ton fatigant. Que J. Moyreau grave la *Partie carrée*, la *Collation*, la *Musette* ou le *Défilé*; qu'il transporte sur le cuivre quelques arabesques, les *Singes de Mars*, la *Folie et Momus*, *Colombine et Arlequin*, ou le *Marchand d'orviétan*, il est toujours le même, c'est-à-dire qu'il a recours à une infinité de travaux là où un trait seul suffirait; et cette manière paraissait déjà si choquante aux contemporains même de J. Moyreau, que Wattelet, d'ordinaire très-indulgent, dit (tome IV, page 464) « qu'il est fâcheux qu'on trouve dans l'œuvre de Wouwermans un si grand nombre d'estampes de Moyreau, qui a gravé d'une manière molle et sans esprit ce peintre, qui avoit de la fermeté dans la touche et de l'esprit dans l'exécution. »

Si Jean-Étienne Liotard n'est pas Français, — il est né à Genève en 1702, — il faut cependant le classer au nombre des graveurs de Watteau, à cause d'une des meilleures planches exécutées par cet artiste d'après le peintre des fêtes galantes, le *Chat malade*. Cette scène spirituelle fut composée pour ridiculiser les médecins : elle représente une femme demandant à la science un remède pour son chat malade, et un médecin qui, plein de son savoir, tâte le pouls de la bête. Liotard a employé uniquement l'eau-forte pour rendre la peinture de Watteau ; au moyen d'une pointe fière et sûrement conduite, il a su faire passer sur sa planche toute l'animation que l'on voyait sur la toile ; l'expression des têtes est parfaitement rendue, et le chat lui-même semble se prêter volontiers à cette mystification, tant il est certain que plus il sera patient, plus il pourra facilement planter sa griffe dans le bras du docteur.

Il faut regarder comme les meilleures estampes de l'œuvre de Louis Desplaces deux planches que cet artiste grava d'après J. Jouvenet, la *Descente de croix* et *Saint Bruno*. Le peintre Rouennais a trouvé dans Desplaces un interprète habile qui a su donner à ses gravures une harmonie que ne possédaient pas toujours les œuvres originales. Louis Desplaces grava un certain nombre de planches pour le *Cabinet Crozat*, et travailla, en même temps que Nic. Henri Tardieu, à la gravure de l'*Histoire d'Énée*, qu'Antoine Coypel avait peinte au Palais-Royal. Son burin est souple, et, venant en aide à une eau-forte sûrement tracée, il produit un effet satisfaisant. Les deux seules estampes que Desplaces grava d'après Watteau ne sont pas des meilleures ; elles représentent le *Repas de campagne* et le *Printemps*, et sont gravées un peu lourdement. Louis Desplaces exécuta un petit nombre de portraits assez remarquables, et il faut distinguer entre tous celui de *Marie-Anne Duclos*, représentée en Ariane par Nic. de Largillière, portrait qui possède des qualités de coloris et de dessin fort louables.

Il nous paraît difficile de reconnaître la même main dans une série de vignettes dont le dessin est aussi pauvre que la gravure est négligée, et dans quelques planches gravées avec une énergie souple et retenue d'après Antoine Watteau par Louis-Girard Scotin. Les biographes de cet artiste nous apprennent que Scotin travailla longtemps à Londres pour des libraires, et c'est ainsi seulement qu'il nous semble possible d'expliquer cette dissemblance entre les œuvres d'un même homme. Lorsque Scotin grave les *Plaisirs du bal*, les *Fatigues de la guerre*, le *Lorgneur*, la *Lorgneuse* et la *Cascade*, il doit trouver place à côté des meilleurs élèves de Gérard Audran ; son burin est moelleux et son dessin correct, tandis que les autres planches qui forment l'œuvre de Scotin paraissent le plus souvent faites à la hâte et sont d'une incorrection inexcusable.

Les graveurs Charles et Gabriel Dupuis furent tous deux reçus à l'Académie, sur des portraits : le premier en 1730 et le second en 1734 ; mais, non contents de se restreindre dans cette spécialité, ils abordèrent la gravure des compositions d'histoire, et l'aîné du moins, Charles Dupuis, réussit quelquefois à rendre heureusement les œuvres de Watteau, de Noël Coypel et de Louis de Boullongne. Malgré une certaine indécision dans le travail, Charles Dupuis parvint à surmonter les difficultés que présente l'art de la gravure, et reproduisit d'une façon charmante l'*Occupation selon l'âge* et la *Leçon d'amour*. Watteau avait mis sur ces deux toiles le charme qu'il savait répandre dans toutes ses œuvres, et le graveur sut parfaitement transcrire l'aspect séduisant des tableaux. L'estampe la plus importante, comme dimension du moins, de l'œuvre de N. Gabriel Dupuis est une pièce allégorique sur l'avénement de Louis XIV au trône, estampe exécutée d'après Charles Lebrun sur un dessin de J. B. Massé. La gravure est largement tracée, mais le dessin est rond et dénué d'élégance, et on a peine à retrouver dans l'estampe de Gab. Dupuis la peinture puissante de Ch. Lebrun.

On lit, au bas de quelques estampes gravées d'après Antoine Watteau, *P. M. sculp.*, et on n'a pas jusqu'à présent pu encore découvrir le nom du graveur qui se cache à l'abri de ces initiales. Brulliot, dans son *Dic-*

tionnaire des Monogrammes (II° partie, page 309, n° 2295), attribue les estampes signées ainsi à un graveur nommé P. Menant, qui aurait travaillé à Paris vers 1716. Quelques experts donnent cette marque, — nous ignorons sur quoi ils fondent leur attribution, — à un artiste nommé P. Mercier, qui aurait gravé également au commencement du xviii° siècle. Nous laissons le champ libre aux conjectures, et nous nous contentons de dire que les estampes signées de ces initiales, quel que soit le nom de leur auteur, sont gravées légèrement, et rendent fort bien la physionomie des œuvres qu'elles reproduisent; en effet, le *Triomphe de Vénus*, les *Castagnettes* et la *Conversation galante* exécutés par ce *P. M.*, quoique gravés en esquisse, possèdent les mêmes qualités d'ampleur souple et élégante que les œuvres originales.

Bernard Lépicié n'était pas moins bon graveur que curieux historien; en même temps que, comme historiographe de l'Académie, il publiait la *Description des tableaux du Roi*, et les *Vies des premiers peintres du Roi*, il faisait preuve, comme graveur, d'un talent réel qui le place au nombre des meilleurs continuateurs de la grande école de gravure. Outre un charmant portrait du grand amateur de dessins, *Antoine de la Roque*, d'après Watteau, l'œuvre de Bernard Lépicié offre plusieurs excellentes planches d'après J. B. Siméon Chardin; le *Toton*, la *Ratisseuse* et la *Gouvernante* furent gravés par B. Lépicié, d'un burin vaillant et hardi, tandis que la femme de cet artiste, Rénée-Élisabeth Marlié-Lépicié, gravait avec un esprit analogue le *Bénédicité* et la *Mère laborieuse*. Aujourd'hui que les œuvres de J. B. Siméon Chardin ont enfin trouvé grâce auprès des amateurs, on est heureux de posséder ces traductions fidèles et intelligentes qui donnent dans son intégrité la physionomie des tableaux. Bernard Lépicié grava encore plusieurs planches pour le *Cabinet Crozat;* mais celles-ci, exécutées d'après des œuvres italiennes ou flamandes, ne peuvent être comparées aux estampes que nous venons de citer; elles ne rendent pas le plus souvent le caractère des toiles originales qu'elles multiplient.

Un marchand d'estampes du xviii° siècle, François Joullain, s'avisa encore de graver les œuvres de quelques-uns de ses contemporains; mais, absorbé par son commerce, il ne put s'adonner longtemps à l'art de la gravure et n'exécuta qu'un petit nombre de planches, dont les meilleures sont le *Portrait de François Desportes*, d'après le peintre lui-même; la *Récréation champêtre*, d'après Lancret; et les *Agréments de l'été*, d'après Watteau; ces trois estampes, préparées à l'eau-forte et terminées au burin, possèdent d'excellentes qualités, elles rendent habilement les œuvres originales et sont dessinées scrupuleusement.

Il serait superflu, maintenant que nous avons dit le principal mérite des meilleurs graveurs d'Antoine Watteau, de pousser plus loin cet examen. Nous n'avons certes pas cité tous les artistes habiles qui exécutèrent quelques estampes d'après ce maître, mais la liste complète serait fastidieuse, et il nous suffira d'ajouter que G. Huquier grava finement plusieurs arabesques; qu'E. Jeaurat grava *Pierrot content;* B. Baron, l'*Amour paisible;* Étienne Fessard, les *Enfants de Bacchus;* M. Jeanne Renard du Bos, une *Sainte Famille* que copia le graveur allemand C. L. Wüst; P. Dupin, le *Départ pour les îles;* Ravenet, le *Départ de garnison;* enfin que le peintre François Boucher exécuta de sa pointe la plus fine une petite *Vue de Vincennes*, et une sorte de *Triomphe de Pomone*. En gravant les œuvres d'Antoine Watteau, François Boucher faisait connaître publiquement qu'il savait reconnaître et apprécier les qualités éminentes du maître auquel on tenta, mais bien injustement, de l'opposer.

François Boucher vit en effet au milieu du xviiie siècle; il naît en 1704 et meurt en 1768; son œuvre, d'ailleurs, personnifie à lui seul tout l'art de cette époque, art faux, s'il en fut, retraçant avec toutes leurs extravagances ridicules les goûts de la société française sous Louis XV. Malgré cette recherche systématique d'un genre factice et maniéré, Boucher est loin d'être un peintre dénué de mérite, et ce serait une grave omission de ne pas donner une certaine attention aux compositions ingénieuses qu'il a exécutées avec une facilité trop grande peut-être. C'est presque toujours à la mythologie, et à une certaine mythologie de convention, que François Boucher emprunte les motifs qu'il confie à la toile; ou bien, lorsqu'il puise en lui seul ses inspirations, il nous fait voir des femmes nues au bain, des Vénus qui ressemblent plutôt à madame de Pompadour déshabillée qu'à la femme pure et absolument belle que l'antiquité cherche à idéaliser sous la figure de la déesse. Boucher comprend l'art comme Pajou et comme Falconet, ou, pour mieux dire, il comprend l'art comme tout le siècle où il vivait lui imposait de le comprendre : la grâce est toujours accompagnée de coquetterie, et l'élégance est toujours maniérée et souvent tout à fait fade. On connaît aujourd'hui encore une grande quantité de tableaux de F. Boucher, on compte par milliers les dessins que cet artiste exécuta; mais on peut faire à toutes ces compositions le reproche de présenter un aspect trop monotone qui fatigue à la longue; sous une apparence agréable, les figures de Boucher sont souvent incorrectes, et il semble invraisemblable qu'un modèle de Boucher ait jamais su vivre et agir.

Les mêmes artistes qui avaient reproduit les œuvres d'Antoine Watteau gravèrent les compositions de Boucher; mais, cette fois, guidés par un peintre moins habile, ils ne réussirent pas avec le même bonheur. Laurent Cars fit une estampe médiocre lorsqu'il grava une *Allégorie sur la paix de la France*, d'après Boucher; Ph. Pariseau reproduit sans talent la *Vendange*; Étienne Fessard ne fut guère plus heureux pour l'*Amour désarmé*; Jean Daullé rendit avec son burin brillant et plus froid qu'harmonieux les *Charmes de la vie champêtre.* Quelques graveurs surent mieux s'identifier avec le talent de Boucher, et parmi eux il faut compter Michel Aubert, qui employa une eau-forte fine, accentuée de tailles au burin, pour graver *Vénus et l'Amour;* Louis Desplaces, qui usa des mêmes moyens pour rendre *Hermaphrodite;* P. Aveline et Nic. de Larmessin, qui surent faire passer dans la *Bonne aventure,* dans la *Courtisane amoureuse,* l'esprit de leurs modèles; mais encore est-il vrai de dire que ces artistes, employant tous le burin pour rendre les peintures lascives de Boucher, ne purent les reproduire avec une vérité absolue; et Boucher ne trouva réellement d'excellents interprètes de son talent que dans quelques graveurs qui venaient d'inventer un procédé nouveau, la gravure en manière de crayon, procédé qui semble né exprès pour reproduire les dessins de Boucher. Ces artistes sont au nombre de trois et s'appellent Demarteau, François et Bonnet.

Gilles Demarteau naquit hors de France, à Liége; mais, toute son existence s'étant écoulée à Paris, et toutes ses gravures reproduisant des œuvres françaises, il faut nécessairement classer cet artiste parmi nos compatriotes. C'est aux dessins de François Boucher que G. Demarteau s'adressa de préférence, et il semble avoir inventé tout exprès ce procédé, que l'on nomme aujourd'hui *manière de crayon*, pour reproduire la sanguine ou le crayon mou que le peintre employait de préférence à la mine de plomb. En effet, au moyen d'un instrument nommé roulette, G. Demarteau obtenait des travaux qui imitaient parfaitement les traits que produit un crayon mou sur les vergeures du papier. Si l'on ajoute que G. Demarteau possédait un goût de dessin très-approprié à celui de Boucher, on comprendra facilement l'intérêt qui s'attache aujourd'hui encore aux estampes du graveur, qui ont la valeur de véritables *fac-simile*. G. Demarteau ne s'adressa pas uniquement aux croquis de Boucher, il reproduisit également les dessins de plusieurs autres de ses contemporains, tels que Carle Vanloo, Ch. Nic. Cochin, Houel, etc.; mais il ne réussit jamais mieux que lorsqu'il reproduisait des œuvres de François Boucher. Un *catalogue de toutes les estampes gravées* en manière de crayon, *par Demarteau*, publié du vivant de l'artiste, atteste qu'il grava au moins 664 planches, nombre énorme, si l'on songe au travail que chacune de ces estampes exigeait.

On est indécis pour savoir si c'est à Demarteau ou à Jean-Charles François (Nancy, 1717, † Paris, 1769) qu'il faut attribuer l'invention de la gravure en *manière de crayon;* sans oser trancher d'une façon certaine cette question, que les contemporains des deux artistes pouvaient seuls éclaircir, nous conserverions volontiers à Demarteau l'honneur de cette invention, et nous regarderions J. Ch. François comme le premier graveur qui ait employé en France la gravure en *manière de lavis,* procédé qui n'est pas sans analogie avec le précédent, mais qui diffère cependant par le résultat. Quoi qu'il en soit, J. Ch. François réussit, à peu près comme Demarteau, à rendre parfaitement les dessins de ses contemporains ; il grava entre autres avec un louable savoir plusieurs *cavaliers* d'après Ch. Parrocel, quelques *académies* d'après Carle Vanloo, quatre *têtes d'étude* d'après L. G. Blanchet, trois *croquis* d'après Eisen, et le *Portrait du peintre Portail* d'après Frédou. Usant tour à tour du lavis et de la manière de crayon, il mit à la mode un genre de gravure qui fut depuis utilisé par nos graveurs modernes de *fac-simile*. Ce lavis, obtenu au moyen de l'eau-forte répandue à doses inégales sur le cuivre nu, rendait à s'y méprendre les travaux du pinceau.

Nous avons dit que Bonnet fut le troisième artiste qui employa la *manière de crayon* comme moyen de reproduction. Celui-ci vint encore ajouter aux découvertes de ses prédécesseurs une découverte nouvelle : il inventa la *gravure en pastel*. Auparavant, Jean-Christophe Le Blond avait gravé avec une grande habileté un portrait du roi Louis XV, qui, à distance, faisait illusion. Gautier Dagoti avait tenté, mais sans succès, de rendre, au moyen d'un procédé de gravure en couleur dont il était l'inventeur, une série de planches anatomiques; mais ces deux artistes ne purent parvenir à mettre en vigueur cette nouvelle façon de graver, et ce fut Bonnet qui triompha de la résistance que cette invention trouvait de tous côtés. Il grava dans ce genre quelques dessins de François Boucher, et, la réputation du peintre aidant, il sut introduire en France ce nouveau genre, qui n'a guère été imité depuis cette époque. Cette sorte de gravure s'obtenait au moyen de l'impression de plusieurs planches qui, chacune, donnaient un ton différent, et qui, réunies, formaient un tout aussi harmonieux que le comportaient les dessins reproduits.

Lancret et Pater sont, parmi les peintres qui cherchèrent à imiter le genre de Watteau, les deux seuls qui parvinrent à rappeler le maître; encore les œuvres de ces artistes sont-elles moins habiles et prouvent-elles une imagination bien moins variée. Les graveurs qui avaient reproduit les peintures de Watteau s'adressèrent également à Lancret, et surent déployer dans les œuvres de celui-ci les mêmes qualités essentielles de dessin et de coloris. Joullain grava d'une façon remarquable le *Concert pastoral;* Laurent Cars mit tous ses soins à reproduire le portrait de la célèbre danseuse *Camargo;* J. P. Lebas, quoique avec un burin un peu brillant, parvint à rendre parfaitement le *Repas italien;* enfin, N. Tardieu, N. Cochin, B. Audran, L. Desplaces, G. Scotin et Nic. de Larmessin se réunirent pour graver les *Quatre éléments,* les *Quatre saisons* et les *Quatre heures du jour.*

Ce sont encore les mêmes artistes qui multiplient les œuvres de J. B. Pater. Les dix vignettes que ce peintre dessina pour le *Roman comique* de Scarron donnèrent à Lebas, à Surrugue, à Jeaurat, à Scotin, à B. Audran et à Lépicié l'occasion de montrer leur talent facile; et si ces graveurs reproduisent des œuvres d'un dessin quelquefois un peu risqué, ils savent transcrire en tout cas l'esprit de leurs modèles. On attribue à J. B. Pater la gravure à l'eau-forte de deux planches qui représentent un *Camp* et une *Halte d'armée*; ces estampes donneraient une faible idée du talent de Pater, et nous croyons plus raisonnable de les attribuer à quelque artiste inconnu qui tenta, mais infructueusement, d'imiter la manière de Watteau et de Pater.

Après les peintres dont nous venons de dire l'influence directe sur les graveurs de leur époque, nous devons encore, sous peine d'être incomplet, citer au moins les noms des principaux artistes qui fournirent encore des modèles aux graveurs français du xviiie siècle. Jean-Baptiste-Siméon Chardin, dont le talent, consistant surtout dans une exécution puissante, était facilement sympathique à tous, eut le bonheur de voir ses œuvres fort bien reproduites : Laurent Cars, C. Nic. Cochin, Fillœul, Lépicié, Lebas et Surrugue multiplièrent à leur apparition les tableaux qu'il produisait, et ces artistes possédaient le talent nécessaire pour rendre la couleur solide et la composition simple et naïvement spirituelle des œuvres de Chardin. Le musée du Louvre possède aujourd'hui, dans la salle consacrée aux pastels, un portrait de Chardin dans lequel le peintre s'est représenté lui-même : un élève de J. G. Wille, Juste Chevillet, le grava et sut faire passer sur le cuivre la physionomie vivante que le peintre s'était donnée.

Toute une famille d'artistes, la famille des Vanloo, travailla en France pendant le xviiie siècle, mais elle n'eut qu'une très-faible influence, en supposant même qu'elle en ait eu une quelconque, sur les graveurs de son temps. Le goût de dessin de ces artistes, qui tous avaient une manière analogue, était peu fait pour attirer des imitateurs et pour former des élèves. Jean-Baptiste Vanloo (1684-1745) eut un certain talent de coloriste qui lui permit d'exécuter avec succès les portraits du roi *Louis XV* et de la reine *Marie Leczinska*, portraits que gravèrent au burin G. S. Petit et Nicolas de Larmessin. On doit encore mettre au nombre des œuvres habiles de J. B. Vanloo le portrait du graveur *Nic. Henri Tardieu*; le fils de l'artiste représenté multiplia à l'aide du burin ce portrait, et fit passer dans la gravure l'aspect vivant de la figure de son père. De même que J. B. Vanloo, Louis-Michel Vanloo (1707-1771) ne fit que des portraits, encore ceux-ci sont-ils souvent difficiles à distinguer, et est-on souvent fort embarrassé pour savoir auquel de ces deux artistes il faut attribuer telle ou telle toile. Les graveurs ne manquèrent presque jamais d'indiquer au bas de leurs estampes les prénoms de l'artiste d'après lequel ils travaillaient, et, grâce à cette précaution, nous pouvons dire aujourd'hui que les meilleurs portraits de Louis-Michel Vanloo sont ceux de *Jacques Lemercier*, gravé par J. Daullé, de *Diderot*, gravé par Henriquez, et de *Joachim-François-Bernard Potier*, gravé par

Petit en 1735. Enfin, Carle Vanloo (1705-1765) composa lui-même un certain nombre de sujets qui laissent beaucoup à désirer sous le rapport du dessin, et que la gravure nous permet de juger aujourd'hui que les peintures sont disparues ou égarées. C. Nicolas Cochin père grava d'une façon digne de Gérard Audran *David jouant de la harpe devant Saül*. P. P. Molès employa un burin terne et uniforme pour reproduire *Saint Grégoire retiré dans une caverne*, et N. Dupuis, L. Lempereur et Étienne Fessard semblent avoir perdu l'allure libre et dégagée qui les caractérise, lorsqu'ils gravent, d'après C. Vanloo, *Énée enlevant son père Anchise*, le *Triomphe de Silène*, et *Jupiter et Antiope*. Étienne Fessard retrouve sa verve ordinaire dans quatre estampes de moyenne dimension, la *Peinture*, la *Sculpture*, l'*Architecture* et la *Musique;* puis un artiste dont la réputation dépasse de beaucoup le mérite, J. Beauvarlet, grave d'une façon lourde et monotone deux compositions de Carle Vanloo, la *Sultane* et la *Confidence*, estampes d'un goût faux et d'un dessin sans énergie.

La famille des Coypel fournit à l'art quatre peintres-graveurs : Noël Coypel, 1628-1707; Antoine Coypel, 1661-1722; Noël-Nicolas Coypel, 1688-1734; et Charles-Antoine Coypel, 1694-1752. Tous quatre, ces artistes semblent procéder d'un même maître, qui serait Charles Lebrun; mais la façon élevée avec laquelle Charles Lebrun comprend la décoration est bien atténuée par ces artistes, qui remplacent l'imagination par l'afféterie et la grandeur par l'emphase. Tous les Coypel gravèrent à l'eau-forte, et M. Robert Duménil a catalogué les estampes de ces artistes. Noël Coypel fut élève de Simon Vouet, de Noël Quillerier et de Charles Errard ; il semble ne s'être attaché qu'à composer des sujets pieux, et ceux-ci furent gravés généralement par Nic. Regnesson, par Jean Boulanger, par Réné Lochon, par Guillaume Chateau et par Gaspard Duchange. Les deux eaux-fortes que l'on connaît de Noël Coypel sont gravées avec vigueur, mais elles sont dessinées d'une façon un peu ronde, et rappellent tout à fait le travail de Louis de Boullongne.

Antoine Coypel grava également à l'eau-forte, et, quoique donnant un peu plus de liberté à sa pointe, il obtint bien rarement un résultat satisfaisant. Le *Grand portrait de La Voisin* (R. D., 13) et *Apollon déclarant son amour à Daphné* (R. D., 7) annoncent un graveur dont l'outil est au service d'un dessin trop incorrect. Noël-Nicolas Coypel tente de rappeler la manière des Vanloo, ses contemporains, et compose à sa façon une *Charité romaine*, que grave J. P. Lebas ; il ressemble plutôt à N. Lancret, dans le *Bain de Diane*, que grave le même Lebas, mais ici l'esprit est bien amoindri ; quant à la *Sainte Thérèse* que Noël-Nicolas Coypel grave lui-même, elle est d'un dessin bien irrésolu, mais le travail de l'eau-forte n'est pas inhabile.

Le plus connu des Coypel, Charles Coypel, fut pendant assez longtemps garde des dessins du cabinet du

Roi, fonction qui le mit à même d'étudier à l'aise les maîtres de tous les temps, et qui l'engagea à graver en *fac-simile* une *Tête d'homme*, d'après Léonard de Vinci (R. D., 24), *Apollon*, d'après Michel-Ange (R. D., 26), et une *Figure de profil*, d'après Raphaël (R. D., 25). Il grava également à l'eau-forte un certain nombre de petites figures qui, le plus souvent, étaient inventées par lui et qui représentaient un *Petit-maître faisant semblant de penser* (R. D., 17), ou un *Petit-maître regardant fièrement* (R. D., 18), ou bien encore l'*Histoire d'une dévote* (R. D., 13-16), qui va à la messe, qui s'offre en holocauste, qui querelle sa servante ou qui calomnie le prochain. Outre ces ébauches, qui ne peuvent donner une idée complète du talent de Charles Coypel, il faut encore examiner les estampes gravées d'après ses propres tableaux. Ce sont toujours les mêmes graveurs que l'on doit nommer : François Joullain reproduit les principales têtes du tableau que C. Coypel avait peint à l'Oratoire; Louis Desplaces exécute un *Amour forgeant des flèches*; Louis Surrugue, *Persée délivrant Andromède*, et Bernard Lépicié reproduit avec talent et d'un burin puissant l'*Amour de ville*, l'*Amour de village*, la *Veuve*, les *Amours à la toilette*, et *Thalie chassée par la Peinture*.

Jean-Baptiste de Troy eut, comme les artistes précédents, plusieurs membres de sa famille qui cultivèrent les arts ; mais il fut le seul qui se fit une certaine réputation, encore fut-elle médiocre. Ses compositions théâtrales furent gravées par J. L. Le Lorrain, J. B. Hutin, Cl. O. Gallimard, Laurent Cars et J. P. Parrocel; mais ces graveurs, malgré leur habileté personnelle, ne purent rendre supportables ces compositions souvent ridicules, et perdirent, en reproduisant les œuvres de J. B. de Troy, un temps qu'ils auraient pu employer d'une façon bien plus utile. Les seules estampes d'après J. B. de Troy qui méritent d'être recherchées sont gravées par Ch. Nic. Cochin, et représentent des *conversations galantes;* composées simplement et reproduites avec une intelligence louable, elles montrent le seul bon côté du talent emphatique de J. B. de Troy.

Laurent Cars grava d'après François Lemoine plusieurs planches qui renferment une couleur lumineuse que n'avaient pas souvent à un même degré les œuvres originales. En effet, Franç. Lemoine, qui possède d'excellentes qualités de décorateur, ne sait pas donner de simplicité à ses figures isolées. Imitant en cela François Boucher, il peint des personnages qui ne pourraient ni respirer, ni marcher, et il se plaît à modeler des nymphes étiques, que les satyres seuls peuvent courtiser. Outre les planches de Laurent Cars, on compte au nombre des meilleures estampes gravées d'après François Lemoine : *Jacob apercevant Rachel*, par C. N. Cochin, et *Renaud et Armide*, par Nic. Silvestre le fils. Charles Natoire exagéra peut-être encore les allures de son maître François Lemoine, et sous un charme apparent de dessin il cache un sentiment faux et profondément mesquin. On connaît quelques eaux-fortes gravées par Natoire avec une pointe facile et agréable, et au nombre des meilleures nous placerons une *Sainte Famille* (R. D., 2) et des *Amours jouant avec une chèvre* (R. D., 6). Étienne Fessard grava, sur les dessins de Natoire, toutes les décorations de l'église des Enfants-Trouvés, et il ne put guère donner à ses gravures plus de grandeur que n'en avaient les originaux. Claude Duflos rendit faiblement une composition bien faible aussi, le *Triomphe d'Amphitrite*. J. B. Perroneau, P. Aveline et G. Huquier se réunirent pour graver les *Quatre éléments*, tandis que Lalive de Jully, riche amateur d'objets d'art, traçait d'une pointe timide et souvent lourde des compositions analogues de Ch. Natoire. Singulier contraste ! un des peintres dont le goût fut le moins relevé, Charles Natoire, fut presque le seul de son temps qui songea à Raphaël ; ce fut le seul, en tout cas, qui composa en l'honneur du grand maître une allégorie flatteuse que grava médiocrement Jean Pelletier.

Le chef d'une illustre famille d'artistes, Joseph Vernet, adopta un genre spécial de peinture, genre dont il semble ne s'être jamais écarté. Il était peintre de marine et possédait au suprême degré les facultés nécessaires pour rendre la majesté de la mer et le paisible aspect des rivières. Une composition heureuse et une exécution sage attirèrent nécessairement l'attention sur les œuvres de cet artiste, et les graveurs s'empressèrent de multiplier les peintures du maître à la mode.

Baléchou exécuta l'estampe la plus célèbre de l'œuvre de Joseph Vernet; il grava la *Tempête* et sut donner aux parties éclairées un ton lumineux qui rend tout à fait la lueur électrique; malheureusement les premiers plans étaient lourds et peu transparents. Les *Baigneuses*, que grava encore Baléchou d'après Joseph Vernet, ont une couleur harmonieuse, l'air y circule bien et inonde l'immense horizon dans lequel l'œil se perd. Quant au *Temps calme*, destiné à servir de pendant à la *Tempête*, l'estampe est d'un ton uniformément épais, et l'eau, d'ordinaire si limpide dans les marines de J. Vernet, est rendue ici métalliquement et sans transparence.

C. Nic. Cochin s'associa à J. Ph. Lebas pour graver d'après Vernet les ports de Marseille, de la Rochelle, de Rochefort, de Dieppe et beaucoup d'autres signés de cette façon : *C. N. Cochin et J. Ph. Lebas socii sculpserunt.* Ces deux graveurs, dont le talent n'était pas sans une certaine analogie, surent rendre parfaitement l'aspect des tableaux essentiellement spirituels de J. Vernet; non-seulement la mer apparaît avec toute son imposante immensité, mais l'architecture qui encadre l'Océan est soignée; les milliers de personnages qui animent la plage sont ingénieusement groupés, et on éprouve devant les estampes une sensation semblable à celle que l'on ressent devant les tableaux. Jacques Aliamet employa un burin trop pesant pour reproduire l'*Incendie nocturne*, le *Midi* et une *Vue du Levant*. Ces estampes manquent de transparence. Le

Charpentier ne rendit pas avec moins de sécheresse le *Coup de vent*, et P. Benazech, quoique plus habile, ne sut pas encore faire passer dans ses gravures, le *Retour de la pêche* et la *Pêche à la ligne*, l'esprit des œuvres originales; Weirrotter apporte la pesanteur allemande dans les deux marines qu'il dédia à Wattelet et à Marguerite Lecomte; et nous trouvons au *Naufrage* et à la *Tempête*, que gravèrent J. J. Avril et E. Cousinet, femme Lempereur, la limpidité ordinaire aux œuvres de Vernet. Celui-ci grava lui-même d'une pointe nerveuse et accentuée quelques estampes que décrit M. Prosp. de Beaudicour dans le *Peintre-graveur français continué* (tome 1er, page 62), la *Plage à la grosse tour*, le *Retour de la pêche* et trois petits paysages.

On doit reconnaître que la gravure des portraits fut toujours poussée en France à un très-haut degré de perfection; aux graveurs des crayons du xvie siècle avaient succédé J. Morin, Robert Nanteuil et Gérard Édelinck, et après ceux-ci vinrent les Drevet, J. Daullé et J. G. Wille, continuateurs, avec des mérites inégaux, de la grande école française. Deux peintres éminents se chargèrent, au commencement du xviiie siècle, de guider les graveurs : Hyacinthe Rigaud et Nicolas de Largillière, ayant passé une assez notable partie de leur vie dans le grand siècle, surent profiter des exemples qu'ils avaient reçus et adoptèrent un genre qui les fit estimer pour eux-mêmes.

Hyacinthe Rigaud, né à Perpignan en 1659, était

fils et petit-fils de peintres; il fut envoyé tout jeune à Montpellier pour apprendre le dessin; il reçut les premières leçons d'un peintre nommé Pezet et de J. Verdier, et vint à Paris en 1681 pour se perfectionner dans la peinture. Les premiers portraits qu'il fut chargé de faire furent ceux du joaillier Matheron et du sculpteur Girardon; ils attirèrent l'attention sur lui, et les commandes lui arrivèrent de tous côtés. En 1695, Rigaud songea à retourner dans sa patrie voir sa mère, devenue veuve depuis plusieurs années, et il rapporta à Paris le portrait qu'il fit d'elle et que grava dans la suite Pierre Drevet le père. L'Académie royale de peinture et de sculpture n'hésita pas à reconnaître le talent du jeune artiste et l'attira dans son sein. Hyacinthe Rigaud présenta comme morceau de réception le portrait du sculpteur Desjardins, et fut reçu le 2 janvier 1700. A dater de cette époque, la réputation de Rigaud se répandit partout, et chacun brigua l'honneur d'avoir son portrait peint par le célèbre artiste. La ville de Perpignan, ayant le droit d'élire chaque année un noble, et voulant donner à Rigaud un témoignage public d'admiration, le rangea au nombre de ses concitoyens nobles en 1709, et cette décision fut confirmée par un arrêt royal du 3 novembre 1723. Rigaud put jouir pendant de longues années de cette haute faveur, et mourut le 27 décembre 1743; il était âgé de quatre-vingt-quatre ans.

Nicolas de Largillière naquit à Paris trois ans avant Hyacinthe Rigaud, en 1656. Mais dès l'âge de trois ans il quitta la capitale pour aller retrouver son père, établi marchand à Anvers. Tout jeune encore, — il avait à peine neuf ans, — il partit avec un peintre pour l'Angleterre, apprit le dessin à Londres, et revint en Belgique, après dix-huit mois d'absence, étudier la peinture sous un artiste tout à fait oublié de nos jours, — Antoine Goubeau. Le premier voyage que Largillière avait fait à Londres l'engagea à retourner dans cette ville, où il avait été bien accueilli. Il y retourna donc et reçut des conseils de Pierre Lély. Après avoir ainsi voyagé, il éprouva le désir de revenir en France, et il se fixa à Paris. Ch. Lebrun reçut favorablement le jeune peintre, lui prodigua ses bienfaits, et Nic. de Largillière fut reçu académicien en 1686 sur le portrait de son protecteur. A partir de cette époque, Nic. de Largillière travailla continuellement à Paris, et mourut dans la même ville le 20 mars 1746. Son talent se ressentit toujours des premières études qu'il avait faites : on ne voyage pas impunément, et il reste toujours quelque chose des pays où l'on a reçu la première éducation. Doué dès l'enfance d'un goût prononcé pour la peinture, Nic. de Largillière ne dut pas rester indifférent aux œuvres de Rubens exposées de tous côtés à Anvers; quittant la Flandre pour voyager en Angleterre, il put encore admirer dans toute leur fraîcheur les toiles que Van Dyck avait laissées à la cour de Charles Ier, et c'est, sans aucun doute, à ces excursions lointaines que l'on doit la couleur toujours harmonieuse et souvent puissante des œuvres de Largillière. Hyacinthe Rigaud n'avait pas eu une existence semblable; il avait toujours vécu en France et n'avait pu ainsi connaître à fond les chefs-d'œuvre de Rubens et de Van Dyck; mais son organisation naturelle suppléa à ce que les voyages n'avaient pu lui fournir : il semble avoir deviné par instinct les richesses de la palette flamande, et, s'il n'arrive pas toujours à rendre avec une puissance égale à celle de Largillière les portraits qu'il produit, il possède à un degré si élevé la science du portraitiste, qu'il transmet avec une vérité toujours grandiose les traits du Roi ou de l'orateur, du ministre ou du peintre. Rigaud et Largillière font l'un et l'autre, et on leur a même amèrement reproché, un trop grand abus des draperies; les personnages qu'ils peignent sont couverts de vêtements amples et somptueux qui sont rendus peut-être avec une certaine emphase, et le personnage disparaît sous une robe trop brillante, ou se détache sur des draperies bien luxueuses; mais, ce défaut indiqué, il faut reconnaître que ces draperies sont rendues avec une telle aisance, et peintes avec une facilité de coloris si harmonieux, qu'il faut un peu pardonner au portraitiste pour admirer sans réserve le peintre.

Les portraits que Rigaud et Largillière exécutèrent avec un talent si élevé étaient gravés à mesure qu'ils étaient terminés; nous dirons plus, ces deux artistes semblent avoir attaché à leur personne quelques graveurs qui consacrèrent leur talent à reproduire les œuvres qu'ils mettaient au jour. Parmi ceux-ci, et tout à fait en première ligne, il faut ranger les Drevet, dont le burin rendait avec un bonheur inouï les portraits de ces deux peintres. La manière des trois Drevet est assez semblable, et elle est si difficile à distinguer, que l'on est souvent tenté de confondre les œuvres de ces trois graveurs. M. Charles Leblanc, dans le *Manuel de l'amateur d'estampes*, a tenté de restituer à chacun ce qui lui était dû, et nous renvoyons au travail consciencieux de cet iconographe les gens curieux de connaître l'œuvre de chacun. Nous dirons seulement ici que Pierre Drevet le père, Pierre Drevet le fils, et Claude Drevet gravèrent toujours au burin. Tous trois habiles à mener l'outil, ils tracent les contours du personnage avec des tailles savantes et conduites très-librement, mais ils modèlent la figure et les vêtements avec des travaux trop uniformes. Le reproche que nous adressions aux peintures originales peut s'appliquer encore davantage aux estampes : les draperies y tiennent une place trop importante et empêchent d'examiner à l'aise la physionomie du personnage représenté, partie capitale dans un portrait. Les estampes qui nous paraissent les plus heureusement réussies dans l'œuvre de Pierre Drevet le père sont les portraits de *Jean Forest*, d'après Nic. de Largillière, d'*André Félibien*, d'après H. Rigaud, et d'*Hyac. Rigaud*, d'après une peinture que l'artiste exécuta lui-même. Le graveur, prenant pour modèles des œuvres hors ligne, sut se tenir à la hauteur de sa tâche, et rendit avec une mâle fermeté ces portraits, dans lesquels la vie transpire de toutes parts.

Le portrait de *Bossuet*, que Rigaud avait peint en 1699, donna à Pierre Drevet le fils l'occasion de faire un chef-d'œuvre à la hauteur de l'original. L'éloquent prélat est représenté debout, appuyé sur les *Oraisons funèbres;* il est majestueusement drapé, et tout en ce portrait annonce un grand homme. Inspiré, sans doute, par le génie de l'homme qu'il représentait, Rigaud sut donner à Bossuet une allure noble et superbe; il trouva moyen de personnifier le génie en faisant le portrait d'un homme de génie, et l'estampe de Drevet, gravée largement et nullement emphatique, inspire la même admiration que l'œuvre peinte; l'attention se porte immédiatement sur cette tête imposante qui tenait un auditoire royal en suspens, et les draperies, quelles que soient leur richesse et leur ampleur, ne sont placées ici que pour encadrer le personnage et pour concourir à le faire valoir encore davantage. Outre ce chef-d'œuvre, qu'il exécuta à l'âge de vingt-six ans, Pierre Drevet le fils exécuta encore un grand nombre de portraits qui méritent à tous égards l'attention; mais jamais Drevet ne fit une œuvre plus complète que le portrait de Bossuet. Les portraits de *Samuel Bernard*, de *Robert de Cotte* et de *René Pucelle*, tous trois d'après Rigaud, peuvent être regardés comme des œuvres puissantes rendues avec une science infinie; mais, à côté de qualités tout à fait louables, on regrette d'être forcé de blâmer une monotonie de travail que le portrait de Bossuet n'a nullement. Pierre Drevet le fils a, comme son père, une habileté toute particulière à graver les mains; aussi ne manque-t-il pas une occasion de prouver son savoir, et, en cela, il diffère de la plupart des graveurs de portraits du xviie siècle, qui semblent éviter, à dessein, de rendre cette partie difficile de la figure humaine.

Claude Drevet, élève des précédents, continua avec succès la manière que ceux-ci avaient inaugurée; mais, si ses estampes témoignent encore de la même habileté d'outil, elles sont cependant exécutées moins largement, et les portraits de *Guillaume de Vintimille*, archevêque de Paris, d'après H. Rigaud, et du *Comte de Sinzendorf*, d'après le même artiste, sont gravés d'une façon monotone qui empêche l'œil de saisir tout d'abord la partie saillante de l'estampe.

Si les Drevet semblent être les graveurs attitrés de Rigaud et de Largillière, ils ne furent pas les seuls qui multiplièrent les œuvres de ces maîtres. Jean Daullé, quoique traçant des tailles trop métalliques, sut cependant donner à la gravure qu'il fit de *Madame la comtesse de Caylus* l'aspect de l'œuvre originale; Marie Horthemels approcha du talent de Gérard Édelinck dans le portrait de *Henri de Thiard de Bissy*, qu'elle grava d'après Rigaud; Fr. Ertinger sut employer un burin moelleux et correct qui rend très-bien l'image de *François de Camps*; G. F. Schmidt fit preuve d'excellentes qualités de coloriste dans plusieurs portraits auxquels on ne reproche avec raison qu'un aspect trop brillant; François Chereau réussit fort heureusement le portrait du cardinal *de Polignac;* enfin, Vermeulen, Ch. Simonneau, Claude Duflos et J. Sarrabat gravèrent, d'après Rigaud et d'après Largillière, des planches qui dénotent un grand savoir ; Gérard Édelinck lui-même emprunta souvent ses modèles à ces artistes, et il contribua fort à la réputation qu'ils obtinrent en gravant les admirables portraits de *Martin Desjardins*, de *Jules-Hardouin Mansart* et de *Charles Lebrun*.

H. Rigaud et Nic. de Largillière marquent la transition entre la grande école des portraitistes du siècle de Louis XIV et l'école puissante encore mais surtout élégante du xviiie siècle. Jean-Marc Nattier (17 mars 1685-7 septembre 1766) fut un des premiers portraitistes de la Régence ; il peint les mœurs de son temps en reproduisant l'image des seigneurs de la cour et des dames à la mode ; la grande perruque n'existe plus : une petite et courte perruque poudrée la remplace ; au lieu de ces figures sérieuses immobilisées par l'étiquette, on voit des minois enjoués ou des profils spirituels et piquants ; au règne pompeux de Louis XIV succèdent les débauches du Régent et le pouvoir gracieux et frivole de madame de Pompadour. Nattier voulut, à ses débuts dans la carrière des arts, aborder la peinture de style ; mais, n'ayant aucune des qualités requises pour ces sortes de travaux, il serait, certes, absolument oublié aujourd'hui s'il était resté dans cette voie ; il la quitta donc pour se livrer exclusivement à la peinture des portraits, et il paraît affectionner les portraits de femmes. Il rend, en effet, avec bonheur la physionomie douce de sa souveraine *Marie Leczinska*, tableau que J. Tardieu et Étienne Gaucher s'empressent de graver; ce dernier encadre le portrait de la Reine dans une guirlande de fleurs qu'il compose avec un art infini. Nattier représente, sous la figure des quatre éléments, *Madame Henriette, Madame Victoire, Madame Élisabeth* et *Madame Adélaïde de France*, et J. Tardieu, R. Gaillard et Baléchou gravent ces portraits avec talent; ils emploient un burin souple et moelleux qui reproduit très-fidèlement les peintures accentuées de Nattier; mais les portraits de Nattier ont le tort de trop se ressembler. L'emploi de la poudre, des mouches et du rouge, la coiffure identique, fait que les femmes n'ont plus leur caractère naturel lorsqu'elles soumettent leurs visages aux peintres, et ceux-ci sont contraints de représenter ce qu'ils voient et non ce qu'ils pourraient voir. Levasseur et A. Marcenay de Ghuy nous font connaître un portrait du *Marquis d'Argenson*, que peignit J. M. Nattier; il conserve un certain caractère, même à travers le froid burin de l'un et l'eau-forte lourde de l'autre. Enfin, une des meilleures estampes gravées d'après Nattier est due au burin de L. J. Cathelin; celui-ci transmit avec esprit au cuivre le portrait d'un émule de Nattier, du peintre *Louis Tocqué*.

Quoique Jean-Louis Tocqué (1696-10 février 1772) ait passé une partie de sa vie à l'étranger, sa manière de comprendre la physionomie humaine et ses procédés de peinture sont bien français; de même que Nattier, Tocqué vécut au milieu d'une société fardée qui eut une influence immédiate sur sa manière. Les portraits peints par Tocqué, généralement bien gravés, sont même plus agréables dans les estampes que dans les originaux, car, exécutés souvent assez sèchement, ils manquent d'une harmonie que les graveurs savent y ajouter. Les meilleurs portraits exécutés par Tocqué sont ceux du *Dauphin*, fils de Louis XIV, gravé par Simon H. Thomassin; de *M. de Livry*, évêque de Callinique, gravé par P. Savart; de l'abbé *Guyot-Desfontaines* et de *J. B. Massé*, gravés par G. Frédéric Schmidt. Quant aux portraits du *Comte de Saint-Florentin* et du *Marquis de Marigny*, gravés par Jean-Georges Wille, ils sont désagréables à l'œil. Wille taille le cuivre avec une telle symétrie, que le travail de la gravure empêche d'apprécier le dessin en détournant le regard, et cette habileté matérielle nuit plus à l'œuvre reproduite qu'elle ne la seconde. Cette observation peut également s'adresser au portrait de *Lenormant de Tournehem*, que Nic. Dupuis grava d'après Tocqué tout à fait dans le goût de Wille.

La gravure au burin, à moins qu'elle ne soit employée par les peintres eux-mêmes, est bien peu propre à reproduire des peintures au pastel; aussi les œuvres de Maurice-Quentin De la Tour (5 septembre 1704- 17 février 1788) furent-elles le plus souvent faiblement interprétées. P. E. Moitte et P. L. Surrugue donnèrent comme morceau de réception à l'Académie les portraits de *Jean Restout* et de *Réné Frémin*, qu'ils avaient gravés d'après De la Tour; et, malgré l'habileté bien connue de ces graveurs, on serait fort embarrassé, si l'on ne connaissait les œuvres originales, de dire si c'est un pastel ou une peinture à l'huile qui servit de modèle. Étienne Ficquet exprima avec un aspect plus vaporeux les portraits de *Voltaire* et de *Rousseau*, qu'il grava d'après le même artiste; mais le procédé du peintre est encore assez méconnaissable. Il en est de même des portraits de *Marie Leczinska*, gravé par Petit, et de *Charles de la Morlière*, gravé par Lépicié. Le portrait de *Jacques Dumont le Romain*, exécuté largement au burin par J. J. Flipart, donne seul l'idée d'un pastel. Un artiste absolument oublié aujourd'hui, P. Bertrand, grava d'une façon tout à fait appropriée au talent de De la Tour *Arlequin* qui tient son masque à la main; il employa l'eau-forte et rendit, au moyen de contours indécis, l'aspect vaporeux du pastel. La difficulté de bien interpréter les pastels était telle, qu'aucun artiste n'osa entreprendre la gravure du portrait de *Madame de Pompadour*, exposé au musée du Louvre; et l'œuvre la plus importante de De la Tour n'a pu encore trouver un interprète assez courageux pour la traduire, assez habile du moins pour la rendre avec tout son charme et toute son élégance féminine.

Après avoir groupé autour des peintres de portraits un certain nombre de graveurs, il est nécessaire de s'occuper de ceux-ci isolément. Les Drevet, outre qu'ils furent les plus illustres portraitistes du xviiie siècle, formèrent encore une école qui eut d'illustres élèves. Deux artistes d'Abbeville (la ville était prédestinée, elle avait déjà fourni à la gravure Cl. Mellan et les Poilly), Jean Daullé et Jacques-Firmin Beauvarlet, continuèrent la manière que leurs maîtres avaient mise en honneur. Jean Daullé (1703-1763), tout en exagérant le travail brillant de ses prédécesseurs, sut donner à quelques-unes de ses estampes une couleur assez puissante pour les faire estimer, et, parmi les meilleures pièces que cet artiste exécuta, il faut ranger les portraits d'*Hyacinthe Rigaud peignant le portrait de sa femme*, estampe qui fit recevoir le graveur académicien en 1742, de *Pierre Mariette*, de *Mademoiselle Pélissier*, d'après Drouais, de *Baron*, d'après de Troy, de *Maupertuis*, d'après R. Tournières, et de la *Comtesse de Feuquières*, tenant le portrait de son père, d'après Pierre Mignard. Malgré une certaine tendance à sacrifier le dessin à l'habileté de l'outil, Jean Daullé demeure, au moins dans les portraits que nous venons de citer, dans des bornes raisonnables, et, s'attachant à bien exprimer la physionomie de ses modèles, il grave des œuvres tout à fait estimables. Jacques Beauvarlet (1733-7 décembre 1797) ne fut pas aussi habile interprète, et il surchargea de travaux inutiles un grand nombre de ses estampes. Dessinateur inexpérimenté, il ne construit pas avec exactitude la figure humaine, et, si l'on ajoute à ce défaut capital un désir exagéré de montrer l'habileté de son outil, on placera à un rang bien inférieur cet artiste incomplet. Cependant Beauvarlet grava simplement le portrait de la *Comtesse du Barry*, d'après H. Drouais, et il réussit à rendre tout l'esprit de son modèle, mais ce fut la seule fois qu'il agit de la sorte; les portraits du *Comte d'Artois* et de *Madame Clotilde* enfants, d'après le même peintre, sont pleins de recherche; le portrait de *François-Pierre Ducluzel*, intendant de Tours, est fade et sans expression ; quant au portrait de *Molière* que Beauvarlet grava d'après Séb. Bourdon, — la peinture aujourd'hui perdue pourrait bien être apocryphe, — il est assez habilement exécuté, mais il ne reproduit pas les traits de l'illustre comédien ; l'auteur de *Tartufe*, est représenté assis devant son bureau; il regarde le spectateur avec un air hautain qui le fait ressembler à un ministre plutôt qu'à un comédien. En somme, Beauvarlet, dont la réputation a été grande de son temps, ne nous paraît pas mériter l'estime qui l'a entouré : habile praticien, il négligea trop le dessin pour occuper un rang élevé dans l'histoire de l'art, et le portrait du sculpteur *Bouchardon*, qui lui ouvrit les portes de l'Académie, n'était ni la meilleure estampe qu'il exécuta, ni une œuvre hors ligne.

On a encore, selon nous, beaucoup surfait le mérite de Jacques Baléchou (1715-1764), et, se laissant séduire par le travail matériel, on semble avoir oublié que le graveur doit, avant tout, dessiner correctement, et que lorsqu'il tente de reproduire les œuvres d'autrui, il doit chercher d'abord à en saisir parfaitement le caractère. La *Sainte Geneviève* que Baléchou grava d'après Vanloo est totalement dénuée de charme et de souplesse, et on s'explique difficilement l'engouement dont cette estampe fut l'objet; elle ne peut, en effet, mériter d'éloges ni pour le dessin, qui est absent, ni pour la gravure, qui est lourde et sans transparence. Lié d'amitié avec le peintre Aved, Baléchou grava plusieurs estampes d'après cet artiste, et les portraits de la femme de celui-ci et de *Taschereau de Linières* peuvent être estimés pour le travail de l'outil. *M. de Julienne* tenant à la main le portrait de son ami Watteau, d'après de Troy, est peut-être moins métalliquement et moins maladroitement gravé, aussi est-il plus agréable à l'œil et mérite-t-il d'être préféré aux autres planches gravées par J. Baléchou.

Jean-Georges Wille naquit auprès de Kœnigsberg le 5 novembre 1715; il vint fort jeune à Paris avec son ami et compatriote Georges-Frédéric Schmidt, et reçut, nous apprend-il lui-même dans ses *Mémoires*, des conseils d'Hyacinthe Rigaud. Si l'on veut faire consister simplement la science du graveur dans l'habileté à mener de belles tailles bien nettes et également distancées, il faudra regarder J. G. Wille comme un des graveurs les plus habiles; mais, si l'on exige du graveur une interprétation sage et fidèle, un coloris en rapport avec l'œuvre qu'il copie, on ne pourra pas adresser d'éloges aux estampes de Wille, œuvres toujours froides et brillantes à l'excès. M. Ch. Leblanc a publié un catalogue raisonné de l'œuvre de J. G. Wille, auquel nous renvoyons le lecteur curieux de savoir ce que cet artiste a produit; mais nous devons faire remarquer que l'estampe de ce graveur que les amateurs se disputent avec le plus d'acharnement, l'*Instruction paternelle* (Leblanc, n° 55), n'a que le bien petit mérite de renfermer une robe de soie merveilleusement rendue.; autant vaudrait-il dire que les *Noces de Cana*, de Paul Véronèse, ne sont admirables que parce qu'on y voit au premier plan deux chiens posés avec naturel. Comme portraitiste, J. G. Wille ne nous paraît pas devoir mériter beaucoup plus d'éloges. Les portraits les plus célèbres qu'il exécuta au burin, ceux du *Comte de Saint-Florentin*, d'après J. L. Tocqué (Leblanc, 124), de *Woldemar de Lowendal*, d'après De la Tour (Leblanc, 122), du *Cardinal Colonna*, d'après P. Battoni (Leblanc, 158), et de *Poisson de Marigny*, encore d'après J. L. Tocqué (Leblanc, 125), sont d'un aspect tout à fait désagréable; ce sont les dentelles et les draperies qui frappent tout d'abord, et les cuivres qui garnissent les meubles sont gravés d'une façon moins métallique que les broderies qui couvrent les vêtements. En résumé, J. G. Wille, au point de vue de l'habileté matérielle, n'a pas été dépassé; mais, en définissant le domaine du graveur et en lui donnant les limites véritables dans lesquelles il doit être circonscrit, on est contraint de ranger Wille parmi les portraitistes médiocres du xviii° siècle; il mourut à Paris le 8 août 1806[1]. Depuis longtemps il avait cessé d'exercer son burin.

Pierre-Charles Ingouf et François-Robert Ingouf étaient frères et étaient tous deux élèves de Flipart. Ces artistes ont une manière de graver assez semblable, qui consiste dans un travail mesquin et peu original; ils gravèrent l'un et l'autre un assez grand nombre de portraits qu'ils copièrent souvent d'après des estampes connues, et, lorsqu'ils voulurent interpréter directement une œuvre peinte, ils la traduisirent sans énergie. Ainsi les portraits de *Crébillon*, d'après Delatour, de *Marivaux*, d'après Augustin de Saint-Aubin, de *Hue de Miromesnil*, de *Necker* et de *M. de Sartines*, gravés par Fr. Rob. Ingouf, sont exécutés sèchement et manquent de caractère; les estampes les moins faibles de Ingouf le jeune (Junior) furent exécutées d'après les peintures de J. B. Greuze, et nous en parlerons à leur place.

Parmi les plus féconds dessinateurs de portraits au xviiie siècle, il faut compter Charles-Nicolas Cochin, qui grava souvent même d'après ses propres dessins. Né à Paris en 1715, Cochin mourut en 1788, laissant l'image de presque tous les hommes considérables de

---

[1] La plupart des portraitistes du règne de Louis XV ayant continué de graver sous le règne suivant, nous avons préféré les grouper ici à la suite les uns des autres. Aussi ne doit-on pas être surpris de trouver dans ce chapitre des artistes dont quelques-uns vécurent jusqu'au commencement du xixe siècle; ceux-ci, d'ailleurs, gravèrent presque toujours d'après des œuvres du commencement du xviiie.

son temps; il eut seulement le tort de les représenter trop souvent de profil, et, une perruque uniforme aidant, leur physionomie n'est pas toujours suffisamment caractérisée. Lorsque Ch. Nic. Cochin grava lui-même les portraits qu'il dessinait, il employait une pointe spirituelle et mordante que Wattelet, Laurent Cars et Augustin de Saint-Aubin, les interprètes habituels de l'œuvre de Cochin, ne surent pas toujours conduire avec la même habileté. Wattelet se servait toujours de la pointe, et sa qualité d'amateur fait excuser une pesanteur d'outil bien apparente; Laurent Cars commence ses planches à l'eau-forte et les termine sagement au burin, et Augustin de Saint-Aubin fait de même. Ce dernier (3 janvier 1736-9 novembre 1807) fut un des graveurs qui rendirent le plus habilement les portraits de Ch. Nicolas Cochin; il savait transcrire avec esprit les originaux qui lui étaient confiés, et, alors même qu'il gravait d'après ses propres dessins, car il était lui-même excellent dessinateur, il devenait l'émule de son maître Charles-Nicolas Cochin. Augustin de Saint-Aubin retoucha, refit même pour ainsi dire un certain nombre de portraits qu'un amateur du XVIIIe siècle avait tenté de graver; et nous croyons pouvoir affirmer que c'est à Augustin de Saint-Aubin, et non à Lalive de Jully, qui les signe, qu'il faut attribuer les portraits de *M. et de Madame de Laborde* d'après Roslin. Ce sont même certainement les deux plus jolies estampes qu'Aug. de Saint-Aubin ait gravées; elles sont exécutées d'une pointe fine et accentuée, et donnent bien la physionomie de deux personnes distinguées et spirituelles.

Quoiqu'il fût élève de Ch. Nic. Cochin, Simon-Charles Miger (1736-1820) ne sut pas transmettre à ses gravures la gentillesse des œuvres qu'il copiait. Sa gravure, toujours lourde, est quelquefois maladroite et manque absolument d'élégance. Cependant dans une suite de portraits de musiciens et dans les portraits de *Gluck* (Cat. de l'œuvre de Miger, par E. B. de la Chavignerie, n° 223) et d'*Hubert Robert* (Cat., n° 276), Miger donna un peu plus de liberté à son outil et il réussit alors plus heureusement.

Après ces artistes, qui cherchaient tous, avec des talents différents, à continuer la manière adoptée par leurs prédécesseurs, trois graveurs semblent vouloir mettre en vigueur un genre nouveau, qui consiste à reproduire le plus finement possible et dans les plus petites dimensions les portraits des hommes illustres. Étienne Ficquet fut le premier qui tenta cette expérience : après avoir gravé un assez grand nombre de portraits pour le marchand d'estampes Odieuvre, il voulut exécuter des œuvres qui fussent capables d'attirer sur lui l'attention, et c'est alors qu'il grava les portraits de *Molière*, de *la Fontaine*, de *Corneille* et de *Boileau;* il employa un burin très-fin, et, au moyen de tailles innombrables, il arriva à rendre avec un certain bonheur la physionomie des personnages qu'il voulait représenter. Il faut encore citer comme les meilleures planches d'Ét. Ficquet les portraits de *Louis XV*, de

Madame de Maintenon, de *Fénelon* et de *Lamothe le Vayer*, et, parmi les nombreuses estampes qui ornent la *Vie des peintres flamands et hollandais* de J. B. Descamps, le portrait de *Vandermeulen*, œuvre vraiment remarquable. Pierre Savart tenta en vain de suivre la voie tracée par Ét. Ficquet; il ne put atteindre à cette finesse excessive de burin qui fait le principal mérite des œuvres de Ficquet, et il resta fort loin de son maître. Cependant les portraits de *Madame Deshoulières*, de *Racine* et *Colbert*, copiés, il est vrai, d'après des estampes gravées antérieurement, prouvent une certaine habileté d'outil et une main exercée.

En voulant exagérer la finesse du burin, Jean-Baptiste Grateloup (1735-1813) grava quelques petits portraits qui ont pour principal mérite l'extrême rareté; il arriva, en effet, à force de serrer des tailles imperceptibles, à imiter avec le burin le travail que l'on obtient avec le berceau dans la manière noire; aussi, grâce à cette minutie excessive et presque ridicule, J. B. Grateloup passa-t-il toute son existence à graver neuf portraits qui furent décrits par nous dans les *Archives de l'art français* (tome V, Documents, p. 205). Parmi ceux-ci, le portrait de *Bossuet*, d'après Rigaud, est le mieux réussi; encore mérite-t-il bien peu d'éloges si on le compare au superbe portrait du même personnage que Pierre Drevet le fils grava d'une façon tout à fait magistrale.

Au XVIIIe siècle, la gravure à l'eau-forte, en même

temps qu'elle était employée par presque tous les peintres, devint à la mode, grâce à une circonstance fortuite : Madame de Pompadour, grande protectrice des arts, voulut elle-même manier la pointe, et elle exécuta quelques planches à l'eau-forte qui ne sont pas sans valeur. Outre une suite de pierres gravées qu'elle reproduisit d'après Jacques Guay, Madame de Pompadour traça d'une pointe spirituelle trois ou quatre planches que n'auraient pas reniées plusieurs graveurs en renom; celles-ci sont même traitées avec une liberté telle, qu'il ne faudrait pas s'étonner si l'on apprenait un jour que François Boucher ou que Ch. Nic. Cochin aient mis la main à ces œuvres presque royales. Il est bien difficile d'admettre, en effet, qu'une femme journellement occupée des affaires publiques ait pu consacrer à l'art de la gravure un temps suffisant pour obtenir cette sûreté de pratique à laquelle des artistes de profession n'arrivent pas toujours. Quoi qu'il en soit, les estampes signées *Pompadour sculpsit* doivent, jusqu'à nouvel ordre, conserver l'attribution que l'on n'a pas encore pu démentir d'une façon formelle. Une fois l'impulsion donnée, les grands seigneurs voulurent faire leur cour à celle qui menait l'État, et l'on vit paraître à cette époque nombre de petites vignettes qui n'ont pas un mérite suffisant pour être examinées ici. Si Madame de Pompadour avait reçu des leçons d'illustres artistes et avait eu peut-être des aides fort habiles, le comte de Breteuil, la marquise de Caumont, le duc de Chevreuse, le chevalier de Vieuville et le chevalier de Valory avaient été réduits à eux-mêmes et avaient produit des œuvres sans aucune valeur d'art.

Honoré Fragonard, né à Grasse en 1732, vint fort jeune à Paris, entra, à son arrivée, dans l'atelier de Boucher, et, après avoir étudié quelque temps chez cet artiste, il se rendit à Rome, où il copia un grand nombre de peintures italiennes. On rencontre aujourd'hui encore quelques-uns de ces dessins faits à la plume et lavés, et on peut d'ailleurs se convaincre par les gravures qu'en fit l'abbé de Saint-Non combien ces études profitèrent peu à Fragonard, né pour un art tout différent. Aussitôt après son retour en France, Honoré Fragonard adopta un genre bien personnel qui doit faire estimer son talent; il composa avec esprit des sujets galants qui lui valurent l'entrée à l'Académie en 1765, et il ne sortit jamais de cette voie, dans laquelle il réussissait. Non content d'obtenir de véritables succès pour ses œuvres peintes, Fragonard voulut également manier la pointe et il s'en acquitta avec bonheur. Il faut même classer parmi les meilleures eaux-fortes que l'art du xviiie siècle produisit les *Quatre Bacchanales* (Beaudicour, 6-9), et l'*Armoire* (B., 2). Ces estampes, quoique d'un dessin plus pittoresque que précis, sont composées avec facilité, et révèlent un artiste qui met plus de soin à l'exécution matérielle qu'à la correction du dessin. Plusieurs graveurs, Flipart, Beauvarlet, Née, Delaunay, Macret et Ponce, reproduisirent les compositions que Fragonard ne grava pas lui-même. Maurice Blot grava son chef-d'œuvre d'après un tableau de cet artiste, que l'on désigne généralement sous le nom du *Verrou*. Un jeune garçon à moitié déshabillé tient dans ses bras une jolie blonde, qui, amoureusement étreinte, feint de vouloir l'empêcher de fermer au verrou une porte qui peut tout trahir ; il est impossible de rendre avec plus de vérité ce combat involontaire entre cette fille qui veut contraindre son amour et ce jeune homme qui ne se connaît plus : l'œuvre fut simple, aussi fut-elle absolument réussie. H. Fragonard échoua toutes les fois qu'il voulut aborder un sujet historique ou allégorique; il devient tout de suite théâtral et vulgaire, témoin l'estampe qu'il composa en l'honneur de Franklin, et que grava le peintre Parizeau. Après avoir été l'un des peintres les plus appréciés de son temps, Honoré Fragonard mourut dans la misère en 1806, ne laissant qu'une seule élève, mademoiselle Marguerite Gérard. Celle-ci grava d'une pointe tout à fait analogue à celle de Fragonard *M. Fanfan jouant avec M. Polichinelle et compagnie* (Beaud., 3), eau-forte fine et spirituelle qui passa longtemps pour être l'œuvre de Fragonard lui-même.

Sans cesse le crayon à la main, Gabriel de Saint-Aubin dessinait tout ce qu'il voyait, et rien n'est plus curieux que les catalogues de ventes de tableaux qui ont appartenu à cet artiste : on voit en marge esquissés en quatre coups de crayon les tableaux ou les statues que l'huissier priseur allait adjuger. Les gravures de

Gabriel de Saint-Aubin sont exécutées aussi librement que ses dessins sont indiqués; plus désireux de montrer l'ensemble des scènes auxquelles il assiste que la forme même des objets, il trace d'une pointe inexpérimentée, mais toujours spirituelle, la *Vue du Salon du Louvre en* 1753 (Beaudicour, 19), ou la *Foire de Beson* (Beaud., 17), l'*Incendie de la Foire Saint-Germain* (Beaud., 7-12), ou le *Spectacle des Tuileries* (Beaud., 13-14). Les milliers de petits personnages qu'il introduit dans ses compositions babillent à ravir, chaque groupe vit et agit, chacun occupe la vraie place et concourt à l'intérêt de l'action. Ces eaux-fortes, tirées à quelques exemplaires seulement, étaient destinées sans doute à être données plutôt que vendues; de là leur rareté, et de là aussi le prix relativement assez élevé qu'elles atteignent aujourd'hui dans les ventes.

Les compositions de Jean-Baptiste-Marie Pierre (1713-1789) sont dessinées avec une incorrection telle, que l'on ne saisit pas toujours au premier abord les objets que le peintre-graveur a voulu représenter, défaut grave plus apparent encore dans les estampes que dans les peintures. Pierre mania, comme la plupart de ses contemporains, l'eau-forte avec une certaine habileté, mais on doit reconnaître que c'est d'après les dessins de Subleyras qu'il exécuta ses meilleures planches. En effet, le *Frère Luc*, la *Courtisane amoureuse*, le *Faucon* et les *Oies du frère Philippe* (Beaud., 32-35), estampes destinées à orner une édition des *Contes de la Fontaine*, sont traités avec une pointe grasse qui sied à merveille aux dessins. On n'en peut dire autant du *Bal improvisé* (Beaud., 9), du *Charlatan* (Beaud., 31), et de quelques autres pièces qui sont en même temps dessinées et gravées par Pierre. Cependant, pour la *Mascarade chinoise* (Beaud., 27), qu'improvisèrent les pensionnaires de l'Académie de France à Rome, Pierre, dessinant d'une façon moins incorrecte, fit une œuvre meilleure ; cette estampe d'ailleurs est curieuse en ce qu'elle constate un fait, petit en lui-même, il est vrai, mais dont il n'est fait mention nulle part ailleurs. On grava un assez grand nombre de planches d'après les dessins de J. B. Pierre, et les artistes qui surent le mieux rendre la manière assez dévergondée de ce peintre furent Nic. Dupuis, Chédel, Pelletier et Preisler ; encore ces artistes ne purent-ils pas améliorer le goût des dessins qu'ils avaient sous les yeux.

Le xviiie siècle fut fécond en nouveaux procédés de gravure. J. Ch. François avait inventé, avons-nous dit, la gravure au lavis; Jean-Baptiste Leprince perfectionna encore cette invention et grava, au moyen de ce procédé[1], un grand nombre de dessins de sa composi-

---

[1] On doit lire sur Jean-Baptiste Leprince une fort intéressante notice de M. Alfred Darcel, parue dans les *Portraits inédits d'artistes français* que publie M. Ph. de Chennevières. Nous avions, à cette époque, communiqué à l'auteur de l'article une note que nous croyons utile de reproduire ici :

Leprince avait fait, et se proposait de publier, en 1780, un traité de la gravure au lavis, et il fit paraître à cette époque un prospectus dans lequel il n'oublia pas de faire voir tous les avantages qu'on pouvait retion. Ayant longtemps séjourné en Russie, J. B. Leprince rapporta plusieurs vues, des costumes et des scènes de mœurs du pays qu'il avait habité. Chaque tirer de ce genre de gravure. Dans ce prospectus il annonce l'intention où il est de faire paraître son livre par souscription, et dit que, « d'une santé chancelante, il se regarderait comme coupable envers les arts et sa nation s'il ensevelissait avec lui sa découverte ; mais qu'il n'est pas assez favorisé par la fortune pour faire le sacrifice de ses travaux et pour renoncer à un gain permis ; il s'est donc déterminé à offrir une souscription comme le moyen le plus simple de concilier l'intérêt général avec des droits légitimes. » La mort de Leprince a empêché l'exécution de ce projet, et puisque depuis cette époque le manuscrit n'a pas été publié, il nous a semblé curieux d'indiquer ici le plan de l'ouvrage et les conditions de souscription. Nous emprunterons toujours ces détails au même prospectus.

« PLAN DU TRAITÉ DE LA GRAVURE AU LAVIS.

« Comme les procédés les plus simples ont toujours besoin d'apprentissage, et que souvent on perd du temps à la recherche de la meilleure manière de s'y prendre, M. Leprince a cru devoir composer un traité de la marche qu'il faut tenir dans son procédé. Il conduit, pour ainsi dire, par la main ceux qu'il initie dans son secret : à chaque pas il y donne le précepte et l'exemple, c'est-à-dire une planche démonstrative de ce qui sera avancé dans le texte.

« L'ouvrage contiendra trente à quarante estampes, que l'auteur s'efforcera de rendre intéressantes, et qui seront, ainsi que le texte, imprimées sur de très-beau papier. C'est sans doute ici le lieu de remarquer que cet ouvrage, dépouillé même de la découverte du secret, sera en lui-même une collection nouvelle de dessins et de planches faisant suite et complément de l'œuvre de M. Leprince.

« Il sera libre aux souscripteurs d'avoir des estampes imitant le bistre ou l'encre de Chine, pourvu qu'ils aient la précaution d'avertir en souscrivant.

« Chacune de ces estampes sera encadrée à l'imitation des dessins collés.

« L'auteur, dans le même volume, insérera différents procédés de gravure qui sont le fruit de ses recherches, tous susceptibles d'une extrême figure était spirituellement dessinée et gravée avec légèreté ; à l'aide de cette gravure au lavis, Leprince put rendre en fac-simile les dessins qu'il avait faits d'après nature. Ne pouvant suffire à graver lui-même tous ses croquis, Leprince confia à plusieurs de ses contemporains le soin de graver les plus importants, et Robert Gaillard, N. Delaunay, Wattelet, Saint-Aubin et J. B. Tilliard rendirent avec un burin intelligent nombre de scènes polonaises et quelques costumes

promptitude, et principalement dans la manière qui approche le plus de Rembrandt. A la fin de ce volume il ajoutera un traité succinct sur la manière d'imprimer et de préparer les couleurs et les huiles propres à ce genre de gravure.

« Le prix de la souscription sera de 120 livres. Les souscripteurs déposeront 48 livres en s'engageant chez M. Lesacher, notaire, rue Saint-Martin, au coin de la rue de l'Égout, qui les remettrait aux souscripteurs, dans le cas où des événements imprévus empêcheraient l'exécution de l'ouvrage. Lors de son entière exécution, qui sera annoncée dans les journaux, le reste de la somme sera fourni par les souscripteurs en retirant l'ouvrage chez le même notaire.

« L'auteur se propose d'avoir entièrement rempli ses engagements dans l'espace de huit mois.

« La souscription sera ouverte pendant quatre mois, à partir du jour de la publication du prospectus.

« Nota. — Les personnes qui n'auraient point encore eu connaissance des estampes exécutées par ce procédé pourront en voir quelques-unes que l'auteur a fait déposer, pour la commodité du public, au Café de l'Académie, place du Louvre (1780). »

Soit que le secret ait été perdu, soit que le procédé employé par Leprince fût difficile à imiter, depuis la mort de cet artiste on n'a vu paraître aucune estampe en ce genre, et si le manuscrit, qui existe encore aujourd'hui, croyons-nous, entre les mains de M. Fréd. Villot, conservateur de la peinture au Musée du Louvre, si ce manuscrit était publié, le graveur trouverait peut-être un nouveau moyen d'agrandir le domaine de son art.

russes, consultés aujourd'hui avec fruit par les archéologues.

Loutherbourg passa en Angleterre une assez grande partie de son existence, et grava à la manière anglaise quelques facéties qui rappellent les œuvres d'Hogarth sans les valoir. L'*Exhibition* et l'*Intérieur de la boutique du Perruquier* ou du *Cafetier* sont des charges un peu grossières qui ne peuvent passer que parce qu'elles sont exécutées d'une pointe hardie, mais farouche. Subleyras, qui donne souvent à ses tableaux une grande limpidité de ton, exécute à l'eau-forte deux planches qui ne sont que lourdes, le *Serpent d'airain* et les *Noces de Cana*. Antoine Rivalz naît et meurt à Toulouse (1667-1735); il peint pour sa ville natale plusieurs toiles que l'on nous affirme être d'une belle couleur, et il grave, pour le *Traité de Peinture* de Dupuy du Grez, quatre fines allégories que décrit M. Robert Duménil (tome I, page 273). Hubert Robert dédie à Marguerite Lecomte une suite de douze planches, les *Soirées de Rome*, qui joignent à une composition agréable une exécution pittoresque. Charles Trémollière, dont nous avons déjà noté l'habileté à rendre les dessins d'Ant. Watteau, compose deux sacrements, le *Baptême* et la *Confirmation*, qu'il grava avec une pointe exercée, mais tout à fait incorrecte. Claude-Henri Wattelet tente d'imiter dans ses estampes le clair-obscur de Rembrandt, et reste bien loin du maître qu'il affectionne : il grave en effet son propre portrait, à l'imitation du *Bourguemestre Six*, et ne donne aucune transparence aux ombres que Rembrandt avait su rendre claires. Wattelet réussit plus heureusement quelques estampes de sa composition et quelques portraits dessinés par Cochin ; mais sa pointe est toujours pesante et quelquefois bien monotone. Wattelet fut d'ailleurs un graveur amateur, et on trouve plus de bien à dire du *Dictionnaire de peinture*, qu'il composa avec le concours de Levêque pour l'*Encyclopédie*, que des eaux-fortes nombreuses qu'il exécuta. Cet ouvrage, recherché à juste titre, contient sur les artistes de tous les temps et de tous les pays des appréciations justes et des jugements clairement énoncés. Marguerite Lecomte imita le travail de Wattelet et grava quelques planches qui pourraient être signées du nom de cet artiste. Les bords du Loiret offrirent à un amateur d'Orléans, Agman Thomas Desfriches, des sites gais et charmants qu'il fixa sur le cuivre avec une pointe naïve. L. C. de Carmontelle grava d'une eau-forte sincère et spirituelle plusieurs portraits pleins de gaieté ; *Voltaire à Ferney* et *Rameau* semblent de véritables caricatures, et le *Duc de Chartres*, le *Baron de Bezenval* et l'*Abbé Allaire*, esquissés légèrement, charment par l'esprit avec lequel il sont traités. J. B. Joseph Delafosse, N. Ransonnette, Houel et Miger se chargèrent de graver les dessins que Carmontelle ne grava pas lui-même, et c'est à ces artistes que l'on doit les portraits de *Bachaumont*, de *Jacques de Lioncy*, du jeune *Mozart*, de la *Famille Calas*, du *Comte de Milly* et de quelques autres personnages que Carmontelle sut montrer pleins de vie et de naturel.

Antoine Marcenay de Ghuy voulut chercher à imiter le travail de Rembrandt et ne fit rien de bon; il grava, d'après différents maîtres, tels que Poussin, G. Dow, Joseph Vernet et Rembrandt, des estampes sans transparence; il en est de même des portraits de *Bayard*, du *Chancelier de l'Hopital*, de *Turenne*, du *Maréchal de Saxe* et de *Jeanne d'Arc*. Ceux-ci, dessinés sans exactitude, n'ont ni un caractère bien tranché ni une exécution agréable[1]. Enfin, au nombre des plus féconds graveurs du xviii° siècle il faut ranger le comte de Caylus (1692-1765), un des amateurs les plus intelligents qu'ait vu naître la France. Possesseur d'une grande fortune, le comte de Caylus put voyager quand bon lui semblait, et, doué de connaissances aussi étendues que variées, il rapportait de toutes ses excursions quelques découvertes nouvelles qu'il publiait à son retour à Paris. Pour nous, qui ne devons envisager ici le comte de Caylus qu'au point de vue de la gravure, nous dirons que le plus souvent il se contenta de reproduire les œuvres d'autrui; c'est ainsi qu'il grava en *fac-simile*, alors que presque personne ne songeait aux maîtres de la Renaissance, une grande quantité de dessins de Raphaël, de Michel-Ange, de Léonard

---

[1] Marcenay publia sur son art une notice qui n'offre qu'un bien mince intérêt; elle parut sous ce titre, en 1764 : *Idée de la gravure. Lettre sur l'Encyclopédie, au mot* Graveur, *et Catalogue raisonné des planches de l'œuvre de Marcenay de Ghuy*. In-4°.

de Vinci et de Rubens. On doit même peut-être voir dans cette série de travaux du comte de Caylus un indice de la réaction qui allait s'opérer bientôt en France. Les *fac-simile* que grave le comte de Caylus ne sont pas correctement dessinés; cependant, malgré une interprétation presque toujours incomplète, on ne laisse pas de retrouver aisément le dessin du maître, et on doit s'estimer heureux de posséder ces reproductions, qui ont conservé le souvenir de quelques compositions qui couraient risque d'être perdues. Caylus inventa peu; mais, lorsqu'il inventa, ses dessins étaient toujours spirituels, et, pour se faire une idée juste du talent de cet artiste, il suffit de connaître les vignettes qui ornent les *Chats*, par Moncrif. Caylus a trouvé dans ce volume l'occasion d'être gai, et il a su donner un entrain charmant aux scènes intimes de la vie du chat. Les contemporains du comte de Caylus, sans doute détournés de leur voie accoutumée par les travaux pleins d'intérêt du noble artiste, ont été pour lui fort sévères : Wattelet l'accuse, dans son *Dictionnaire*, d'être exclusif et de n'aimer que les croquis, et Diderot composa cette épitaphe, qu'il voulait voir sur le tombeau de l'antiquaire :

> Ci-gît un antiquaire acariâtre et brusque.
> Ah! qu'il est bien logé dans cette cruche étrusque!

Le xviii° siècle sut inventer un genre jusqu'alors tout à fait inconnu : la vignette, genre petit en lui-même, il est vrai, mais mené si loin par quelques artistes, qu'il mérite une place honorable dans l'histoire de l'art français. Est-il possible, en effet, de voir rien de plus gracieux et de plus élégant que les petites compositions qu'invente Gravelot[1] pour les *Contes moraux* de Marmontel (1765), pour le *Décaméron* de Boccace (1757), ou pour l'*Édition de Corneille revue par Voltaire* (1764)? Jamais l'esprit français, cet esprit fin et subtil qui transpire de tous côtés, ne se montra davantage. A côté de cette interprétation spirituelle d'un poëme ou d'un roman, il faut examiner aussi cette minutie dans les objets qui entourent la composition et qui concourent à la faire considérer. Hubert Gravelot présente les scènes qu'il dessine dans des salons de son temps; il étudie soigneusement l'architecture de ses contemporains, et c'est devant des lambris dorés, devant une table en rocaille, que l'action se passe. Aussi savant ornemaniste que spirituel dessinateur, Gravelot dépeint les mœurs de son époque en même temps qu'il interprète l'œuvre d'autrui. Tout le XVIIIe siècle apparaît dans les vignettes qu'il invente, avec sa coquetterie, avec sa frivolité et avec son entrain. Gravelot exécuta lui-même, d'une pointe pittoresque,

---

[1] La notice que M. Charles Blanc a consacrée à Hubert Gravelot dans le *Trésor de la Curiosité*, tome Ier, p. 231, est sans contredit un des plus jolis morceaux de critique d'art qui aient jamais paru sur un artiste du XVIIIe siècle. L'ingénieux auteur de la *Grammaire des Arts du Dessin* a esquissé de la plume la plus vive et la plus élégante cette intéressante biographie, que nous regardons comme un petit chef-d'œuvre de style et de goût.

quelques planches, et fit quelques *griffonis;* mais il eut le bonheur de trouver dans un grand nombre de ses contemporains des interprètes fidèles. Laurent Cars, J. Ph. Lebas, Cl. Duflos, Nic. Delaunay, Augustin de Saint-Aubin, Choffart et d'autres encore, gravèrent très-souvent d'après les dessins de Gravelot, et ceux-ci, dessinateurs eux-mêmes pour la plupart, surent faire passer dans leurs petites estampes tout l'esprit des originaux.

Le dessin d'Eisen est plus grêle que celui de Gravelot; il est moins précis aussi et semble plus pénible; cependant Eisen fait preuve d'un véritable talent de compositeur dans une suite considérable d'estampes pour les *Métamorphoses d'Ovide* que gravent Ponce, Delaunay, Baquoy, de Ghendt et Noël Lemire. On retrouve la même facilité de travail dans quelques planches allégoriques, dans un poëme sur la *Déclamation théâtrale,* par exemple, qui fournit à de Ghendt l'occasion de graver cinq charmantes petites planches. La *Henriade,* de Voltaire, et les *Baisers,* sont ornés aussi de spirituelles vignettes dessinées par Eisen et gravées par les artistes que nous citons plus haut. Eisen était élève de François Boucher, et quelques-unes de ses compositions rappellent tout à fait le maître; l'Amour apparaît presque toujours avec ses gracieuses compagnes, et les vignettes que dessine Eisen semblent faites exprès pour servir d'en-tête à un madrigal ou à un sonnet à Chloris. Quelques essais d'eau-forte furent également tentés par Eisen; ceux-ci n'ajoutent rien au talent du dessinateur, quoiqu'ils dénotent une verve étonnante et un esprit toujours alerte et toujours facile.

Personne mieux que P. P. Choffard (1730-1809) ne sait composer et graver un cul-de-lampe ou une tête de page. Il entoure de petits cadres ravissants une *Invitation de bal pour lundy à six heures*, *les dames sans panier*, ou des adresses telles que celles de *Prault*, le libraire du quai des Augustins, de *Danthiau*, un horloger de l'abbaye des Prés, d'*Aubert*, un marchand d'estampes de la rue Saint-Jacques, au Papillon, de *Vallayer*, orfévre autrefois aux Gobelins, présentement rue du Roule, au Soleil d'or ; puis enfin il compose pour lui-même une carte de visite qu'il distribue aux éditeurs et aux marchands d'estampes : *Choffard, rue des Francs-Bourgeois, place Saint-Michel, entre une porte cochère et un pâtissier, à Paris*. P. P. Choffard possède au plus haut degré la facilité de main que nécessite le métier de graveur de vignettes ; il a assez de ressources dans l'esprit pour savoir saisir le trait caractéristique d'un roman et le passage important d'un chapitre. Quatre ans avant sa mort, en 1805, Pierre-Philippe Choffard publia une *Notice sur l'art de la gravure en France ;* c'est le seul travail en ce genre que l'on ait songé à publier jusqu'au commencement de notre siècle, et, malgré son peu d'étendue, il renferme de très-bonnes observations que l'on aurait tort de négliger. P. P. Choffard grava son propre portrait d'un burin souple et facile ;

il s'est représenté de profil, coiffé d'une perruque frisée, dans un médaillon soutenu par des guirlandes de fleurs ; son œil est vif, sa bouche intelligente, et sa physionomie animée donne une idée juste de ce talent spirituel avant tout.

Charles Gaucher, comme presque tous les artistes qui composèrent des vignettes, était aussi bien dessinateur que graveur. Il réussit heureusement à rendre les dessins que Ch. Nic. Cochin avait faits pour l'*Iliade* d'Homère, mais il nous semble un peu lourd dans les vignettes qu'il grava d'après Eisen pour les *Contes* de la Fontaine. Soit que les dessins fussent eux-mêmes quelque peu dénués d'élégance, soit que le graveur ne sût pas les rendre avec assez de liberté, ceux-ci ne sont pas à la hauteur de certaines autres estampes que Gaucher exécuta. Vers la fin de sa vie, Ch. Gaucher grava trop sèchement quelques dessins de Moreau le jeune, et, appelé à reproduire un *Socrate sur le point de boire la ciguë*, que Monnet avait composé, il fit une œuvre froide et tout à fait faible. Dans quelques portraits et dans un grand nombre de culs-de-lampe, Ch. Gaucher sait montrer un talent ingénieux et facile, et c'est à ces dernières œuvres qu'il doit la juste réputation dont il jouit.

Clément-Pierre Marillier, au lieu de dessiner, comme ses contemporains, des sujets gracieux en rapport avec les mœurs du temps, eut la malencontreuse idée de vouloir composer les dessins de l'Ancien et du Nouveau Testament. Cette suite de trois cents sujets ne convenait nullement au talent enjoué de l'artiste et fut peu appréciée. Par bonheur, Marillier ne s'en tint pas là et sut montrer ses qualités dans quelques vignettes qu'il dessina pour les œuvres de Rousseau, et que gravèrent les artistes du temps. Choffard eut souvent recours aux dessins de Marillier, et fit passer dans ses gravures toute la finesse des dessins, et on a une meilleure idée du talent de Marillier en considérant les estampes qui furent gravées d'après lui que celles qu'il exécuta lui-même; celles-ci, gravées au burin, sont quelquefois péniblement traitées et prouvent la difficulté qu'éprouve le dessinateur à manier un instrument qui exige une pratique habituelle.

Quoique Moreau le jeune ait gravé longtemps sous le règne de Louis XVI, nous croyons préférable de le ranger à la suite des dessinateurs de vignettes que nous venons de nommer, attendu que son talent a une grande analogie avec le leur. Moreau possède au suprême degré le don de représenter des scènes compliquées; il sait grouper avec adresse des milliers de personnages, témoin la très-remarquable gravure du *Sacre de Louis XVI* et les *Fêtes données par la ville de Paris en* 1782, à l'occasion de la naissance du Dauphin : il réussit également bien l'architecture et la foule; si, au contraire, il doit montrer les costumes de son temps, il confie aux meilleurs graveurs le soin de reproduire les *Petits parrains*, la *Dame du palais de la reine* ou les *Adieux à l'Opéra*. Il se distingue en cela de ses contemporains, c'est qu'il peut dessiner en grand aussi bien qu'en petit, et la suite des costumes à laquelle appartiennent les trois pièces que nous venons de citer constitue peut-être le chef-d'œuvre de Moreau le jeune. Cet habile artiste ne fit pas uniquement des dessins, il grava lui-même avec beaucoup d'esprit : l'adresse de *Chamot, maître et marchand tailleur, demeurant rue de la Harpe, vis-à-vis la rue Percée, à Paris*, est gravée par lui, ainsi que le titre du Catalogue du prince de Conti, et qu'une carte d'invitation *pour la fête de M. l'ambassadeur de France, qui se donnera le...* Il nous serait facile d'indiquer encore ici plusieurs estampes gravées par Moreau le jeune, mais l'énumération en est inutile et serait fastidieuse. Parmi les ouvrages que Moreau le jeune orna de vignettes, *illustra*, comme on dirait aujourd'hui, il faut citer le *Jugement de Pâris*, poëme de M. Imbert, le *Bon militaire*, par M. Boussanelle, et les *Chansons*, de Laborde, petits chefs-d'œuvre d'esprit et d'élégance.

Augustin de Saint-Aubin, qui grava un nombre infini de portraits, dessina également beaucoup de vignettes justement recherchées; le *Bal* et le *Concert*, gravés par Courtois et par A. J. Duclos, et la *Promenade des remparts de Paris*, sont peut-être même les vignettes les plus importantes que produisit le xviiie siècle. A côté d'une composition ingénieuse on trouve dans ces trois planches les documents les plus authentiques sur les mœurs, sur les costumes et sur l'ameublement pendant le règne de Louis XV. L'œuvre d'Augustin de Saint-Aubin, qui existe au Cabinet des estampes de Paris, a été formé par le graveur lui-même, qui a inscrit au bas de quelques planches des notes manuscrites fort précieuses pour étudier les transformations successives de son talent ; ainsi on lit au bas d'un Christ entre la Vierge et saint Jean : *J'ai faict cette drogue la première semaine que je suis entré chez Étienne Fessard, en* 1775, et au bas d'une allégorie sur la peinture (1757) : *Cette planche a été commencée et finie dans un seul jour.* Augustin de Saint-Aubin grava également d'après quelques maîtres anciens, tels que Véronèse et Titien, mais alors il semble être dépaysé et ne sait pas rendre la couleur lumineuse de ces artistes, et il eût mieux valu pour lui s'adresser toujours aux compositions spirituelles de ses contemporains.

Les grandes estampes que grava Noël Lemire sont généralement rendues froidement et sans énergie, témoin les portraits du général *la Fayette* et de *Washington*, d'après Lepaon ; mais les vignettes qu'il exécuta ne sont pas dénuées d'adresse. On reconnaît, en effet, un burin agréable et élégant dans les petites planches que N. Lemire grava d'après les dessins de Gravelot, et le crayon ingénieux du dessinateur est bien rendu. Noël Lemire avançait beaucoup ses planches à l'eau-forte et usait du burin uniquement pour parfaire son œuvre.

Rien n'est plus fatigant pour l'œil que de voir d'un

bout à l'autre l'œuvre de Charles-Nicolas Cochin fils. Les nombreuses estampes qu'il contient sont bien composées, mais elles sont trop semblables, et les physionomies des personnages mis en scène sont banales ou sans expression. Là où C. N. Cochin est supérieur à la plupart de ses contemporains, c'est dans les vastes compositions : personne mieux que lui ne sait remplir de personnages un grand espace, — Moreau seul fut aussi habile à représenter une foule, — et avec l'aide d'une pointe agréable et facile, Ch. Nic. Cochin grave d'après Slodtz, entre mille planches, la *Pompe funèbre de madame la Dauphine dans l'église de Saint-Denis.* Parmi les vignettes de Cochin qui nous semblent le plus simplement composées, et à cause de cela même les meilleures, nous citerons celles qu'il exécuta pour les *Contes* de la Fontaine, pour l'*Aminte* du Tasse et pour les œuvres de Boileau.

Le nombre des vignettes que grava Nicolas Delaunay est très-considérable, et celles-ci sont exécutées avec une certaine aisance qui les fait estimer. Outre Moreau le jeune, Eisen, Marillier et Ch. Nic. Cochin, qui fournissent le plus souvent à Nic. Delaunay des modèles, il faut aussi compter Beaudouin, d'après lequel N. Delaunay grava les *Soins tardifs*, la *Sentinelle en défaut* et l'*Épouse indiscrète*, puis Freudeberg pour le *Petit jour* et pour la *Complaisance maternelle*. Ces derniers artistes peignaient à la gouache et obtenaient par ce procédé des tons doux qu'une gravure moelleuse semble seule en mesure de traduire.

Delvaux grava presque toujours d'après les dessins de Moreau le jeune; d'ordinaire fort spirituel dans ses eaux-fortes, il devient lourd lorsqu'il termine ses planches avec le burin. Emmanuel de Ghendt, graveur d'origine flamande, a une manière analogue à celle de Delvaux; il commence ses planches mieux qu'il ne les finit; cependant les vignettes qu'il exécuta d'après Marillier pour les *Idylles* de Berquin sont fines et précieusement exécutées. J. B. Tilliard et Ben. Louis Prévost réussirent encore par les mêmes qualités de fidèle interprétation; ils gravent toujours d'après les mêmes dessinateurs et avec une liberté fort louable. J. B. Simonnet, qui dessine correctement, se permet quelquefois de modifier les contours exagérés de ses modèles; il emploie un burin brillant qui fait paraître ses estampes plus colorées que celles de ses contemporains. C'est encore Eisen, Cochin et Marillier qui fournissent à J. B. Simonnet les sujets qu'il grave, et ce sont eux aussi qui lui inspirent les planches les plus charmantes. Joseph de Longueil, après avoir gravé les *Contes moraux*, de Marmontel, d'après Gravelot, les *Contes* de la Fontaine, la *Henriade* de Voltaire et plusieurs vignettes pour les œuvres de Dorat, voulut tenter d'imiter avec la gravure en pastel les dessins à la gouache, tentative malheureuse qui ne produisit rien de bon, comme le prouve la seule planche que Longueil grava en ce genre, les *Dons imprudents*. Nicolas Ponce est un des derniers graveurs de vignettes du xviiie siècle, et, pour arriver un peu après les autres, il n'en est pas moins habile à rendre les dessins spirituels de Gravelot, d'Eisen et de Marillier; mais, obligé quelquefois de graver d'après les froides compositions de Borel et de Vafflard, il devient métallique et presque mauvais. Nicolas Ponce consacra une bonne partie de son temps à l'histoire de l'art, et composa un livre qui renferme sur l'art antique et sur la gravure de très-bons jugements; il fut chargé, dans la *Biographie universelle* des frères Michaud, de rédiger les articles biographiques sur les graveurs, et il se tira avec honneur de ce travail.

Pendant tout le xviie siècle, la gravure sur bois semble abandonnée; c'est à peine s'il paraît quelques ouvrages où l'on utilise même les bois publiés antérieurement, et le graveur au burin remplace absolument le graveur sur bois[1]. Au xviiie siècle, un artiste fanatique de son art, Jean-Baptiste-Michel Papillon, emploie tout son temps à la réhabilitation de cet art déshérité : non content de graver lui-même sur bois une quantité prodigieuse d'estampes, il publie un *Traité historique et pratique de la gravure sur bois* (1756), livre bizarre, mais plein de renseignements précieux. Après avoir passé en revue tous les graveurs sur bois qui le précédèrent, et après avoir donné une énumération considérable de l'œuvre de ces artistes, Papillon en arrive à la partie pratique, qu'il traite en

[1] Édouard Ecman fut le seul artiste, en effet, dont on puisse citer quelques planches. Ne serait-ce que pour la gravure qu'il exécuta d'après Callot pour les fêtes de Nancy, il mériterait déjà une mention.

connaissance de cause. Sous une forme singulière et abrupte, il explique assez clairement les différentes phases par lesquelles la gravure sur bois a passé avant d'arriver à l'époque où il la laissa, et il serait curieux de voir l'ouvrage de Papillon continué jusqu'à nos jours par un graveur sur bois. Malheureusement le temps que Papillon passa à faire ses recherches et à écrire son livre l'empêcha d'étudier suffisamment le dessin, et c'est à peine si l'on peut compter quelques estampes réussies dans l'œuvre immense qu'il produisit; d'ailleurs, sa façon de tailler le bois est grossière, et on ne retrouve dans aucune des estampes de J. B. Papillon le charme et la naïveté que nous avons notés dans les gravures sur bois des artistes du xvie siècle.

Il n'est pas possible d'avoir fait aussi bon marché de tous les principes reçus que ne le firent les architectes du xviiie siècle. Est-ce à dire pour cela que les ouvrages qu'ils exécutèrent furent dénués de mérite et qu'ils ne soient pas dignes d'attention ? Telle n'est pas notre pensée, et nous osons même dire que l'art de la décoration fut poussé à cette époque aussi haut que jamais. Si les architectes du xviiie siècle ont une antipathie marquée pour la ligne droite, — et les œuvres qu'ils ont laissés en font foi, — quelques-uns atteignirent, par des moyens différents, un résultat également satisfaisant. Ainsi Juste-Aurèle Meissonnier fit tout un volume de dessins que gravèrent G. Hu-

quier, Babel et Chenu avec habileté, dessins tout à fait
décoratifs, et parfaitement appropriés au goût du
xviiie siècle. Les compositions que Meissonnier exécuta
pour le salon de la princesse Czartoriska, pour le cabinet du comte Bielenski, ou pour tout autre apparte-
ment, ont pour le moins le mérite, bien rare en tout
temps, d'être absolument originales, et on chercherait
vainement dans l'école de Fontainebleau, et même
pendant le règne de Louis XIV, rien qui ressemble aux
décorations flamboyantes de l'hôtel Soubise ou à la
sobre ordonnance des appartements de Louis XV à
Versailles. Gille-Marie Oppenort dessina également un
grand nombre d'ornements; il entreprit même la décoration de plusieurs appartements; mais il semble
être moins heureusement doué que Meissonnier ; son
dessin est moins puissant et est aussi extravagant ; son
goût est à peu près autant émoussé, et Oppenort,
comme ses contemporains, surcharge d'ornements
inutiles tous les coins de l'architecture, il ne laisse pas
un lambris à nu, et recouvre de feuilles de céleri les
meubles quels qu'ils soient. Babel est plutôt dessinateur
d'ornements qu'architecte proprement dit ; c'est lui
qui se charge de donner les dessins destinés à couvrir
les murs ou à garnir les boiseries ; il est graveur en
même temps que dessinateur, et graveur fort adroit.
Les Cuvilliés, quoique nés en France, à Soissons, passèrent la plus grande partie de leur existence à Munich, et ils furent pour le xviiie siècle ce que Daniel
Marot avait été pour le xviie. Celui-ci avait passé un

long temps à Amsterdam et avait fini par unir la manière hollandaise au goût français qu'il avait de naissance; or les Cuvilliés firent presque de même : les ornements qu'ils inventent offrent un mélange de l'élégance française unie à la lourdeur germanique, et le dessin souvent puissant des architectes français est devenu bien maigre dans les œuvres des Cuvilliés. Après avoir paru successivement, les différentes suites de lambris, de décorations intérieures, de panneaux exécutées par les Cuvilliés furent réunies en volumes ; ces dessins furent gravés le plus souvent par Lespillier, par Choffart et par Cuvilliés fils, et ces graveurs, malgré leur habileté à manier l'eau-forte, ne purent rendre à ces dessins le caractère de nationalité qui leur manquait.

Baléchou grava également un livre d'ornements, mais il ne donna pas le nom du dessinateur qui avait guidé son burin, et il nous paraît cependant impossible d'admettre qu'eu égard au travail habituellement pénible de ce graveur, il ait pu inventer des arabesques souvent assez bien composées. Nous sommes donc réduit à attribuer à un artiste inconnu le dessin de ces estampes, et nous ne pouvons louer Baléchou que de la gravure, qui est soignée et qui nous semble fidèle. Ant. Watteau et Fr. Boucher avaient mis à la mode les arabesques chinoises; Pillement voulut profiter de la vogue qui entourait les œuvres de ces peintres et il composa une série d'ornements dont les motifs étaient empruntés à la Chine; les dessins sont largement tracés et les gravures que Pillement exécuta lui-même à l'eau-forte ne manquent ni de souplesse ni de tournure. Ces estampes furent d'un grand secours aux artistes qui cherchèrent en France au xviii° siècle à contrefaire les porcelaines chinoises. Enfin un orfévre, Pierre Germain, composa sur son art une suite de cent dessins que grava un élève de Laurent Cars, Jean-Jacques Pasquier. Ce recueil, qui contient des calices, des burettes, des croix, des ostensoirs, des flambeaux, et autres objets d'orfévrerie, fut exécuté avec un soin tout particulier. Il conserve le souvenir de tout un art presque entièrement confondu aujourd'hui avec l'industrie, et fournit des modèles qui, bien qu'ils soient souvent d'un goût assez extravagant, pourraient encore être consultés avec fruit. Ce volume est d'ailleurs, à vrai dire, le seul monument qui nous reste de l'orfévrerie au xviii° siècle.

Outre Joseph Vernet, dont nous avons indiqué la manière, il n'existe au xviii° siècle qu'un seul artiste qui se soit occupé à graver des planches topographiques : Jean Rigaud dessina et grava lui-même une grande quantité de villes et de châteaux de France. Ces planches sont assez exactes pour que l'on reconnaisse au premier coup d'œil les sites que l'artiste a voulu représenter, elles sont gravées avec assez d'habileté pour que l'art ait également à y voir quelque chose. Quant à la gravure historique, elle est presque totalement absente pendant tout le commencement du xviii° siècle : les estampes de Moreau le jeune et de Ch. Nic. Cochin exceptées, pièces qui sont, à proprement parler, des vignettes plutôt que des gravures historiques, on ne rencontre en ce genre que quelques rares planches qui n'ont même pas un bien grand caractère d'authenticité.

CHAPITRE IX

LES GRAVEURS SOUS LOUIS XVI, PENDANT ET APRÈS LA RÉVOLUTION DE 1789. — LE RETOUR A L'ART HISTORIQUE, BERVIC ET SON ÉCOLE, M. BOUCHER-DESNOYERS. — LA GRAVURE RÉVOLUTIONNAIRE. LE PHYSIONOTRACE. — LES GRAVEURS DE PRUDHON.

Ce n'est pas sans dessein que nous avons omis les œuvres de Jean-Baptiste Greuze dans le chapitre précédent : nous n'avons pas voulu confondre cet artiste, dont les compositions, ses portraits exceptés, sont toujours théâtrales et au delà de la vérité, avec des peintres qui, à défaut d'un goût bien pur, ont au moins pour eux la grâce et l'esprit. Que l'on examine les uns après les autres tous les tableaux de Greuze, il est impossible d'y noter un sentiment simplement exprimé. Empruntant presque toujours ses sujets à la vie domestique, J. B. Greuze compose la *Malédiction paternelle*, l'*Accordée de village*, la *Lecture de la Bible*, le *Paralytique servi par ses enfants*, et une quantité de sujets analogues. Malgré tous leurs défauts, les œuvres de Greuze eurent la vogue et furent très-recherchées; les graveurs s'empressèrent de transporter sur le cuivre les tableaux que le peintre produisait, et quelques-uns d'entre eux réussirent parfaitement à rendre l'aspect des toiles originales. Le plus habile entre tous fut Jean-Jacques Flipart, né à Paris en 1723 et mort dans la même ville en 1782. Cet artiste eut le bon esprit de chercher à rendre par des travaux correspondants en gravure la manière de Greuze. Le peintre procède par plans juxtaposés; ses tableaux ont presque toujours l'aspect de peintures décoratives destinées à être vues de loin. J. J. Flipart avance beaucoup sa planche à l'eauforte; il tente d'imiter avec la pointe les touches mates d'un pinceau épais, et il n'emploie le burin que pour donner plus d'harmonie à la gravure. C'est avec ce procédé qu'il exécuta l'*Accordée de village*, le *Paralytique servi par ses enfants* et le *Gâteau des Rois*, trois planches qui donnent une idée très-juste du talent de Greuze et qui font plus d'honneur à Flipart que toutes les autres estampes qu'il grava. Outre quelques têtes d'expression gravées avec talent par P. C. Ingouf d'après Greuze, la *Paix du ménage* et la *Bonne éducation* attestent l'intelligence de ce graveur; les procédés de Greuze sont fidèlement rendus, et l'expression des figures transcrite avec vérité. Jean Massard, élève de J. G. Wille, a les mêmes défauts et les mêmes qualités que son maître; une trop grande préoccupation du travail matériel, et une habileté exceptionnelle pour rendre les étoffes et les meubles. J. Massard grava avec talent, d'après Greuze, la *Cruche cassée*, la *Dame bienfaisante* et la *Mère bien-aimée*. Si l'on fait abstraction en effet du style emphatique du peintre, le graveur ne mérite que des éloges. Jean-Charles Levasseur a des procédés analogues à ceux de J. Massard, et il traduit avec vérité la *Belle-Mère*, le *Testament déchiré*, le *Petit polisson* et la *Jeunesse studieuse*. P. E. Moitte, R. Gaillard, P. P. Molès, Porporati et beaucoup d'autres graveurs mirent souvent leur talent au service de Greuze; ils arrivent presque tous, avec leur genre à eux, à reproduire habilement les œuvres de cet artiste, mais ils ne peuvent, et nous ne saurions leur en faire un reproche, rendre simples les compositions qu'ils sont tenus de copier fidèlement. Greuze mania lui-même la pointe : il grava avec une certaine liberté d'outil deux petites têtes de femmes que M. P. de Beaudicour décrit dans le *Peintre-Graveur continué*. Malgré l'admiration passionnée et les éloges bruyants de Diderot, Greuze n'eut heureusement qu'une médiocre influence sur ses contemporains; il avait été le premier à rendre d'une manière conventionnelle les scènes intimes de la famille, il n'eut comme imitateurs que Jean-Éléazar Schenau, Aubry et Pierre-Alexandre Wille, trois peintres qui exagérèrent encore les défauts de leur maître, et qui sont justement oubliés aujourd'hui.

Le retour aux saines traditions de l'art antique ne s'opéra pas tout d'un coup : après les écarts désordonnés d'une société, longtemps opprimée, usant avec licence de la liberté, il était impossible qu'une conversion radicale s'obtînt immédiatement ; l'art subit la loi générale et fut encore bien faux avant de devenir véritablement élevé. Nous avons signalé les efforts tentés par le comte de Caylus pour faire admirer l'antiquité et la Renaissance ; Peyron vint ensuite, et, après avoir gravé, d'une façon médiocre, il est vrai, quelques toiles de Nicolas Poussin, il inventa lui-même quelques compositions que lui suggérèrent les œuvres du grand maître français. Puis apparut Joseph-Marie Vien, artiste de talent qui aborda plus franchement la question et qui tenta un mouvement de Renaissance ; mais sa voix ne fut pas encore écoutée, ses œuvres étaient trop faibles d'ailleurs pour assurer le succès de l'entreprise, et c'est à Jacques-Louis David que doit revenir l'honneur d'avoir tiré l'art d'une route que le mauvais goût menaçait d'envahir. Après avoir été pendant la seconde moitié du xviiie siècle l'esclave servile d'une peinture simplement élégante, après avoir été pratiquée mollement par Peyron lui-même et par Jacques Beauvarlet pour multiplier des œuvres sans valeur, la gravure retrouva son ancienne splendeur dans quelques estampes de Bervic, de Tardieu et de Boucher-Desnoyers.

Il est un fait bon à noter : c'est que David ne forma pas une école de gravure ; il inspira aux graveurs un goût différent de celui qu'ils suivaient depuis longtemps, mais il ne put, comme ses prédécesseurs, attacher à sa personne quelques artistes d'un fort sérieux talent. Antoine-Alexandre Morel, né à Paris en 1765 et mort dans la même ville en 1829, pourrait seul être cité comme graveur de David; encore cet artiste exécuta-t-il un grand nombre de planches d'après d'autres maîtres. Il est vrai de dire cependant que le *Serment des Horaces*, *Bélisaire* et *Marat dans sa baignoire*, en même temps que ce sont les meilleures planches que Morel ait gravées, sont aussi celles qui transmettent le plus exactement l'aspect des tableaux de David. Morel employait des tailles symétriques auxquelles on a reproché une uniformité un peu grande; mais la peinture toujours sévère de David exigeait précisément cette austérité de travail et excluait toute interprétation pittoresque. Louis David eut un rôle assez important dans la Révolution française; il fut membre de la Convention, vota la mort du Roi, et, outre un certain nombre de discours sur la réforme à apporter dans la direction des beaux-arts, il fit les portraits de deux des principaux chefs de la Terreur : il peignit *Marat dans sa baignoire* et *Lepelletier Saint-Fargeau mort* [1]. Ces

---

[1] Le tableau de David représentant Lepelletier Saint-Fargeau mort a été également gravé. La gravure du moins en a été commencée par Alexandre Tardieu; mais la planche fut détruite avant d'être terminée, et les quelques épreuves qui avaient été tirées pour le graveur furent déchirées. Le Cabinet des estampes de Paris possède une de ces épreuves déchirées, et c'est grâce à cette estampe que nous pouvons indiquer la composition de David. Lepelletier Saint-Fargeau est étendu sur son lit : la tête est appuyée sur deux oreillers; le haut du corps, absolument nu, laisse voir une large blessure dans la région du cœur; un large poignard, duquel le sang dégoutte, est suspendu au-dessus du

deux œuvres révolutionnaires furent gravées par Morel et par un anonyme : ce dernier grava en *fac-simile*, avec une eau-forte nerveuse, le dessin qui avait servi au maître pour l'exécution du tableau, et donna à son estampe le cachet de grandeur lugubre que David avait imprimé sur le visage de son héros.

Jean Massard était élève de Jean-Georges Wille et taillait le cuivre avec moins de dureté que son maître; en revanche, il ne possédait ni la même souplesse de dessin, ni la même ampleur de travail. Souvent un peu timide, il grava sans énergie *Charles Ier et sa famille*, d'après Antoine Van Dyck, alors que la peinture exigeait un burin puissant et un goût de dessin distingué. *Agar présentée à Abraham*, d'après Phil. Van Dyck, et *Adam et Ève*, d'après Carlo Cignani, sont exécutés d'une façon analogue; ces deux planches manquent de vigueur et rendent mollement les œuvres originales. Il en est de même d'une *Érigone*, gravée d'après W. Van Miéris, et du *Départ de Priam*, d'après J. M. Vien. Mais la meilleure estampe de Jean Massard est gravée d'après J. Louis David et représente la *Mort de Socrate;* ce tableau est rendu fidèlement, et le travail de la gravure rappelle ici plus que nulle part ailleurs l'élève de J. G. Wille; les tailles sont habilement conduites et le dessin bien observé.

Raphaël-Urbin Massard fut élève de son père Jean Massard; il grava comme lui au burin et semble avoir

corps. L'estampe de A. Tardieu est gravée avec une remarquable énergie.

eu un travail lent et pénible, car on ne connaît de lui qu'un petit nombre de planches réellement importantes : la *Sainte Cécile*, d'après Raphaël, *Homère*, d'après François Gérard, la *Sépulture d'Atala*, d'après Girodet, et l'*Enlèvement des Sabines*, d'après David. Cette dernière estampe est gravée d'une façon à la fois sobre et expressive, et, de même que le tableau, elle tire son principal mérite de la précision du dessin. En général, les planches que grave R. U. Massard sont dessinées correctement, et elles placent leur auteur au rang des meilleurs graveurs français de la fin du xviii° siècle.

Charles-Clément Bervic (mai 1756; mars 1822) montra de bonne heure une aptitude toute spéciale pour le dessin ; il apprit les premiers éléments de cet art de J. B. Leprince ; mais, non content de s'en tenir au dessin, il voulut étudier la peinture. Son père s'opposa à ce désir et préféra l'envoyer à Paris, dans l'atelier du graveur J. G. Wille. On ne connaît pas les essais de Bervic, mais la première planche que Bervic osa signer est d'après Pierre-Alexandre Wille et représente un *Petit Turc*. Le travail dénote une main inexpérimentée, mais non pas malhabile ; les tailles, quoique bien symétriques, sont conduites avec une certaine liberté, et le dessin de la figure est soigné. Nous ne pouvons passer en revue toutes les œuvres de Bervic ; il suffira de dire que les meilleures planches qu'il ait produites sont l'*Éducation d'Achille*, d'après Regnault, l'*Enlèvement de Déjanire*, d'après Guido

Reni, le groupe du *Laocoon*, et surtout le portrait de *Louis XVI*, d'après Callet, un des meilleurs morceaux de la gravure moderne. Le Roi est vêtu d'un grand manteau de velours fleurdelisé et doublé d'hermine; il s'appuie sur son sceptre et est entouré de tous côtés de vastes draperies. Le graveur a su attirer l'attention sur la figure du monarque, et, au moyen d'un travail savant et moelleux, il a rendu avec un véritable bonheur l'aspect des chairs; quant à l'hermine et aux draperies de velours et de soie, c'est dans l'exécution de ces accessoires que les graveurs au burin de la fin du xviiie siècle excellent; ici Bervic a su donner à chaque objet sa valeur relative, et les parties secondaires sont suffisamment sacrifiées pour laisser à la figure de Louis XVI et à l'aspect général de la planche l'importance qui convient. Le *Laocoon* possède également d'excellentes qualités, mais le travail de l'outil, plus apparent ici, nuit au groupe lui-même en forçant l'œil à être distrait. En résumé, Bervic fut un des graveurs les plus habiles des temps modernes; il eut, de plus que la plupart de ses contemporains, le talent de former une école d'où sont sortis quelques-uns de nos plus habiles graveurs. Une notice nécrologique sur Bervic, placée en tête du Catalogue de vente de cet artiste, nous a conservé les noms des élèves qu'il forma, et parmi lesquels on distingue ceux de MM. Adolphe Caron, Joseph Coiny, François Garnier, Henriquel-Dupont, Zachée Prévost, Joseph Meulemeester et Paolo Toschi.

De même que Bervic, Pierre-Alexandre Tardieu fut élève de J. G. Wille. Né à Paris le 2 mars 1756, il sut prendre chez son maître ce qu'il y avait de bon, et commença, avant de se livrer à des œuvres personnelles, par copier les estampes de Nanteuil et de Goltzius, pour habituer sa main à un travail facile; il osa bientôt aborder la libre interprétation, et, après avoir exécuté un certain nombre de planches estimables, il grava un véritable chef-d'œuvre, le portrait du *Comte d'Arundel*. Soit que la peinture distinguée de Van Dyck l'ait inspiré d'une façon toute spéciale, soit que le personnage, grand protecteur des arts, lui ait paru mériter une attention particulière, P. A. Tardieu semble avoir gravé ce portrait avec amour : il a dessiné avec une précision extrême la figure tout entière, et a donné à sa gravure, au moyen d'un travail moelleux et accentué, un aspect sévère qui rend parfaitement la couleur de l'œuvre originale. Nous sommes même tenté de préférer ce portrait à une estampe bien plus célèbre du même artiste, la *Communion de saint Jérôme*, d'après le Dominiquin. Cette planche, plus importante, il est vrai, n'offre pas à un même degré une harmonie complète ; quoique dessinée avec une fermeté fort louable, elle présente un aspect un peu monotone, et le travail lui-même nous paraît rendre d'une façon moins vraie la peinture originale. Après avoir produit plusieurs autres beaux ouvrages, entre autres *Ruth et Booz*, d'après M. Hersent, Pierre-Alexandre Tardieu mourut à Paris le 3 août 1844; il avait formé un élève illustre, le baron Auguste-Gaspard-Louis Boucher-Desnoyers.

Le commencement du xix° siècle a le droit de s'enorgueillir d'avoir vu vivre et fleurir un graveur d'histoire du plus grand talent, qui, heureusement doué, s'attacha à faire revivre le culte du beau, et qui parvint à reproduire dignement les œuvres de Raphaël : nous avons nommé M. Boucher-Desnoyers. Né à Paris en 1779, Boucher-Desnoyers ne promettait pas à ses débuts ce qu'il tint dans la suite : il commença par graver au pointillé quelques compositions sans valeur qui ne supportent pas l'examen; mais, dès qu'il eut senti son talent arrivé à sa maturité et dès que la tourmente révolutionnaire eut laissé son esprit calme, il se livra à une étude sérieuse du dessin et commença à aborder la gravure d'histoire. Ses débuts en ce genre furent signalés par un chef-d'œuvre, la *Belle Jardinière*. Cette œuvre sublime, devant laquelle plusieurs artistes du xvii° siècle étaient restés impuissants, attacha tellement Boucher-Desnoyers, qu'il épuisa tous ses soins à la rendre simplement et sans commentaire d'aucune sorte. Ce culte pour le grand peintre valut à l'art de la gravure un chef-d'œuvre, et à l'artiste une distinction immédiate. L'attention se porta aussitôt sur l'auteur d'une planche aussi heureusement réussie, et, lorsqu'il s'agit de désigner un artiste capable de graver le portrait de l'Empereur, que le baron Gérard venait de terminer, l'opinion publique fut unanime pour charger Boucher-Desnoyers de cette tâche difficile. Le choix ne pouvait être plus heureux et fut pleinement justifié par le résultat. C'est vers la même époque, c'est-à-dire vers 1804, que parurent *Bélisaire* et le portrait de *M. de Talleyrand*, également d'après Gérard. Si les vêtements et les accessoires qui accompagnent le portrait du prince de Bénévent sont gravés d'une façon trop métallique, la tête un peu hautaine du personnage est dessinée avec une telle précision et gravée avec une telle science, que nous pensons qu'elle soutiendrait la comparaison avec les œuvres du même genre produites par l'école française au xvii° siècle. Rendu indépendant par ces travaux successifs, Boucher-Desnoyers se remit à l'étude de ses œuvres de prédilection : il grava en l'espace de quelques années la *Vierge à la Chaise*, la *Vierge de Foligno*, la *Vierge au Linge*, la *Vierge de la maison d'Albe*, d'après Raphaël, et, d'après Léonard de Vinci, la *Vierge aux Rochers*. Jamais, depuis Édelinck, le graveur de la *Vierge de François I*^{er}, aucun artiste français n'avait su rendre avec une justesse semblable la grâce infinie des œuvres de Raphaël. Cette douceur surnaturelle que le divin maître, comme on l'a nommé, mettait sur le visage de la Vierge, Boucher-Desnoyers sut l'exprimer avec une habileté digne des plus grands éloges. Enfin, la dernière œuvre gravée de Boucher-Desnoyers fut encore consacrée à Raphaël ; c'est par la *Transfiguration* que le célèbre artiste termina sa carrière de graveur. Sa vue s'affaiblissant de jour en jour, Boucher-Desnoyers fut forcé d'abandonner l'art qu'il avait illustré; mais, toujours fidèle à ses anciennes prédilections, il dessinait à l'aquarelle les principales compositions de Raphaël, et quelque temps avant sa mort, arrivée le 18 février 1857, Boucher-Desnoyers publiait encore un appendice à l'histoire de Raphaël qu'avait composée M. Quatremère de Quincy.

La Révolution française absorba tellement les esprits que l'art fut exclusivement occupé à retracer les événements qu'elle enfantait tous les jours; les graveurs désireux de se tenir au courant du mouvement général employèrent un procédé expéditif qui n'a qu'un rapport éloigné avec l'art, mais qui leur permettait de produire promptement.

C'est Sergent qui inaugura pour ainsi dire la gravure révolutionnaire : il grava en manière de lavis le *Convoi de très-haut et très-puissant Seigneur des Abus, mort sous le règne de Louis XVI, le 27 avril 1789,* estampe de funèbre augure, bien faite pour inspirer des inquiétudes qui ne furent que trop réalisées dans la suite. Le 4 mai 1789, à l'ouverture des états généraux, Laurent Guyot grava, sur le peu d'énergie du Roi, quatre médailles allégoriques qu'avait dessinées le chevalier de Saint-Macaire, capitaine de cavalerie. Basset publie une vue de la procession des états généraux à Versailles, estampe en couleur, peut-être bien gravée par Patas, qui signe de son nom la première séance des états généraux, le 5 mai 1789 ; la même séance fut également dessinée d'après nature par Monnet, puis fut gravée par un artiste lillois justement estimé, Isidore-Stanislas Helman. Ces deux artistes se réunirent encore pour faire connaître la représentation du serment du Jeu de Paume, et la célèbre composition de David, après avoir été indiquée par M. Denon[1] ne fut gravée d'une façon digne d'elle que de nos jours par M. J. P. M. Jazet. L'allocution que fait au peuple Camille Desmoulins dans le jardin du Palais-Royal donne le signal de la révolution dans la rue, les graveurs constatent ce fait; mais, soit par prudence, soit par négligence, ils omettent de signer les planches qu'ils produisent, et l'on se trouve quelquefois fort embarrassé d'en nommer les auteurs. C'est encore Laurent Guyot qui nous montre un des premiers le prince de Lambesc chargeant à la tête d'un détachement de cavalerie la foule qui ne veut pas quitter les Tuileries; d'autres planches paraissent sur le même sujet, et c'est encore la petite estampe de Duplessi-Bertaux qui est la plus spirituelle et la mieux composée. L. Guyot, après avoir gravé une planche où est représentée la dévastation de l'hôtel des Invalides, nous conduit devant la Bastille et nous fait assister à la prise de la forteresse. Le 14 juillet, la Bastille tombe au pouvoir du peuple, et

---

[1] Dominique Vivant-Denon (4 janvier 1747, 27 avril 1825) fut plutôt un amateur éclairé qu'un artiste de grand talent. Les nombreuses eaux-fortes qu'il mit au jour sont péniblement dessinées et gravées sans adresse, et les travaux que M. Denon publia sur l'Égypte et sur les œuvres d'art qui formaient son cabinet le mettent à un rang que ses estampes n'auraient su lui assigner.

chacun veut consacrer cette victoire. Parmi les nombreuses planches publiées à cette occasion, nous en avons noté plusieurs qui sont signées et intéressantes. Campion grave un dessin de Tétar, et Gentot fils reproduit une esquisse faite d'après nature, dans le moment même de l'action, par Ermenef. Le peintre Garnerai dessine également une vue de la *Prise de la Bastille*, et Charles Thévenin, le futur conservateur du cabinet des estampes, exécute à l'eau-forte une grande planche sur l'*Arrestation de Delaunay*, estampe d'un dessin bien roide, mais gravée avec une certaine verve. Les prisonniers sortent de la Bastille ; on ne devait pas manquer de conserver le souvenir de cet acte, et Lecarpentier grave, dans le goût de Moreau le jeune, une planche qu'il intitula l'*Heure première de liberté ;* puis un patriote nommé Gent compose et grave une allégorie sur la liberté, planche d'un mauvais dessin et d'une exécution très-faible. Aussitôt que la Bastille est prise, on n'a rien de plus pressé que de la démolir, et il paraît de tous côtés des estampes qui montrent les ouvriers occupés à jeter par terre les murs de la prison. Mais les événements se succèdent avec une telle rapidité, que les artistes ne peuvent suffire à tout. Touzé compose sur le tiers état une vignette peu spirituelle que grave lourdement Allais à l'aquatinte. Helman grave d'après Monnet la mémorable séance de l'Assemblée nationale du 4 au 5 août 1789; puis apparaissent de temps à autre quelques allégories en faveur du Roi. Monsiau en dessine une que grave Vangelisti, et de Varenne, huissier d'honneur de l'Assemblée nationale, en dessina une autre que grava en couleur Janinet en 1790. J. B. Huet, le peintre d'animaux, devint révolutionnaire avec la Révolution; il s'amusa à composer quelques vignettes dans lesquelles des enfants célèbrent la liberté. Gauthier, graveur au pointillé, bien peu connu, reproduisit, à l'occasion de la proclamation des droits de l'homme, un dessin de Vangorp; puis quelque froid imitateur de l'antique s'avisa de faire une caricature contre les aristocrates, le *Pied de nez dédié aux aristocrates*, et Dieu sait si l'antique se prête à la caricature. Nic. Ponce grave un joli dessin de Borel qui représente les dames artistes ayant à leur tête la femme de Moitte venant, le 7 septembre 1789, à l'Assemblée nationale faire don de leurs bijoux; bientôt, ce qui est moins généreux, c'est le tour du banquet donné à Versailles par les gardes-françaises le 5 octobre 1789 et l'arrivée des dames de la halle qui font promettre au Roi de venir à Paris avec sa famille. Ph. Caresme dessina et grava lui-même cette émeute féminine, et son estampe a un grand cachet de vérité. Le Roi vint à Paris, et une estampe d'un dessin roide nous montre l'arrivée de la famille royale. On publie à cette époque une quantité prodigieuse de caricatures contre le clergé, contre les moines et contre les religieuses, estampes inspirées par le parti tout-puissant alors.

Le 18 février 1790, l'exécution de Favras inspira à Ph. Caresme un dessin qu'il grava lui-même. Le

10 mai 1790 eut lieu à Montauban une émeute contre la garde nationale, événement que B. Espinasse s'empressa de dessiner et que grava d'une pointe très-spirituelle J. B. Simonnet. Un artiste nommé Albane compose et grave lui-même avec une véritable habileté la *Fédération* et un banquet civique donné par les gardes nationales de Lille aux troupes de la garnison les 27 et 28 juin 1790. Il est inutile de dire que, le jour de la fédération, 14 juillet 1790, nombre d'estampes reproduisent la cérémonie au Champ de Mars, et entre toutes on distingue la planche que grava finement Le Cœur d'après Swebach. Les deux mêmes artistes associèrent leur talent pour conserver le souvenir des bals publics dressés sur les décombres de la Bastille; l'estampe est curieuse en ce que non-seulement elle mentionne un fait, mais encore parce que les danseurs et les danseuses portent le costume bien exact du temps. Les femmes elles-mêmes font des caricatures contre le clergé, et Marie-Anne Croisier montre dans une fine gravure au burin un prêtre prêchant à des paysans assemblés la haine du gouvernement qui veut s'établir. Un des moins inconnus dans cette foule de graveurs de la Révolution, P. L. Debucourt, publie au commencement de l'année 1791 un *Almanach national* qu'il dédie aux amis de la constitution. Rien de plus agréablement composé que les petites scènes intimes entre l'acheteur et le marchand d'almanachs, entre le patriote et le soldat. Les gravures de Debucourt sont tirées en couleur avec une habileté dont le secret

semble perdu aujourd'hui ; le graveur obtient des demi-teintes qui amènent naturellement les transitions entre les différents tons. La journée du 28 février 1791 fut féconde en événements : une foule armée se rendit dans la journée à Vincennes pour démolir le donjon, et le soir eut lieu un envahissement des Tuileries par la garde nationale, qui massacra plusieurs nobles venus chez le Roi. Jourdain nous a conservé le souvenir de cette journée dans une estampe gravée assez facilement, mais dessinée sans verve et sans entrain. Après avoir fourni les sujets de mille caricatures plus grossières les unes que les autres, Mirabeau meurt, et sa mort lui vaut plusieurs allégories. La plus prétentieuse de toutes est celle où Pierre Lelu nous montre la Monarchie voulant arrêter la Mort qui enlève Mirabeau à la France, estampe composée et gravée avec une fantasque liberté. Claude Hoin publie une autre estampe de son invention sur la mort de Mirabeau; celle-ci n'est guère préférable à la première. C'est un graveur au burin nommé Meunier qui nous conserve le souvenir de la suppression des droits d'entrée dans la ville de Paris ; l'estampe est finement dessinée et librement gravée. L'événement de l'année est le départ du Roi et de sa famille, et l'arrestation à Varennes ; nombre d'estampes paraissent à cette occasion, mais elles sont anonymes pour la plupart, et ne peuvent, pour cette cause, être facilement distinguées. Le 25 juin 1791, Louis XVI rentre à Paris et est accueilli par une populace ameutée autour du Roi prisonnier : une estampe de P. L. Germain, estampe fine et bien composée, nous permet d'assister à cette triste scène. Le lendemain du retour du Roi, les graveurs se mettent à l'œuvre pour insulter leur souverain, et on voit paraître d'infâmes caricatures, telles que le *Masque levé*, la *Grande colère de Capet l'aîné*, *Louis le parjure*, etc., etc. Le peuple qui injurie son Roi ne tarit pas d'éloges pour ses soi-disant amis ; on transporte solennellement au Panthéon le corps de Voltaire (11 juillet 1791), et Miger grave d'après un dessin de L. Lagrénée fils la *Procession patriotique*. Puis, le jour où le Roi accepte publiquement à l'Assemblée nationale la nouvelle constitution, un semblant de réaction en sa faveur se fait sentir. Tandis que Th. Le Clerc en conserve le souvenir et que Prudhon constate le fait dans un beau dessin que grave L. Copia, Phil. Aug. Hennequin et Monsiau composent deux allégories purement prétentieuses qui ne sont pas défavorables au Roi. Le 20 février 1792, le peuple pénètre aux Tuileries et veut assassiner la reine ; madame Élisabeth s'offre à remplacer la victime désignée, le peuple recule devant le crime, et Louis XVI apparaît et prend la main d'un garde national pour faire voir qu'il est sans inquiétude et que son cœur ne bat pas plus fort que de coutume ; Bouillon dessine ces deux épisodes et Vérité les grave sans talent au pointillé.

Le Roi avait, à la suite de cette scène, subi sur sa tête le bonnet rouge et la cocarde tricolore : plusieurs graveurs ne manquèrent pas de conserver le souvenir de cet acte de faiblesse. Le 22 juillet 1792, la patrie est déclarée en danger : les engagements volontaires sont nombreux et les enfants quittent leur famille pour courir, au son de la *Marseillaise*, secourir la France. Greuze eût, sans aucun doute, peint quelqu'une de ces scènes qui prêtent au sentiment, mais il ne se montre pas révolutionnaire et il laisse ce soin à un artiste nommé Simon Petit. Celui-ci nous montre un père bénissant ses deux enfants qui le quittent, et trouve moyen de faire une œuvre d'un sentiment faux, alors que ce sujet nécessitait une simple expression de douleur. L'acte en lui-même de la déclaration de la patrie en danger produit un effet extraordinaire, et la *Marseillaise*, de Rouget de Lisle, inspire aux graveurs plusieurs planches qu'ils accompagnent de couplets empruntés au chant national. La meilleure représentation du siége et de la prise des Tuileries, le 10 août 1792, est gravée par Helman d'après Monnet. Villeneuve grave le même sujet, qu'il dédie *aux braves sans-culottes*, et d'autres artistes, peu dignes de ce nom, ont le courage de sanctionner par de faibles estampes la mutilation des statues de Henri IV, de Louis XIV et de Louis XV. La famille royale est emmenée à la prison du Temple, et les graveurs se plaisent à inventer mille caricatures nouvelles contre le Roi prisonnier : Villeneuve le représente buvant le sang du peuple, et d'autres l'imitent ou le copient. Les 2, 3, 4, 5 et 6 septembre, les massacres de l'Abbaye et du couvent des Carmes enfantent plusieurs gravures dans lesquelles le mérite d'art est absent, et la République proclamée fait naître des allégories que conservent Copia, Darcis et Ant. Quatremère. Vérité grave, toujours d'après Bouillon, la séparation de Louis XVI de sa famille, et nous montre bientôt le Roi se promenant sur la petite terrasse du Temple. Les batailles de Valmy et de Jemmapes, le siége de Lille, sont généralement assez faiblement représentés par les graveurs, qui trouvent une occupation suffisante dans les événements qui se passent sous leurs yeux. Nous ne connaissons pas en France d'estampe importante qui nous donne l'aspect de la Convention pendant le procès royal, et une planche gravée en Angleterre par G. Vendramini, d'après Pelegrini, constate uniquement ce fait. Enfin, le grand moment approche, et les adieux suprêmes de Louis XVI à sa femme et à ses enfants ne trouvent pas un graveur qui sache exprimer toute la tristesse de cette scène déchirante; chacun semble, au contraire, voir dans cette séparation un acte ordinaire et prévu, et, lorsque cette composition n'est pas vulgaire, elle est ridicule. L'exécution du Roi a lieu le 21 janvier 1793, la guillotine est dressée sur la place de la Révolution, et une gravure anonyme, mais qui semble faite d'après nature et qui a un véritable caractère d'authenticité, nous montre Louis XVI sur l'échafaud, recevant les dernières paroles de son confesseur. Benazech fit un autre dessin de cette lugubre cérémonie et choisit le moment où le Roi va monter sur l'échafaud. Cette seconde composition fut gravée lourdement par Cazenave et par Schiavonetti. Monnet nous montre le moment où l'acte est accompli et où la tête du Roi est présentée au peuple. Villeneuve ne veut pas perdre l'occasion de publier une estampe, et il compose et grave la *Réception de Louis Capet aux enfers par un grand nombre de brigands ci-devant couronnés* : le Roi est représenté dans le costume des condamnés à mort, tenant sous son bras sa tête souriante et s'avançant dans les enfers. Nous ne serions pas surpris de retrouver cette estampe, alors que les esprits furent calmés, représentant l'arrivée du Roi aux Champs-Élysées. Les graveurs de la Révolution sont coutumiers du fait, et les opinions révolutionnaires des éditeurs d'estampes n'étaient pas si profondes ni si bien raisonnées, qu'une semblable supercherie fût impossible. Le Roi mort, les comités révolutionnaires commencent à fonctionner, et les graveurs nous ont conservé les costumes peu officiels des présidents et des membres de ces comités. Les guerres de la Vendée occupent un instant les graveurs, et un d'entre eux, dont le nom ne nous est pas connu, exécute, d'après un fort joli dessin de Taunay, la mort du général Dampierre. Le 31 mai 1793, le peuple veut changer ce qu'il a installé lui-même ; il assiége les Tuileries, dans lesquelles la Convention est réunie. J. J. F. Tassaert, *citoyen français*, grave à cette occasion, d'après un dessin du citoyen F. J. Harriet, une planche qui ne vaut que par ce qu'elle représente : elle est au pointillé et retrace une faible esquisse d'un mauvais imitateur de David. Outre l'estampe de Morel d'après David, qui représente *Marat mort dans sa baignoire*, on connaît une autre gravure sur la même scène; l'ouvrage, à défaut d'habileté, paraît ne manquer ni de fidélité ni d'exactitude; il est signé de Brion, artiste dont le nom est lui-même tout à fait oublié aujourd'hui. Marie-Antoinette, avant de passer en jugement, est séparée de sa famille; Bouillon fait à cette occasion un dessin que Vérité grave au pointillé avec sa mollesse habituelle; puis apparaissent une quantité d'allégories sur le triomphe de la montagne, de la république, sur le despotisme foudroyé, et parmi celles-ci les plus extravagantes sont signées des noms de Pierre Lélu, de Caraffe, de Ruotte et de Boizot. C'est décidément la gravure au pointillé qui est le plus en honneur pendant la Révolution française; c'est ce procédé qu'emploie Cazenave pour nous montrer, d'après un dessin de Bouillon, la reine devant le tribunal révolutionnaire, et Monnet et Helman s'associent pour conserver le souvenir de l'exécution de Marie-Antoinette. Tandis que l'échafaud est dressé sur la place de la Révolution, les graveurs ne manquent pas de faire le portrait des victimes, et, singulier contraste, les fêtes à la Raison et à la Vérité apparaissent presque en même temps; chacun s'empresse de composer son allégorie, et nous avons compté des centaines d'estampes publiées à l'occasion de ces réjouissances ridicules. Ces planches sont signées des noms de Carré, de Darcis, de la citoyenne Bergny, de Villeneuve, de Copia, de Ruotte, du citoyen Wicar, de la citoyenne Demouchy, de la citoyenne Lingée, de Debucourt, de Allais, de Janinet, de Chapuy et de Bernier. Chacun comprend à sa façon la liberté et l'égalité, mais chacun veut faire preuve de patriotisme. A partir de cette époque, la gravure révolutionnaire cesse presque subitement. Si l'on excepte l'estampe de C. Silanio, qui représente *Madame Élisabeth sur l'échafaud*, l'*Arrestation de Robespierre*, gravée par Tassaert d'après F. J. Harriet, et une petite estampe funèbrement allégorique représentant le bourreau *Samson* ne trouvant plus personne à guillotiner, se tranchant la tête à lui-même, on ne connaît plus guère d'estampes contemporaines des événements. Les guerres commencent, et le peuple, fatigué de sang, songe à faire des conquêtes. Mais, avant de clore l'énumération des estampes gravées pendant la Révolution, nous devons mentionner de petites planches faites le jour même des événements, sans art, il est vrai, mais avec un certain caractère de vérité, planches qui paraissaient dans les *Révolutions de Paris*, de Prudhomme. Une autre suite importante parut également vers la même époque, mais celle-ci nous semble un peu postérieure et n'offre pas d'ailleurs la même apparence d'authenticité : nous voulons parler des estampes gravées par Berthault d'après les dessins de Prieur ; la gravure est trop soignée pour avoir été exécutée vite, et nous avons d'ailleurs surpris quelques copies d'estampes gravées au moment même de l'événement représenté.

Il nous reste à mentionner deux artistes qui surent véritablement donner à leurs estampes le côté artiste qui manquait à presque toutes les œuvres que nous venons d'indiquer, et dont la nomenclature nous était imposée en raison de l'abstention même ou de la suppression des talents : nous voulons parler de Duplessi-Bertaux et de Debucourt, tous deux dessinateurs spirituels et graveurs habiles dans un genre différent.

Les contemporains de Duplessi-Bertaux voulurent voir en lui un émule de Jacques Callot, comparaison flatteuse pour un artiste, mais accablante pour Duplessi-Bertaux. J. Callot est remarquable par une verve qui tient du génie, tandis que Duplessi-Bertaux compose avec habileté; mais il dessine souvent froidement et grave quelquefois de même. Sa pointe est souvent trop sèche, et, tandis que Callot donne aux *Misères de la guerre* un aspect saisissant, Duplessi-Bertaux se montre historien plutôt qu'artiste dans les nombreuses vignettes qu'il invente et qu'il grave sur la Révolution française. Il serait injuste cependant de ne pas reconnaître que Duplessi-Bertaux fut le miroir le plus fidèle des scènes de la Révolution : il sut dans de très-petits cadres montrer de grands événements, et grouper avec art et sans confusion une multitude de personnages en action. Les petites estampes que Duplessi-Bertaux grave sont toujours spirituelles, tandis que celles qu'il fit en grand sont souvent lourdes et dénuées d'élégance; il se rapproche par là de tous les graveurs de vignettes, plus habitués à composer un ensemble harmonieux qu'à soigner beaucoup le dessin de chaque figure.

Louis-Philibert Debucourt, né en 1755 et mort en 1832, dessina avec esprit un certain nombre de costumes et de scènes de mœurs, qu'il grava lui-même en couleur. On ignore le nom de son maître, et il est probable d'ailleurs que, quel qu'il fût, il eut une médiocre influence sur le jeune débutant, doué d'une originalité bien complète. La *Promenade de la galerie du Palais-Royal*, la *Promenade du jardin du Palais-Royal*, le *Café Frascati* et quelques scènes intimes ou galantes, telles que les *Bosquets*, le *Compliment* et *Annette et Lubin*, donnent la plus juste idée du talent spirituel de Debucourt. C'est en couleur que cet artiste grava ces estampes, et il obtint au moyen de planches habilement disposées des tons fort harmonieux. Au commencement du xixe siècle, la manière de Debucourt se transforme tout d'un coup, et ce changement n'est pas heureux. Au lieu des compositions toujours ingénieuses qu'il inventa dans sa jeunesse, il devient prétentieux et semble sous l'influence d'un maître qui l'opprime; il grave alors uniquement à l'aqua-tinte l'*Incendie*, le *Soldat pendant et après la bataille*, plusieurs planches d'après Carle Vernet; et autant ses premières estampes sont distinguées et charmantes, autant celles-ci manquent de transparence et de vie. Chose singulière! la première manière de Debucourt ne trouva pas d'imitateurs, tandis que la seconde, d'une exécution plus facile, il est vrai, paraît aujourd'hui avoir attiré à elle une grande partie de nos graveurs.

Il semble que le xviii° siècle, en introduisant dans la gravure quelque procédé mécanique, ait amené une découverte qui devait envahir l'art lui-même et porter une atteinte sérieuse aux portraitistes. Le physionotrace, instrument au moyen duquel on reproduisait mathématiquement le profil humain, semble être un précurseur du daguerréotype et de la photographie, les deux moyens de reproductions si fort en vogue aujourd'hui dans toute l'Europe. Un graveur nommé Quenedey inventa ce procédé matériel et réussit si bien à faire accepter son invention, qu'il eut bientôt en France le monopole de la gravure des portraits. Après lui vint Chrétien, qui continua le procédé mis en lumière par Quenedey, et plus tard un élève de ces artistes, Saint-Mesmin, se rendit en Amérique et exécuta dans ce pays avec le physionotrace plus de quatre cents portraits. Ces portraits, dont la silhouette est vivante et ne manque pas de caractère, sont, ou légèrement esquissés, ou bien terminés à l'eau-forte, avec une science réelle ; le graveur venant en aide à l'instrument, on peut encore ranger ces estampes au nombre des œuvres d'art, tandis que dans la photographie, la descendante directe de la gravure au physionotrace, la machine seule opère, et l'art est tout à fait absent.

Ce n'est pas ici la place de donner une biographie

de Pierre-Paul Prudhon ; il nous suffira de dire que deux graveurs, attirés sans doute par la grâce exquise des œuvres du maître, s'attachèrent à reproduire les dessins ou les tableaux qu'il mettait au jour. L. Copia et Barthélemy Roger contribuèrent en effet autant à la gloire de Prudhon que Prudhon lui-même contribua à leurs propres succès. Louis Copia travailla en France pendant la Révolution, et, qu'il soit Italien ou non, — les renseignements biographiques font absolument défaut sur cet artiste, — il doit nécessairement, à cause de son habileté à rendre les œuvres de Prudhon, être compris dans une étude sur l'école française. Après avoir gravé quelques planches d'après Sicardi, *Come la Trovate*, d'après Sablet, le *Maréchal ferrant de la Vendée*, et, d'après Devosges, l'*Innocence en danger*, Copia fit son chef-d'œuvre en gravant, d'après Prudhon, le célèbre dessin de la *Constitution française*, une des compositions les plus considérables et les mieux réussies du peintre. Cette planche est exécutée au burin avec des tailles symétriques qui, n'était l'extrême harmonie avec laquelle elles sont fondues, courraient grand risque de paraître monotones ; mais, au moyen de quelques contre-tailles placées à leur vraie place, Copia obtint les effets correspondants en gravure au modelé puissant et en même temps vaporeux des tableaux de Prudhon. On ne conçoit guère comment le même artiste qui rendait d'une façon si élevée les œuvres d'un grand peintre put graver aussi faiblement quelques vignettes, telles que le *Cauchemar aristocratique*, estampe sans valeur que Sauvage composa en un jour de délire; dans ces planches on ne retrouve ni le charme habituel au graveur ni la même facilité de burin.

Barthélemy Roger fut peut être le seul élève de Copia; mais en même temps qu'il apprenait son métier de graveur chez cet artiste, il écoutait les conseils de Prudhon, et, sans faire injure à Copia, nous croyons pouvoir dire que les avis du peintre furent d'un bien plus grand secours pour Barthélemy Roger que les leçons du graveur. Il est impossible en effet de rendre avec un talent plus vrai que ne le fit Roger les dessins de Prudhon, dessins dans lesquels le charme des contours le dispute à l'harmonie de la couleur, la puissance de conception à l'élégance des formes. Outre un certain nombre de vignettes composées par Prudhon pour les têtes de pages des papiers officiels, B. Roger reproduisit par la gravure les délicieux dessins que Prudhon avait composés pour l'*Aminte* du Tasse, pour *Paul et Virginie*, pour *Daphnis et Chloé* et pour un roman inédit de Lucien Bonaparte, *Stelline et Édouard*. C'est ce dernier ouvrage qui devait contenir la *Soif de l'or*, une des conceptions les plus heureuses de l'art moderne : l'avare, ivre de cupidité, foule aux pieds sa femme et son enfant pour aller remplir d'or un vase qu'il tient étroitement serré contre lui; le dieu, rempli d'une joie sordide, semble lui-même mépriser l'homme qui l'adore. Il nous semble impossible de montrer avec une vérité plus frappante toute l'horreur de l'avarice. Roger ne se tint pas à ces compositions de petite dimension ; il sut rendre avec le même talent les œuvres plus grandes de Prudhon, et *l'Amour séduit l'Innocence, le Plaisir l'entraîne, le Repentir suit,* et *l'Innocence préfère l'Amour à la Richesse,* estampes qui valurent à leur auteur une médaille d'or en 1810, possèdent les mêmes qualités d'exacte interprétation et de gravure habile ; le charme des peintures originales existe à un degré presque semblable dans les estampes, et Roger semble s'être tellement identifié avec son modèle, qu'il parvint à en deviner les secrets les plus cachés et à en rendre les beautés les plus réelles. En même temps qu'il consacrait son talent à reproduire les œuvres de Prudhon, B. Roger gravait également un assez grand nombre de vignettes d'après Moreau le jeune et d'après Desenne ; celles-ci sont exécutées sèchement, sans charme et presque sans esprit. Quant aux nombreux portraits que B. Roger grava pour les éditeurs Firmin Didot et Lefebvre, ils sont dessinés mollement et exécutés d'une façon monotone.

P. P. Prudhon voulut lui-même essayer l'art de la gravure : guidé sans doute dans le travail matériel par Louis Copia, il parvint à rendre à l'eau-forte avec une véritable habileté la vignette célèbre de *Daphnis et Chloé* qu'il avait composée, et il envoya son œuvre au Salon de 1797. Si la critique, singulièrement laconique cette année-là, ne fit aucune mention de l'estampe gravée par Prudhon, les véritables amateurs recherchent avec raison cette vignette, qui, outre une extrême rareté, a le mérite de donner la pensée même du maître ; le travail en lui-même est assez rude, mais l'amour extrême des deux amants est exprimé avec cet accent parfait de vérité que Prudhon sut toujours répandre dans ses compositions.

Nous nous arrêtons à cette époque ; avant de clore définitivement notre travail, nous croyons devoir récapituler en quelques mots les différentes phases que la gravure française a traversées avant d'en venir au point où elle se trouve aujourd'hui. A ses débuts, la gravure ne sait à quel pays elle doit demander des modèles ; se tournant tantôt vers la Flandre, tantôt vers l'Italie, elle demeure quelque temps sans caractère, et il faut que les maîtres italiens appelés à Fontainebleau par François Ier viennent en France pour donner aux graveurs une initiative qu'ils n'auraient su avoir d'eux-mêmes. La grande école de gravure qui se forme à Fontainebleau est elle-même bientôt remplacée par une école toute française qui a pour représentants les graveurs de Nicolas Poussin et de Simon Vouet ; après ceux-ci commence la période la plus glorieuse pour la gravure au burin en France. Gérard Audran et G. Édelinck font atteindre à cet art le premier rang, qu'il a toujours conservé depuis cette époque. Non-seulement Gérard Audran est le plus habile graveur que la France ait vu naître, mais il eut encore le talent de former une école qui, pendant la première moitié du xviiie siècle, interpréta avec un savoir réel toutes les œuvres vraiment dignes d'être reproduites. Puis pendant un moment la gravure se restreint dans un genre secondaire, la vignette, ou se contente d'esquisser à la pointe quelques compositions sans grandeur, mais tout au moins spirituelles. Une Renaissance s'opère bientôt : Bervic, Tardieu, Massard et Boucher-Desnoyers rendent à la gravure une partie de sa splendeur passée, propagent le goût du beau par leurs savantes œuvres et préparent le progrès que nous voyons se poursuivre aujourd'hui.

FIN

TABLE
DES NOMS DE GRAVEURS

A

ALBANE, 382.
ALIAMET (Jacques), 321.
ALIX (Jean), 244.
ALLAIS (Louis-Jean), 380, 389.
ANDROUET DUCERCEAU (Jacques), 96-100, 102, 103.
ANGEVIN (Le Petit), 29, 30.
ASPRUCK (François), 266.
AUBERT (Michel), 293, 310.
AUDRAN (Les), 217.
AUDRAN (Benoît), 289, 313.
AUDRAN (Claude), 285.
AUDRAN (Girard), 139, 155, 216, 218, 225.
AUDRAN (Jean), 295.
AVELINE (Pierre), 297, 310, 320.
AVICE (Le chevalier), 145.
AVRIL (J. J.), 322.

B

BABEL (Louis-Henri), 363.
BALÉCHOU (J. J.), 321, 330, 334, 364.
BAQUOY (Maurice), 353.
BARBÉ (Jean-Baptiste), 75.
BARON (B.), 308.
BARON (Jean), 147, 206.
BARRAS (Sébastien), 268.
BAUDET (Jean), 152.
BAUDUIN (Antoine-François), 273.
BÉATRIZET (Nicolas), 69, 70.
BEAULIEU (Le chevalier DE), 282.
BEAUVAIS (D.), 156, 157.
BEAUVARLET (J. F.), 316, 333, 342.
BELLANGE (Jacques), 204.
BÉNAZECH (Pierre-Paul), 322.
BÉRAIN (C.), 280.
BÉRAIN (Jean), 279.
BERGNI (La citoyenne), 389.
BERNARD, 269.
BERNARD (Salomon), 27, 28, 30, 31, 40.
BERNARD (Samuel), 233.
BERNIER, 389.
BERTHAULT (Pierre), 389.
BERTRAND (P.), 332.
BERVIC (Charles-Clément), 273.
BETTELINI (P.), 160.
BIARD (Pierre), 71.
BLANCHARD (Jacques), 200.

TABLE DES NOMS DE GRAVEURS.

Blot (Maurice), 343.
Bobrun (Louis), 210.
Boillot (Joseph), 68.
Boissard (Jean-Jacques), 77.
Boissard (Robert), 77.
Boissevin (L.), 265.
Bonnart (Nicolas), 154, 273.
Bonnart (R.), 273.
Bonnemer (Marin), 43, 44, 50, 51.
Bonnet (L.), 312.
Bosse (Abraham), 176, 204, 205, 211, 271, 272.
Boucher (François), 288, 308.
Boucher-Desnoyers (Auguste), 168, 376.
Bouchier (Jean), 70.
Bouckel (Anna van), 126.
Boudan (Alexandre), 224, 272.
Bouillard (Jacques), 155.
Boulanger (Jean), 196, 234, 245, 271.
Boullongne (Louis de), 236.
Boulonois (Edme), 271.
Bourdon (Sébastien), 232.
Boussy (Clément), 43, 51.
Boussy (Jean), 44, 51.
Boussy (Marin), 46-49.
Boyer d'Aiguilles (Jean-Baptiste), 157, 267.
Boyvin (René), 89-91.
Brédès (J. B.), 233.
Brebiette (Pierre), 205.
Brion (Antoine), 388.
Briot (Jean), 115, 116.
Bullant (J.), 97-99, 101.

C

Callot (Jacques), 170, 210.
Campion, 380.
Caresme (Ph.), 381.
Carmontelle (L. C. de), 349.
Carré, 588.
Cars (Laurent), 291, 309, 313, 314, 319, 338, 353.
Casa (Nicolo della), 67, 69.
Cathelin (L. J.), 330.
Caylus (Le comte de), 288, 350.
Cazenave, 387, 388.
Chapron (Nicolas), 208, 237.
Chapuy (Jean-Baptiste), 589.

Charpignon (C.), 126.
Chartier (Jean), 69.
Chastillon (Louis de), 150.
Chateau (Guillaume), 150.
Chatillon (Claude), 211.
Chauveau (François), 153, 197, 198.
Chedel (Quentin-Pierre), 301, 345.
Chenu (Pierre), 363.
Chereau (François), 328.
Chevillet (Juste), 314.
Choffard (P. P.), 353, 354.
Chrétien, 392.
Cochin (Charles-Nicolas), 290, 314, 316, 319, 324, 337, 359.
Cochin (Nicolas), 178, 313.
Codoré (Olivier), 40, 41.
Cœlemans (Jacques), 157.
Colines (Simon de), 31-33.
Copia (Louis), 384, 386, 389, 393.
Corneille (Claude), C, 61, 62.
Corneille (Michel-Ange), 236.
Cossin (Jean), 269.
Courtois (Jacques), 237.
Courtois (Pierre-François), 357.
Cousin (Jean), 36, 62-64, 92, 93.
Couvay (Jean), 147, 197, 202, 204.
Coypel (Antoine), 316.
Coypel (Charles-Antoine), 316.
Coypel (Noël), 316.
Coypel (Noël-Nicolas), 316.
Crépy (Louis), 294.
Croisier (Marie-Anne), 382.
Cuvilliés (Les), 363.

D

Daigremont (M.), 280.
Darcis (Louis), 386, 388.
Daret (Pierre), 122, 126, 192, 193, 201, 227, 271.
Daullé (Jean), 309, 315, 328, 335.
David (Charles), 197, 202.
David (Hiér.), 204.
Debucourt (Louis-Philibert), 382, 389, 391.
Delacourt, 203.
Delafage (Nicolas), 209.
Delafosse (J. B. Joseph), 349.
Delaulne (Étienne), 65, 92-94.
Delaunay (N.), 342, 347, 353, 359.

TABLE DES NOMS DE GRAVEURS.

DELORME (Philibert), 98, 102-104.
DELVAUX (Remi-Henri-Joseph), 360.
DEMARTEAU (Gilles), 310.
DEMOUCHY (La citoyenne), 389.
DENON (Dom. VIVANT-), 379.
DERUET (Claude), 76, 172, 178.
DESFRICHES (Agman-Thomas), 349.
DESPLACES (Louis), 303, 310, 313, 318.
DESPREZ (François), 45, 52.
DESROCHERS (Etienne), 265.
DOLIVAR (Jean), 280.
DORIGNY (Michel), 188, 210.
DREVET (Claude), 326.
DREVET (Pierre), le père, 326.
DREVET (Pierre), le fils, 326.
DUBOIS (Héli), 209.
DU BOS (Jeanne Renard), 308.
DUCLOS (A. J.), 357.
DUFLOS (Claude), 329, 353.
DUGHET (Giovanni), 144.
DUMONSTIER (Geoffroy), 91, 92.
DUPÉRAC (Etienne), 68, 69.
DUPIN (F.), 156, 308.
DUPLESSI-BERTAUX, 379, 390.
DUPRÉ (Jean), 11, 15.
DUPUIS (Charles), 305.
DUPUIS (Gabriel), 305.
DUPUIS (N.), 316, 331, 345.
DUVAL (Marc), 95, 96.
DUVET (Jean), 59-61, 65.
ECMAN (Edouard), 361.

E

EDELINCK (Gérard), 150, 224, 225, 227, 231, 250, 258, 273, 275, 329.
EISEN (Charles), 353.
ERTINGER (Fr.), 328.
EUSTACHE (Guillaume), 24.

F

FALCK, 204.
FANTETTI (Césare), 148.
FANTUZZI (Antonio), 85, 86.
FERDINAND (Louis), 262.
FESSARD (Etienne), 308, 309, 316.

FICQUET (Etienne), 332, 339.
FILLŒUL (Pierre), 314.
FIRENS (Pierre), 75, 130.
FITTLER (J.) 167.
FLAMEN (Albert), 239, 274.
FLIPART (J. J.), 332, 342, 368.
FOLKEMA, 227.
FONTENOY (Denis), 43, 46, 47, 50, 51.
FORNAZERIS (Jacques DE), 118, 119.
FRAGONARD (Honoré), 158, 342.
FRANÇOIS (Jean-Charles), 311.
FROSNE (Jean), 271.

G

GAILLARD (R.), 347, 369.
GALLIMARD (Cl. O.), 319.
GANIÈRE (J.), 126, 231, 274.
GANTREL (Etienne), 152.
GARNIER (Antoine), 152, 209.
GARNIER (Noël), 58, 59.
GAUCHER (Charles), 355.
GAUCHER (Etienne), 330.
GAULTIER (Léonard), 111-115, 130, 209.
GAUTHIER, 381.
GAUTIER DAGOTI (Jacques), 312.
GELÉE (Claude), dit LE LORRAIN, 184.
GENT, 380.
GENLOT fils, 380.
GÉRARD (Marguerite), 343.
GERMAIN (Pierre), 365.
GERMAIN (P. L.), 384.
GHENDT (Emmanuel DE), 353, 360.
GILLOT (Claude), 294.
GODART (Guillaume), 24.
GODET (Gilles), 48.
GOMBOUST (J. DE), 273.
GOUJON (Jean), 98, 102.
GOURMOND (François DE), 50.
GOURMONT (Jean DE), 48, 53.

GOURMONT (J. DE), 61, 62.

GRAFFART (Jean), 42.
GRANTHOMME (Jacques), 119, 120.
GRATELOUP (J. B.), 340.
GRAVELOT (Hubert), 352.
GREUZE (J. B.), 369.
GROULLEAU (Etienne), 29.

26

TABLE DES NOMS DE GRAVEURS.

GUILLAIN (Simon), 239.
GUYOT (Laurent), 378, 379.
GUYOT-MARCHANT, 12, 13.

H

HARDOUIN (Gilles), 22, 23.
HELMAN (Isidore-Stanislas), 379, 385, 388.
HENNEQUIN (Phil.-Aug.), 384.
HENRIQUEZ (Benoît-Louis), 315.
HEREMBERCK (Jacques), 57.
HOIN (Claude), 383.
HORTHEMELS (Marie), 328.
HOUEL (Jean), 349.
HOYAU (Germain), 42-46, 48, 52.
HUMBELOT (Jacques), 272.
HUQUIER (Gabriel), 308, 320, 363.
HURET (Grégoire), 204, 227.
HUTIN (Charles), 158.
HUTIN (J. B.), 319.

I

INGOUF (François-Robert), 337.
INGOUF (Pierre-Charles), 337, 368.
ISAC (Jaspar), 116-118.

J

JANINET (François), 381, 589.
JANOT (Denis), 29.
JEAURAT (Edme), 157, 308, 313.
JODE (Pierre DE), 195.
JOLAIN, 126.
JOLLAT (Mercure), 31.
JOULLAIN (François), 307, 313, 318.
JOURDAIN, 383.

K

KERVER (Thielman), 22.
KUSSEL (Melchior), 197.

L

LA BELLE (Étienne DE), 178.
LAGNIET (J.), 271.

LAHYRE (Laurent DE), 197.
LALIVE DE JULLY (Ange-Laurent DE), 320, 338.
LALOUETTE (Jacques), 49, 50.
LANDRY (P.) 272, 274.
LAPOINTE (F.), 272.
LARMESSIN (Nic. DE), le père, 264, 272, 274.
LARMESSIN (Nic. DE), le fils, 296, 310, 313, 315.
LASNE (Michel), 124-126, 193-195.
LAUGIER (Jean-Nicolas), 165.
LEBAS (Jacques-Philippe), 298, 313, 314, 317, 321, 353.
LE BLOND (Christophe), 312.
LEBLOND (Jehan), 121, 122.
LEBRUN (Charles), 214.
LECARPENTIER (Louis-Benjamin), 380.
LECHARPENTIER (René-Jacques), 322.
LECLERC (Jean), IC, 49, 52, 129.
LECLERC (Sébastien), 181, 274.
LE CŒUR (Jean-Baptiste), 382.
LECOMTE (Marguerite), 349.
LEFEBVRE (Claude), 262.
LEGRAIN, 209.
LE LORRAIN (J. L.), 319.
LELU (Pierre), 383.
LEMAIRE (Pierre), 207.
LEMIRE (Noël), 355, 358.
LEMPEREUR (E. Cousinet, femme), 322.
LEMPEREUR (L.), 316.
LENFANT (Jean), 152, 231, 260.
LEPAUTRE (Ant.), 295.
LEPAUTRE (Jean), 154, 272, 275, 278.
LEPAUTRE (Pierre), 280.
LÉPICIÉ (Bernard), 306, 313, 314, 318, 332.
LÉPICIÉ (Renée-Élisabeth Marlié), 307.
LEPRINCE (Jean-Baptiste), 345.
LEROUGE (Pierre), 12, 15.
LESCOT (Pierre), 97, 101, 102, 105.
LESPILLIER (Charles-Albert DE), 364.
LESUEUR (Eustache), 187.
LEU (Thomas DE), 111-115, 121.
LEVASSEUR (J. Charles), 369.
LEVIGOUREUX (Charles), 44, 52.

TABLE DES NOMS DE GRAVEURS. 403

Limousin (Léonard), 88.
Lingée (La citoyenne), 389.
Liotard (Jean-Étienne), 303.
Lochon (René), 264.
Loir (Alexis), 254.
Loir (Nicolas), 158, 233.
Lombart (Pierre), 255.
Longueil (Joseph de), 360.
Loutherbourg (Philippe-Jacques), 348.

M

Macret (Charles-François-Adrien), 342.
Maître de 1488, 57, 58.
Mallery (Charles), 75, 119, 120.
Marcenay de Ghuy, 159, 330, 350.
Mariage (Louis-François), 165.
Mariette (Jean), 240, 241.
Mariette (Pierre), 280.
Marillier (Clément-Pierre), 355.
Marnef (Jeane de), 29.
Marnef (Jérôme et Denis de), 39.
Marot (Daniel), 281.
Marot (Jean), 276.
Martin (I. H.), 227.
Massard (Jean), 368, 372.
Massard (Raphaël-Urbin), 372.
Massé (Jean-Baptiste), 158.
Masson (Ant.), 231, 256.
Mathonière (Allain de), 45.
Mathonière (Denis de), 43, 44, 46.
Mathonière (Michel de), 211.
Meissonnier (Juste-Aurèle), 362.
Mellan (Claude), 123-126, 148, 193, 194.
Merlen (Th. van), 126.
Meunier (Pierre-Louis), 383.
Miger (Simon-Charles), 339, 349, 384.
Vignard (Pierre), 228.
Millet (Francisque), 258.
Milnet (Bernard)? 54.
Moitte (P. E.), 331, 369.
Molès (P. P.), 316, 369.
Moni (Jean), 30, 31, 40.
Monogramme [M], 45.
Monogramme [VI], 45.
Monogramme [CR], 47, 48.
Monogramme [IFM], 47.
Monogramme [CF], 48.
Monogramme [F], 43.
Monogramme [N], 43.
Monogramme FG, 43.
Monsiau (Nicolas-André), 384.
Montcornet (Balthasar), 258, 265.
Moreau le Jeune, 356.
Morel (Ant. Alex.), 371.
Morghen (Raphaël), 164.
Morin (Jean), 242.
Moireau (Jean), 302.

N

Nanteuil (Robert), 227, 231, 246, 275.
Natalis (Michel), 152, 253.
Natoire (Charles), 320.
Née, 342.
Nicolas (Mathurin), 42-46, 48, 52.
Noblin (H.), 274.
Nolin (Jean), 152.

O

Odieuvre (Jean), 265, 359.
Oppenort (Gille-Marie), 363.

P

Pader (Hilaire), 206.
Papillon (J. B. Marie), 361.
Pariseau (Ph.), 309.
Parrocel (Joseph), 258.
Parrocel (J. P.), 319.

TABLE DES NOMS DE GRAVEURS.

PASQUIER (Jean-Jacques), 365.
PASSE (Crispin DE), 209.
PATAS (Jean-Baptiste), 378.
PATER (J. B.), 314.
PATIN (Jacques), 72.
PELLETIER (Jean), 320, 345.
PERELLE (Gabriel), 211, 213.
PERELLE (Nicolas), 148.
PERRET (P.), 120.
PERRIER (François), 190.
PERRISSIN, 41, 127, 128.
PERRONEAU (J. B.), 320.
PESNE (Jean), 133-137.
PETIT (G. S.), 315, 316, 332.
PETIT (Simon), 385.
PEYRON (Jean-François), 163.
PICART (Bernard), 153, 227, 270, 300.
PICART (Étienne), 197.
PICART (Jean), 116, 117, 210.
PICQUET (Jean), 126.
PIERRE (Jean-Baptiste-Marie), 344.
PIGOUCHET (Philippe), 21.
PILLEMENT (Jean), 364.
PITAU (Nicolas), 231, 255, 275.
PLATTEMONTAGNE (Nicolas DE), 244.
P. M., 306.
PÒ (Pierre DEL), 137.
POILLY (F. DE), 203, 231, 233, 258, 275.
POILLY (J. B. DE), 259.
POILLY (Nicolas), 143, 258, 259.
POLANZANI (Francesco), 160.
POMPADOUR (la marquise DE), 341.
PONCE (Nic.), 342, 353, 360, 381.
PORPORATI (Charles-Antoine), 369.
PREISLER (J. M.), 345.
PRÉVOST (Ben.-Louis), 360.
PRÉVOST (Jacques), 96.
PRÉVOST (Nicolas), 46, 51.
PRÉVOST (Nicolas), [monogram], 49.
PRIMATICE (François), 80, 82-85.
PRUDHON (P. P.), 395.

Q

QUATREMÈRE (Ant.), 386.
QUENEDEY, 392.

R

RABEL (Jean), 109-111, 121.
RAGOT (François), 126.
RANSONNETTE (Nick.), 349.
RAVENET (Jean-François), 308.
REGNART (Valérian), 76, 77.
REGNAULT (François), 24, 25.
REGNESSON (Nicolas), 203, 245.
RICHER, 276.
RIGAUD (Jean), 365.
RIVALZ (Antoine), 348.
ROGER (Barthélemy), 393.
ROSSO, 80-84.
ROUILLE (Guil.), 30.
ROULLET (J. L.), 231, 258, 261.
ROUSSEL (Paul), 126.
ROUSSELET (Gilles), 193, 196, 202, 223, 227, 233.
RUGGIERI (Guido), 96.
RUOTTE (Louis-Charles), 388, 389.
RUPERT (Le prince), 266.

S

SABLON (Pierre), 73.
SAINT-ANDRÉ (Simon-Renard DE), 226.
SAINT-AUBIN (Augustin DE), 338, 347, 353, 357.
SAINT-AUBIN (Gabriel DE), 343.
SAINT-IGNY (Jean DE), 177.
SAINT-NON (l'abbé DE), 159.
SARRABAT (Isaac), 267, 329.
SAULCE (Guillaume), 49.
SAVART (P.), 331, 340.
SCALBERGE (Pierre), 207.
SCHIAVONETTI (Louis), 387.
SCHMIDT (G. F.), 328, 331.
SCHUPPEN (P. VAN), 227, 231, 233, 253.
SCOTIN (Gérard), 258, 313.
SCOTIN (Louis-Girard), 304.
SERGENT (François), 378.
SERLIO (Séb.), 98, 105.
SIÉGEN DE SECUTEN (Louis), 266.
SILANIO (C.), 389.
SILVESTRE (Israël), 211, 212.
SILVESTRE (Nicolas), 319.
SIMONNEAU (Charles), 226, 329.
SIMONNEAU (Phil.), 156.

TABLE DES NOMS DE GRAVEURS.

Simonnet (J. B.), 360, 382.
Smith (E.), 167.
Somer (Pierre van), 152.
Spierre (François), 241.
Stella (Claudine Baussonet), 144, 236.
Stella (Jacques), 234.
Strada (Jacques de), 28.
Strange (Robert), 161.
Surugue (Louis), 299, 313, 314, 318, 331.

T

Tardieu (Alexandre), 371.
Tardieu (J.), 330.
Tardieu (Nic.), 313.
Tardieu (Nic.-Henri), 292, 294.
Tardieu (Pierre-Alexandre), 375.
Tassaert (J. J. F.), 387, 389.
Tavernier (Melchior), 210.
Tempesti (Dom.), 249.
Théodore, 239.
Thévenin (Charles), 380.
Thiboust (Benoît), 146.
Thomassin (Henri-Simon), 300.
Thomassin (Philippe), 75, 76, 171.
Thouvenin (Th.), 416.
Tilliard (J. B.), 360.
Tilliard (Nicolas), 347.
Tiry (Léonard), 86, 87, 89, 108.
Topie-de-Pynont, 57.
Tortebat (François), 190.
Tortorel, 41, 127, 128.
Tory (Geofroy), 33-36, 40.
Tournes (Jean de), 27.
Trémolières (P. Ch.), 288, 348.

Trouvain (Antoine), 231, 261, 274.

V

Valdor (Jean), 74, 75.
Vallée (Alexandre), 121.
Vallerant-Vaillant, 266.
Vallet (Guillaume), 233.
Vallet (Pierre), 73, 74.
Vangelisti (Vincent), 381.
Vendramini (G.), 386.
Vérard (Antoine), 14-18.
Vérini (J.), 153.
Vérité, 384, 386, 388.
Vermeulen (Corneille), 231, 329.
Vernet (Joseph), 322.
Vignon (Claude), 203, 208.
Villeneuve (N. de), 385, 387, 389.
Vostre (Simon), 17-22, 24.
Vouet (Simon), 186.
Vouillemont (Sébastien), 121, 122, 147, 193, 195.
Vuibert (Remy), 149.
Watteau (Antoine), 285.
Wattelet (Claude-Henri), 338, 347, 348.
Weirrotter (François-Edmond), 322.
Wicar (Jean-Baptiste), 389.
Wille (Jean-Georges), 331, 335.
Woeiriot (Pierre), 64-67.

Z

Zeeman (Reinier), 273.

FIN DE LA TABLE DES NOMS DE GRAVEURS.

TABLE DES MATIÈRES

Avant-propos.. v
Résumé succinct de l'origine de la gravure. 1
Chapitre Ier. — Origine de la gravure en France. — Les graveurs sur bois du xve et du xvie siècle. 6
Chap. II. — La gravure sur métal aux xve et xvie siècles; l'école de Fontainebleau exceptée. 54
Chap. III. — École de Fontainebleau.. 79
Chap. IV. — Les graveurs de crayons. — La gravure historique au xvie siècle jusqu'à la mort de Henri IV (1610). 108
Chap. V. — Les graveurs de Nicolas Poussin. — Jean Pesne, Pierre del Pô, Claudine Stella, Gérard Audran, etc. — Le xviiie siècle voulant reproduire les œuvres de Poussin. — M. Boucher-Desnoyers devant *Éliézer et Rébecca*.. 132
Chap. VI. — La gravure sous Louis XIII. — Callot et ses imitateurs. — Les graveurs de Simon Vouet et de Blanchard. — Quelques artistes provinciaux. — La gravure historique pendant le règne de Louis XIII. — Les graveurs d'estampes topographiques.. 170

CHAPITRE VII.— La gravure sous Louis XIV.— Charles Lebrun et ses graveurs : Gérard Audran, Gérard Édelinck, etc. — Pierre Mignard, Séb. Bourdon et leurs graveurs. — Les graveurs indépendants. — Les portraitistes. — La gravure en manière noire. — La gravure historique et topographique. — Les ornemanistes. — Le cabinet du Roi. 214

CHAP. VIII. — La gravure au XVIIIe siècle. La Régence. Louis XV. — Les graveurs de Watteau et de Boucher. — Les portraitistes. — Les graveurs à l'eau-forte. — Les graveurs de vignettes. — Les ornemanistes. — La gravure de topographie et d'histoire. 284

CHAP. IX. — Les graveurs sous Louis XVI, pendant et après la Révolution de 1789. — Le retour à l'art historique. — Bervic et son école, M. Boucher-Desnoyers. — La gravure révolutionnaire.— Le physionotrace.— Les graveurs de Prudhon.. 367

TABLE DES NOMS DE GRAVEURS. 399

FIN DE LA TABLE DES MATIÈRES.

PARIS. — IMP. SIMON RAÇON ET COMP., RUE D'ERFURTH, 1.

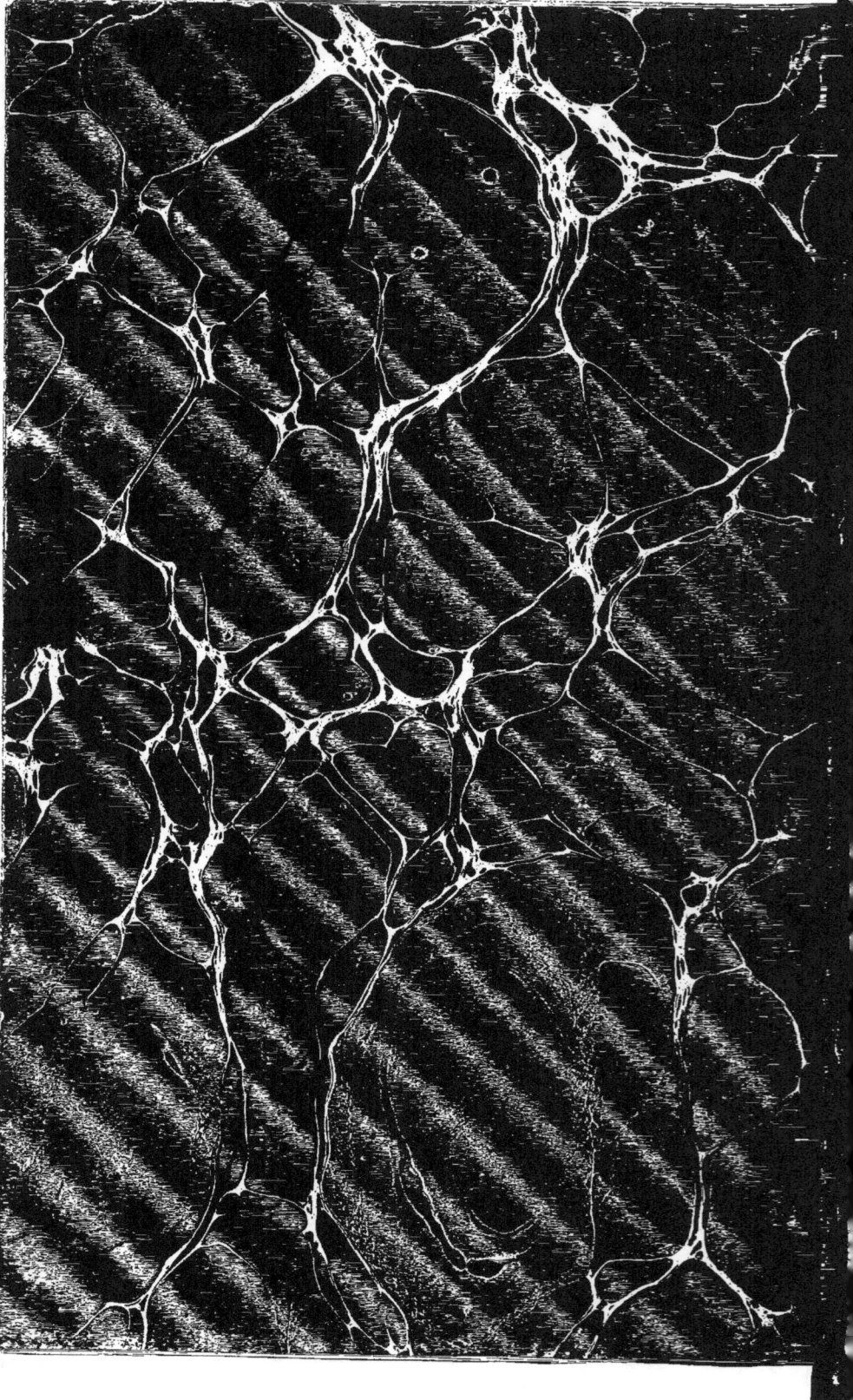

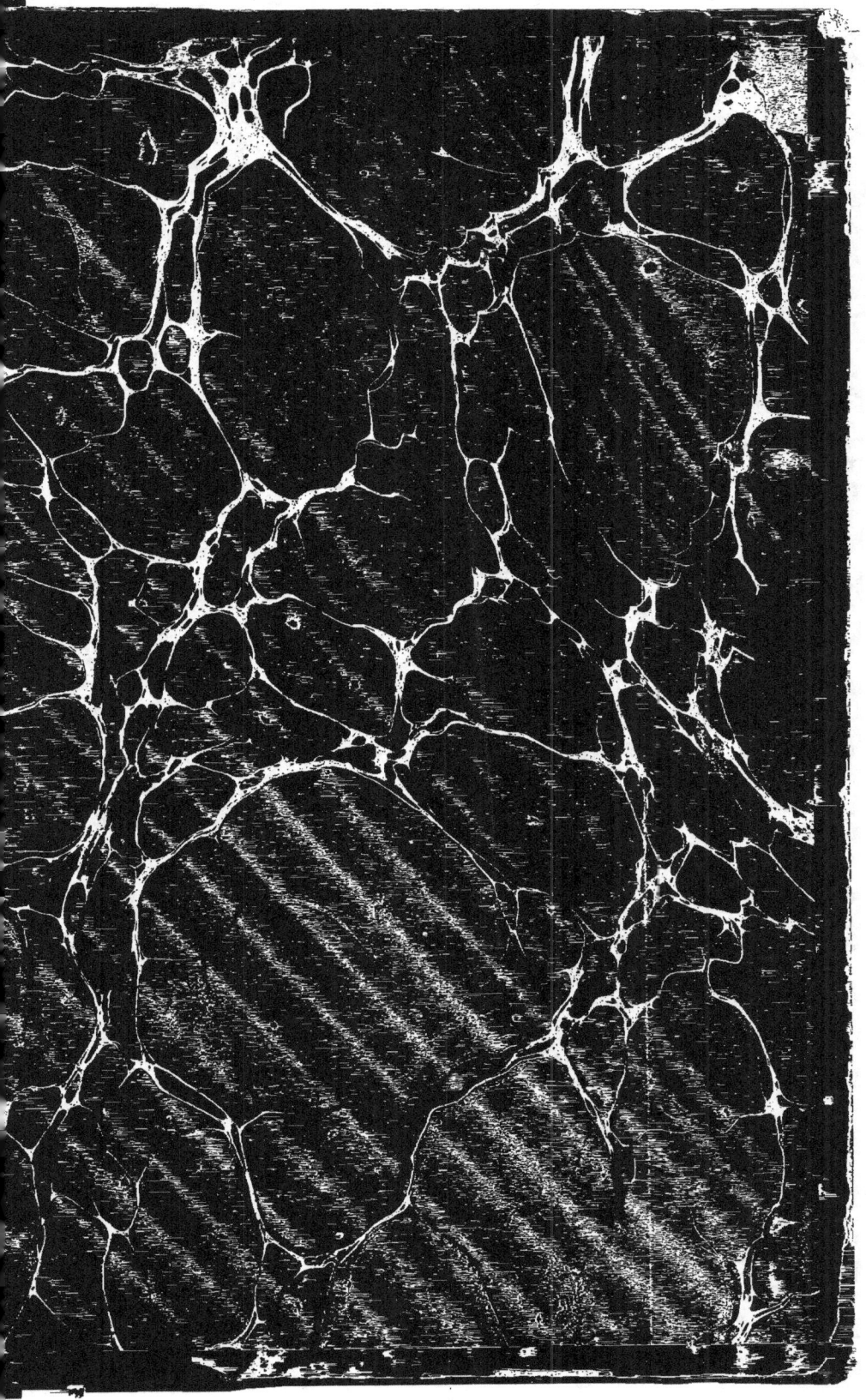

www.ingramcontent.com/pod-product-compliance
Lightning Source LLC
Chambersburg PA
CBHW071548240526
45470CB00022B/49